雅丽刑辩系列丛书

刑事涉财执行实务精要

梁雅丽　傅庆涛　刘嘉梁◎著

THE ESSENCE OF CRIMINAL PROPERTY EXECUTION PRACTICE

法律出版社 | LAW PRESS

图书在版编目(CIP)数据

刑事涉财执行实务精要 / 梁雅丽，傅庆涛，刘嘉梁著. -- 北京：法律出版社，2024
ISBN 978-7-5197-8636-6

Ⅰ. ①刑… Ⅱ. ①梁… ②傅… ③刘… Ⅲ. ①刑事犯罪－执行(法律)－中国 Ⅳ. ①D924.35

中国国家版本馆CIP数据核字(2023)第239011号

刑事涉财执行实务精要
XINGSHI SHECAI ZHIXING SHIWU JINGYAO

梁雅丽　傅庆涛　刘嘉梁　著

策划编辑 张　颖
责任编辑 张　颖
装帧设计 鲍龙卉

出版发行 法律出版社
编辑统筹 法律应用出版分社
责任校对 王晓萍
责任印制 刘晓伟
经　　销 新华书店

开本 710毫米×1000毫米 1/16
印张 20.25　　字数 360千
版本 2024年2月第1版
印次 2024年2月第1次印刷
印刷 三河市兴达印务有限公司

地址：北京市丰台区莲花池西里7号(100073)
网址：www.lawpress.com.cn
投稿邮箱：info@lawpress.com.cn
举报盗版邮箱：jbwq@lawpress.com.cn

销售电话：010-83938349
客服电话：010-83938350
咨询电话：010-63939796

书号：ISBN 978-7-5197-8636-6　　定价：92.00元
凡购买本社图书，如有印装错误，我社负责退换。电话：010-83938349

作者简介

梁雅丽 北京市京都律师事务所高级合伙人，京都刑事辩护研究中心主任，西北政法大学刑事辩护高级研究院副院长、北京分院院长，中国刑法学研究会第三届理事会常务理事。执业近三十年，成功承办过多起重大有影响力的刑事案件及民商事疑难复杂案件，并被国内多家媒体报道。尤为擅长刑事和民商事交叉领域及刑事和行政交叉领域业务，致力于研究企业风险的法律防控，并先后为多家大型企业、政府部门、事业单位及外商投资企业提供了出色的法律顾问服务。在企业风险的法律预防和控制、企业改制、资产重组等方面积累了丰富的执业实践经验。

《方圆律政》2014律政年度刑辩律师；《中国企业报》2017助力金融风险防范人物；《中国商报》2019年商事法治建设年度典范人物；《中国商报》2020年商事法治建设特别贡献奖；2021年度LEGALBAND中国律师特别推荐榜刑事合规15强，2022钱伯斯大中华区争议解决领域榜单领先律师；2022品牌影响力·践行社会责任典范律师；2022年度LEGALBAND中国律师特别推荐榜商业犯罪与刑事合规15强；2023钱伯斯大中华区争议解决领域榜单领先律师。

傅庆涛　北京市京都律师事务所刑事诉讼部律师，西北政法大学法学硕士，中国刑法学研究会会员，北京市文化娱乐法学会专业委员。

原中级人民法院高级法官、首批员额法官，曾任刑事审判庭审判长、综合组组长。近二十年来，先后从事综合审判、经济职务犯罪审判、财产执行等工作，办理了大量疑难、复杂、新类型案件。工作期间参撰刑事审判工具书多部，公开发表或获奖各类调研文章数十篇，撰写的《承运过程中承运人将承运货物暗中调包的行为如何定性》收录于最高人民法院《刑事审判参考》并定为第807号指导案例。

近年来，其专注于涉财犯罪、走私犯罪、职务犯罪、财产执行和刑民交叉、刑执交叉案件研究。参撰《刑事辩护教程》财产辩护部分，对刑事案件具有独到、专业的财产辩护视角。

刘嘉梁　中国矿业大学（北京）法学学士，英国利兹大学刑法与刑事司法专业硕士研究生。

序

人身权和财产权是一个国家公民享有的宪法上的两大基本权利，除人身权利不受国家公权力的任意剥夺外，公民的财产权也受到正当程序的保护，这是刑事诉讼法人权保障的重要内容之一。对涉案财物采取查封、扣押、冻结等财产控制手段，有利于保障刑事诉讼程序的进行，剥夺被告人通过犯罪获取的非法利益，恢复因此被侵害的财产秩序。

对于刑事涉案财产强制性措施的适用，我国法律有一个逐步规范的过程，之前主要规定在《刑事诉讼法》《公安机关办理刑事案件程序规定》等法律文件中。2013 年，为规范公安机关办理刑事案件适用查封、冻结措施，最高人民法院、最高人民检察院、公安部等制定了《公安机关办理刑事案件适用查封、冻结措施有关规定》。2014 年《最高人民法院关于刑事裁判涉财产部分执行的若干规定》施行，明确了刑事裁判涉财产部分执行工作的负责部门和工作职责。2012 年《刑事诉讼法》修改，对犯罪嫌疑人、被告人逃匿、死亡案件违法所得的没收程序进行了专门规定。之后，《人民检察院刑事诉讼规则》《公安机关办理刑事案件程序规定》《最高人民法院关于适用〈中华人民共和国刑事诉讼法〉的解释》相继修改，《关于办理黑恶势力犯罪案件若干问题的指导意见》《监察法实施条例》等文件相继制定，对涉案财产的范围、处理程序、救济途径等作出了相应规定。2021 年修改后的《最高人民法院关于适用〈中华人民共和国刑事诉讼法〉的解释》更以专门一章规定了涉案财物的处理程序。

根据《刑事诉讼法》的规定，侦查机关在刑事诉讼活动中有权查封、扣押、冻结与案件有关的财产；根据《监察法》的规定，监察机关在调查过程中可以查封、扣押、冻结涉案单位和个人的与案件有关的财产。案件依法审查起诉、提起公诉的，办案单位应当依法移送涉案财产，并由人民法院对查扣到案的财物依法判决处理。对判决前尚未追缴到案的违法所得，人民法院可以判决继续追缴、责令退赔，并根据刑法规定对被告人判处罚金、没收财产。刑事裁判生效后，涉案财产需要处置变现，或者判处有财产刑和其他财产性判项的，应当依法移送执行机构执行。

上述关于财产处罚的规定看起来不少，但与人身处罚的规定相比仍显单薄，各地司法机关在涉案财产处置方面的弹性较大。实践中，由于办案机关的“查扣冻”“罚没”与任务挂钩，与办案经费和财政预算有“剪不断理还乱”的关联，而且由于被告人在诉讼中的天然弱势地位，被告人、辩护人很难与司法机关抗争，更有司法机关受“重人身、轻财产”的司法惯性影响，对涉案财产处置根本不给予应有的辩护空间，或未经司法调查程序就对涉案财产进行处置，侵害被告人及其亲属、第三人的合法财产权益。近年来，这些问题引起了理论界、实务界的关注，成为刑事诉讼研究的焦点问题，一些学者、法官、检察官、律师经常撰写涉案财产处置和财产刑执行问题的文章。2022 年，西北政法大学刑事辩护高级研究院举办的刑事辩护高峰论坛，就以刑事案件涉案财产为主题，吸引了一大批学者、律师到场研讨，贡献了很多有分量的文章和观点。但遗憾的是，迄今为止，笔者还没有发现一本这方面的专门论著，直到两位律师给我带来了这本书。

本书从结构上看，既有针对实践问题的理论探讨，又有针对现实案例的深刻剖析，并收集了相关法律规定，内容很丰富，形式非常好。我认为，本书作为刑事涉财问题的专门研究成果，很有实践价值和开创性意义。本书的价值可以体现在三个方面：第一，对于实践问题的总结和反思，有利于带动刑事涉财相关问题的深入研究，进一步推动对被告人、第三人的财产权利保护。第二，对于典型案例的发掘和评析，能够对长期从事实务工作的人员起到参考指引作用，侦查人员、检察人员、审判人员、监察人员、律师、公司法务等均可将其用作相关工作的参考。第三，本书作者是《刑事辩护教程》财产辩护部分的撰稿人，相关内容可以认为是对《刑事辩护教程》有关章节的延伸，能够为刑事涉案财产辩护提供更为充足的论点依据。

诚然，这本书只是对刑事涉财部分问题的探讨，分析或可以更深入。但总体来说，作为一本论述刑事涉财执行问题的专门著作，本书确是值得一读的优秀作品。希望作者再接再厉，在提供优质法律服务的同时，继续及时总结办案成果，为我国刑事司法建设作出更大的贡献。

田文昌

2023 年 8 月 1 日

自序

一直以来，刑事案件中的涉案财产之辩并不受重视，但随着反腐、涉众、涉黑等案件不断增多，以及认罪认罚从宽、企业刑事合规等诉讼程序变革，涉案财产处置问题逐渐受到涉案各方、司法机关乃至社会各界的广泛关注。涉案财产之辩也因此逐渐成为一个相对独立且专业的领域，有学者将财产辩护称为辩护的第六空间。而无论是经济案件中的财产查控和拍卖，还是反腐案件中的赃物追缴，实践中都存在不少问题。

首先，在侦查和审查起诉阶段，涉案财物被赋予过程性处置，财产一旦被查扣冻就成了涉案财产。尤其是在职务类犯罪案件中，财产一旦被采取强制措施，在前期几乎无法提出异议，财产辩护异常困难；此外，对涉案财产的界定除范围过广、定性模糊外，还存在对无关财产不依法解除查扣冻、财物保管单位混乱、违反“物随案走”规定、未经合法程序拍卖变现、违法异地扣押等问题。

其次，在审判阶段，财产调查往往形式大于内容。究其原因是公、检、法之间暂未形成良好的查控、随案移送等对接机制。从表面看，侦查机关出于效率的原因，对查扣冻财产审查不细，涉案财产权属证据收集固定不够；但更重要的是，刑事裁判涉财产处置缺乏统一、明确的规范指引。因此，实践中法院在执行过程中时常发现有财产尚未冻结或查封，或控制期限已过但未予续封等情况。

最后，在执行阶段，由于缺乏专门的刑事涉案财物处置规定，被执行人及其亲属、案外人合法财产权利难以保障。对于涉案财产复杂的案件，往往要经历包括申诉在内的多轮诉讼，判决生效后提起财产异议几乎不被采纳。

探究上述问题存在的原因，大致可分为三个方面：一是涉案财物本身的复杂性和模糊性，在实体和程序的双重属性下，法定的四类涉案财物之间并非泾渭分明。二是长期以来的罚没财物上缴返还顽疾，虽然各地财政均已实行“收支两条线”，但有的地方仍按比例返还上缴所得。三是刑事案件涉案财产处置规范化不足，比如，缺乏侦查阶段的操作指引，导致涉案财物处置在诉讼之初就陷入混乱。

根据我们近些年来的辩护经验，对财产进行辩护应当根据现有法律、政策规定尽早采取措施，且与诉讼程序同步进行。第一，充分用好刑事合规的改革红利和国家保护民营企业发展的政策，依法维护民营企业正常生产、经营等合法权益。在企业财产被司法机关采取强制措施时，要依法及时反映情况，将财产保护的时点尽可能提前。第二，在与办案机关沟通过程中，对涉案财产归属一并提出意见，为后续的财产返还及提出异议提供支点。第三，尽可能收集、调取相关财产归属凭证，为财产辩护中提出区分家庭财产和个人财产、区分违法所得和合法财产等提供充足证据。法律对于保护家庭合法财产、为当事人抚养家属保留必要生活费用的规定是明确的，我们要以这些规范为支点，依法维护相关权益人的正当财产权益。

正是在办案中，我们认识到当前涉案财产问题凸显，调查、侦查、公诉、审判等机关、辩护律师对诸多问题存有认识上的分歧，因此有必要对刑事涉财问题进行专门性研究。傅庆涛之前从事经济审判和刑事涉财执行工作多年，积累了丰富的刑事涉财案件办理经验和素材；刘嘉梁研读法学多年，具有开阔的国际视野、对刑事犯罪的批判性思维和出色的研究创新能力，他们的加入使合作研究成为可能。

本书分为理论研究、实务分析两部分，既有不同财产类型的涉案财产处置问题分析，又有针对不同财产性判项的辩护与执行。从我们商量框架开始，每撰写一篇文章即在京都刑事辩护中心展示，广泛听取意见。这次为了成书需要对书稿内容进行了修改，并抽取了每篇的关键问题作为主标题。需要说明的是，本书文章、案例的标题完全是为了方便读者浏览和把握重点问题，仅对知识性内容进行提炼总结。实务分析部分是为本书需要另行撰写，完全取材于真实案例，并适当进行了加工。

本书的成稿，得益于北京市京都律师事务所浓厚的研究氛围，得益于田文昌老师和所有京都同仁的帮助，在此一并致以谢意。本书只是对相关问题进行了初步分析，有些观点或可以再探讨，恳请广大学界、实务界人士不吝提出意见，以利于我们进一步修改，推动刑事涉财问题的深入研究。

梁雅丽

2023 年 9 月 10 日

法律、司法解释及其他规范性文件简称

序号	全称	简称
1	《最高人民法院关于适用〈中华人民共和国刑事诉讼法〉的解释》	《刑事诉讼法解释》
2	《最高人民检察院、公安部关于公安机关办理经济犯罪案件的若干规定》	《公安机关办理经济犯罪案件规定》
3	《最高人民法院、最高人民检察院、公安部关于办理非法集资刑事案件若干问题的意见》	《非法集资刑事案件意见》
4	《最高人民法院关于刑事裁判涉财产部分执行的若干规定》	《刑事裁判涉财产部分执行规定》
5	《最高人民法院关于人民法院确定财产处置参考价若干问题的规定》	《法院确定财产处置参考价规定》
6	《最高人民法院关于人民法院民事执行中拍卖、变卖财产的规定》	《法院执行拍卖、变卖财产规定》
7	《最高人民法院关于人民法院网络司法拍卖若干问题的规定》	《法院网络司法拍卖规定》
8	《最高人民法院关于人民法院强制执行股权若干问题的规定》	《法院强制执行股权规定》
9	《最高人民法院、国土资源部①、建设部②关于依法规范人民法院执行和国土资源房地产管理部门协助执行若干问题的通知》	《规范法院执行和房地产协助执行通知》
10	《最高人民法院关于人民法院民事执行中查封、扣押、冻结财产的规定》	《法院执行查封、扣押、冻结财产规定》

① 现为自然资源部，后文不再赘述。

② 现为住房和城乡建设部，后文不再赘述。

续表

序号	全称	简称
11	《最高人民法院关于首先查封法院与优先债权执行法院处分查封财产有关问题的批复》	《首先查封与优先债权法院处分查封财产批复》
12	《最高人民法院关于人民法院办理执行异议和复议案件若干问题的规定》	《法院执行异议和复议规定》

目·录

CONTENTS

理 论 篇

实务篇

理论篇

专题一　易贬损大宗货物可依法先行处置

——刑事涉案大宗货物处置与相关权益保护

根据《刑事裁判涉财产部分执行规定》的规定，刑事涉案大宗货物处置除应遵循刑法、刑事诉讼法及相关司法解释外，没有规定的参照民事执行的相关规定执行。我国刑事裁判涉财产部分执行起步较晚，加上民事执行程序繁杂凌乱，刑事涉案财产处置还没有形成相对一致的处置规则，实践中处置涉案大宗货物的情形更少。本部分拟对相关处置规则进行探讨，并就处置过程中的各方权利保护提出建议。

一、刑事涉案财物处置一般规则探讨

刑事审判与民事审判是截然不同的两个程序，刑事涉财执行需参考借鉴民事执行的相关规定，其有自身的特点和发展规律。本书认为，在刑事涉案财物处置过程中，至少以下几个方面可以确定：

1. 处置权由首先查封、冻结机关行使。《刑事裁判涉财产部分执行规定》第 16 条是刑事涉案财产处置须参照适用民事执行相关规定的法律依据。从民事上来说，在先的查封、冻结才能产生有效的查封、冻结效力，唯有首先查封法院有对查封财产的处分权；轮候查封是按顺序等待查封，并不产生查封的法律效力，只有首先查封解除后，排列在先的轮候查封才能转为正式查封。2016 年《首先查封与优先债权法院处分查封财产批复》中明确规定："执行过程中，应当由首先查封、扣押、冻结（以下简称查封）法院负责处分查封

财产”，“优先债权执行法院要求首先查封法院将查封财产移送执行的，应当出具商请移送执行函”。刑事涉案财产处置过程中，应当遵循现有的民事法律秩序，自觉维护民事查封、冻结的法律效力，也只有遵循上述规则，才能得到协助义务机关的有效配合。

2. 法院依职权决定相关事项。刑事涉案财产执行没有申请执行人，相关利害关系人参与执行既存在法律障碍，也存在现实困难，所以无法参照民事执行当事人全程参与的规定，一些事项往往需要执行法院依职权决定。根据财产处置的全流程，法院需依职权决定下列事项：一是财产处置启动，如财产处置的时机、是否打包处置、如何打包等；二是公告事项，如公告媒体选择、瑕疵告知内容、公告费预先支付等；三是财产参考价确定，如参考价确定方式、评估机构选取、费用支付方式、货物成分鉴定的决定等；四是拍卖事项，如拍卖方式和拍卖机构选择、拍卖降价幅度和保留价确定等；五是争议事项解决，如存储费用磋商和支付、相关异议处理等。

3. 审判、执行部门依法履职、密切配合。在相关异议问题的处理上，刑事审判、执行实施、执行异议裁决、执行异议之诉审理部门既要各司其职，又要密切配合，畅通被告人、利害关系人、案外人的法律救济渠道。第一，对于因刑事裁判文书判项提出的异议，如案外人、被害人对赃款赃物认定不服，根据《刑事裁判涉财产部分执行规定》第 15 条之规定，应当由刑事审判部门处理。第二，当事人、利害关系人认为执行行为违法或对执行标的提出实体权利要求，根据《刑事裁判涉财产部分执行规定》第 14 条之规定，应通过执行异议裁决程序处理。第三，对案款分配问题提起的分配异议之诉，建议参照适用民事执行的相关规定，通过分配异议之诉程序处理。刑事涉案大宗货物财产处置后为分配执行案款作出的财产分配方案，处理的是包含民事优先权在内的民事争议问题，具有典型的民事债权分配特征，由民事异议之诉审理部门审理合法、合理。

4. 评估、拍卖、存储等处置费用后付。涉案财物处置会产生公告、评估、拍卖、存储等费用，这些费用在本质上属于为完成货物处置必然产生的费用，依法应当从拍卖所得中优先支付。对民事案件来说，除存储、拍卖费可待拍卖成交后从拍卖所得中支付外，评估、公告等费用应当由申请执行人预先垫付；但与民事案件不同，刑事案件没有申请执行人，无法完成相关费用的预先垫付。由于预先垫付的费用最终都要从拍卖所得中支付，执行法院可在委托评估时说明系刑事案件，待拍卖成交后从拍卖所得中支付。《法院确定财产处置参考价规定》第 32 条第 1 款规定："人民法院委托评估机构进行评估，财产处置未成交的，按照评估机构合理的实际支出计付费用；财产处置成交价高于评估价的，以评估价为基准计付费用；财产处置成交价低于评估价的，以财产处置成交价为基准计付费用。"实践证明，依此作出的财产参考价更符合市场价值，保障了包括评估机构在内的相关权利人的合法权利。

5. 被害人推选代表参与执行。涉案大宗货物处置案件往往涉及的被害人众多，带来的问题就是各方意见较难统一。对此，可以借鉴涉众型犯罪审判的做法，由法院通知委托推举代表人或被害人主动推选代表人。《刑事诉讼法解释》第 224 条规定："被害人人数众多，且案件不属于附带民事诉讼范围的，被害人可以推选若干代表人参加庭审。"被害人全流程参与刑事涉案财产处置程序，不但可以争取财产权益最大化，而且可以分担法院决定的风险。

二、刑事涉案大宗货物处置的特别做法

不同于较为成熟的房产、土地等不动产处置，刑事涉案大宗货物往往种类多、数量大、价值高，且属于动产生产资料，司法实践中处置得相对较少，本书在此试着探讨相关可行做法。

1. 易贬损货物先行处置。涉案大宗货物因涉及大量储存保管费用，或者因易腐烂变质不宜长期保存，或者因受市场价格变动影响较大，需要尽快处置降低损失，为此有必要在终审刑事判决作出前先行处置。《公安机关涉案财物管理若干规定》第 21 条规定："对于因自身材质原因易损毁、灭失、腐烂、变质而不宜长期保存的食品、药品及其原材料等物品，长期不使用容易导致机械性能下降、价值贬损的车辆、船舶等物品，市场价格波动大的债券、股票、基金份额等财产和有效期即将届满的汇票、本票、支票等，权利人明确的，经其本人书面同意或者申请，并经县级以上公安机关主要负责人批准，可以依法变卖、拍卖……对涉案财物的变卖、拍卖应当坚持公开、公平原则，由县级以上公安机关商本级人民政府财政部门统一组织实施，严禁暗箱操作。"《刑事诉讼法解释》第 439 条第 1 款规定："审判期间，对不宜长期保存、易贬值或者市场价格波动大的财产，或者有效期即将届满的票据等，经

权利人申请或者同意，并经院长批准，可以依法先行处置，所得款项由人民法院保管。”

但是，在法院对涉案财物作出最终结论前，先行处置往往面临种种不可预知的风险，导致其在实践中的启动较为困难。比如，《公安机关涉案财物管理若干规定》没有解决以下三个问题：一是虽然规定了“权利人明确的，经其本人书面同意或者申请”，那么对权利人不明确的或涉众型犯罪，启动先行处置应经谁申请、谁同意？二是规定先行处置需“由县级以上公安机关商本级人民政府财政部门统一组织实施”，那么对于处置所得不会被用于财政进项的，政府财政部门是否有处置的意愿，其不表态、不配合该如何处理？三是处置费用问题，如何解决《公安机关涉案财物管理若干规定》《人民检察院刑事诉讼涉案财物管理规定》均规定的不得向当事人收取费用的问题？目前，各地正在积极推进“刑事诉讼涉案财物跨部门集中管理信息平台”建设，将建立专门区域统一管理涉案财物，或许能在一定程度上推动易贬损货物先行处置。

2. 货物依单据确定与品质鉴定相结合，确定涉案大宗货物的数量和品质。涉案大宗货物多不宜随意搬动、称重，一般均由第三方存储单位保管，在货物进出场方面有严格要求。一方面，货物名称、数量一般需依照单据确定，货物出场时由存储单位称重核实，并允许合理误差存在，对货物存储期间发生丢失、毁损的，第三方存储单位依法应予赔偿。另一方面，货物品质可根据相关单据记载确定，对于单据记载不完整或单据缺失的，应允许进行品质鉴定，侦查期间已作相应鉴定的可直接参考使用。

3. 一般以委托评估方式确定货物参考价。《法院确定财产处置参考价规定》第 2 条规定：“人民法院确定财产处置参考价，可以采取当事人议价、定向询价、网络询价、委托评估等方式。”但实践中，能够满足定向询价、网络询价条件的主要是市场处置较多、价格相对稳定的房产，市场存量有限、品质难以统一的大宗货物并不具备询价条件，而且刑事案件在客观上也不存在当事人议价的可能，因此涉案货物参考价一般采取委托评估方式。

4. 专业报纸公告。涉案大宗货物大多为生产资料，具有明显的专业属性，根据相关规定除依照法定方式公告外，应当根据货物属性同时在全国性专业报纸上公告，载明拍卖时间、货物基本信息、货物瑕疵、税费承担、提货方式等基本事项。《法院执行拍卖、变卖财产规定》第 9 条中规定，“拍卖财产具有专业属性的，应当同时在专业性报纸上进行公告”。

5. 存储费用依合同或法律规定确定。《公安机关涉案财物管理若干规定》第 11 条第 3 款规定：“对于易燃、易爆、毒害性、放射性等危险物品，鲜活动植物，大宗物品，车辆、船舶、航空器等大型交通工具，以及其他对保管条件、保管场所有特殊要求的涉案财物，应当存放在符合条件的专门场所。公安机关没有具备保管条件的场所的，可以委托具有相应条件、资质或者管理能力的单位代为保管。”委托保管应当签订保管合同，并就保管费用、支付方式作出约定。对于货物查封、扣押后公安机关已与保管单位签订委托保管合同，或者货物原权利人与保管单位签订的合同合法有效的，存储费用依合同支付即可；但对于不存在合法有效保管合同、未事先约定货物存储费用的，执行法院应当充分征求第三方保管单位、被害人、被告人意见，并在各方协商的基础上，依相关法律规定或按公平原则确定合理价格。

三、刑事涉案大宗货物处置中的被执行人权利保护

刑事涉案大宗货物处置，社会公众和相关权利人普遍非常关注，但被执行人身陷囹圄，对其合法权利保护成为不可回避的问题。实践中，由于对赃款赃物认定、夫妻共同财产处理的规定不同，在被执行人权利保护问题上，应注意采取不同的策略。

1. 赃款赃物认定问题。首先需要明确的是，赃款赃物认定是刑事审判部门的职责，根据《刑事裁判涉财产部分执行规定》第 15 条之规定，执行过程中，案外人或被害人认为刑事裁判中对涉案财物是否属于赃款赃物认定错误或者应予认定而未认定，提出的异议应交由刑事审判部门处理。实践中更多的是，有些案件虽然判决予以处置涉案财产，但并没有明确财产是否系赃款赃物，对此能否从刑事判决推导出其为赃款赃物或由刑事审判部门出具赃款赃物的情况说明？有人认为可以。本书认为，从诉讼程序上来说，如此做法实质上侵犯了被执行人的合法诉讼权利，会导致被执行人就相关财物的处理意见无法及时辩护并提起上诉，而且也很可能会同时侵犯共同所有人、利害关系人的合法财产权益。

2. 夫妻共同财产问题。刑事涉案财产可能登记于被执行人名下，也可能

登记于被执行人参股的公司名下，甚至可能登记于夫妻另一方或案外人名下，这些都涉及夫妻共同财产的分割与处理。根据法律规定，夫妻婚后共同生活期间形成的各类财产均系夫妻共同财产，那么对于刑事判决并未明确性质的涉案财产，在执行过程中如何保护夫妻另一方的合法权益？本书认为，可区分执行阶段提出诉求：处置程序开始前，以查封、冻结、扣押程序违法提出财产强制措施异议；处置过程中，要求财产分割或执行一半份额，并要求行使优先购买权；处置完成后，可要求分配拍卖所得的一半份额。

涉案财产处置是一个非常烦琐、精细的过程，而且大宗货物处置有其独特的处理方式，为配合处置、监督执行，被执行人应当积极委托律师，全流程参与执行过程。具体如下：一是有权参与执行关键节点，如财产处置时机的把握、财产参考价确定方式、拍卖降价幅度等。二是有权提出执行异议并发表意见，认为执行行为不当的可以提出执行异议，对他人提出的异议可以发表意见。三是有权对案款分配表达意见，对其案发前形成的个人合法民事债务，可以要求法院从拍卖所得中支付，对优先债权可以要求优先支付。

四、刑事涉案大宗货物处置中的被害人权利保护

刑事涉案大宗货物处置过程中，被害人应当积极参与，争取合法利益最大化。一方面，根据《刑事裁判涉财产部分执行规定》第 15 条之规定，被害人可以对涉案财物是否属于赃款赃物认定错误提出异议。另一方面，被害人可以全流程参与执行关键节点，就有关问题表达意见或提出异议。法院对被害人参与执行多持开放态度，因为缺乏被害人参与，意味着执行法院要独立承担更大的责任。对于涉案被害人众多的，可以通知各被害人委托推举代表人或由被害人主动推选代表人，由代表人全流程参与刑事涉案财产处置程序。

在刑事涉财执行案件中，有的被害人还可能是优先权人。根据《刑事裁判涉财产部分执行规定》第 13 条之规定，被执行人在执行中同时承担刑事责任、民事责任，其财产不足以支付的，“债权人对执行标的依法享有优先受偿权，其主张优先受偿的”在“人身损害赔偿中的医疗费用”受偿之后，“退赔被害人的损失”之前优先受偿。从民事上讲，优先受偿权一般包括抵押权、留置权、建设工程优先受偿权等，上述优先权利应经依法设定或司法程序确认优先受偿。优先权的认定一般通过民事程序，但在特殊情况下也可能通过

刑事程序。(1) 民事程序确认优先权。涉案大宗货物优先权主要是质押权，一般来说设定于货物之上的质押权应当依法保护，但如果刑事判决否认该质押权的合法性，则该如何处理？一种情形是，当事人民事起诉并经法院判决确认其对涉案货物具有优先受偿权，同时其又向公安机关报案并经刑事判决确认被害人身份。很显然这种情况下当事人不能通过民事、刑事程序双重受偿，民事判决、刑事判决必定有一个应予撤销。所以，当事人在案发之初的程序选择上应当非常谨慎，涉案财产处置和案款分配时的取舍也非常考量智慧。另一种情形是，当事人民事起诉并经法院判决确认其对涉案货物具有优先受偿权，虽然其并未同时向公安机关报案，但刑事审判通过调查否认其享有优先受偿权，此时并不一定构成民事、刑事判决的冲突，但一定要通过复杂的法院程序处理。(2) 刑事程序确认优先权。根据案件性质的不同，涉案大宗货物上的优先权可能需要通过刑事程序认定。如案件系诈骗类犯罪，刑事判决认定被告人（被执行人）系以对货物进行虚假质押的方式进行诈骗，该认定实质上否定了多数民事质押权的合法性，对此到底有无合法的质押权存在，仍应由刑事审判部门审查认定。但这种在财产处置过程中的审查，往往没有引起优先权人的足够重视，有的虽然参与但极不专业，有的干脆没有参与，导致其财产利益严重受损。

五、刑事涉案大宗货物处置中的货物保管人权利保护

刑事涉案大宗货物被查封、扣押后，往往交由有资质的单位代为存放保管，由此必然产生大量的存储保管费用。根据法律规定，大宗货物存储费用具有留置权的性质，货物权利人不支付存储费用的，保管人可以留置货物并依法申请处理货物，以处置所得支付存储费用。但是，货物被刑事查封、扣押后，货物保管人行使留置权利、申报存储费用并不容易。

1. 向执行法院积极申报。对于货物易贬损的，法院有权决定径直处置。对法院依职权启动拍卖、费用后付的决定，货物保管单位应当遵从并有义务协助执行，因为只要法院提存拍卖所得，就不能认为货物保管单位利益受到损失。在此过程中，货物保管单位应依法积极申报货物保管费用，并说明计费依据。对于执行法院提出的降费要求，保管单位应依法有针对性地研究处理。

2. 依法采取措施确定费用金额。一方面，涉案大宗货物被查封、扣押后，保管单位可与扣押部门积极协商确定存储费用，争取以合同方式确定存储价格，避免后续的费用争议。另一方面，可以考虑通过仲裁、诉讼等方式及时确定费用金额和支付方式，为后续费用支付打下基础。未经有效法律文书或规范性文件确定的任何费用，缺少支付依据。

3. 积极参与异议处理程序。在大宗货物存储费用问题上，法院可能以裁定方式确定有关具体事项，也可能以分配方案方式确定支付金额。对此，保管单位可以提出异议，可针对他人提出的异议表达意见，有权提起或参与异议之诉。

六、其他利害关系人、案外人权利保护

涉案大宗货物处置不但涉及的被害人多、财产标的额高，而且需要多个专业机构参与，其他利害关系人、案外人都较为关注。如处置过程中，意向竞买人、买受人认为拍卖导致自身权利受损的可以提出意见，共同权利人可以主张优先购买权。对于处置所得案款，被执行人的其他民事债权人可以申请参与分配，行政处罚单位可以申请用于缴纳罚款，评估公司、拍卖机构可以向法院主张优先支付相关费用。财产经拍卖、变卖未能成交的，相关权利人可以申请抵债等。

根据相关规定，刑事执行没有规定的可以参照适用民事执行的相关规定。对法院执行行为不服或对执行标的有异议，有关权利人可以向法院书面提出，并通过异议审查、异议复议或民事诉讼程序处理。《民事诉讼法》第 236 条规定："当事人、利害关系人认为执行行为违反法律规定的，可以向负责执行的人民法院提出书面异议。当事人、利害关系人提出书面异议的，人民法院应当自收到书面异议之日起十五日内审查，理由成立的，裁定撤销或者改正；理由不成立的，裁定驳回。当事人、利害关系人对裁定不服的，可以自裁定送达之日起十日内向上一级人民法院申请复议。"第 238 条规定："执行过程中，案外人对执行标的提出书面异议的，人民法院应当自收到书面异议之日起十五日内审查，理由成立的，裁定中止对该标的的执行；理由不成立的，裁定驳回。案外人、当事人对裁定不服，认为原判决、裁定错误的，依照审判监督程序办理；与原判决、裁定无关的，可以自裁定送达之日起十五日内向人民法院提起诉讼。"

专题二　车辆依法查封且扣押到案方可处置

——刑事涉案车辆处置流程与相关问题

根据《刑事裁判涉财产部分执行规定》的规定，刑事车辆处置除应遵循刑法、刑事诉讼法及相关司法解释外，没有规定的参照民事执行的相关规定执行。对刑事涉案车辆进行处置，应当从刑事涉案车辆的特点入手，积极处理车辆处置过程中遇到的问题，探讨刑事涉案车辆处置的规律。

一、处置前财产调查处理

涉案车辆处置前依法进行财产调查，是正确处置的前提。车辆调查包括登记信息调查、实地调查。

1. 车辆登记信息调查。（1）车辆基本登记信息，包括登记车主、初始登记时间、品牌型号、尾气排放标准等。（2）车辆查封、抵押（质押）登记信息，包括是否系公安机关首先查封，有无脱封，涉案车辆有无其他查封，是否被抵押（质押）等。（3）车辆检验状态与交易限制，包括车辆检验时间、是否已脱审、违章情况，并了解过户交易限制及车辆处置成交后的交付流程。

2. 车辆实地调查。（1）查看车辆有无被扣押，包括扣押时间、车辆存放地点、车辆保管费用等。（2）查看车辆实际状态，包括车辆外观、内饰，车辆配件是否齐全，有无加装，能否正常启动等。

涉案车辆处置的前提是有权处置，涉案车辆系经案件侦查机关查封、扣押的，移送执行后法院可以直接裁定处置。《刑事裁判涉财产部分执行规定》

第5条第2款规定："对侦查机关查封、扣押、冻结的财产，人民法院执行中可以直接裁定处置，无需侦查机关出具解除手续，但裁定中应当指明侦查机关查封、扣押、冻结的事实。"但应当调查涉案车辆是否系侦查机关首先查封及查封是否连续，车辆已实际扣押且系正式查封是车辆能够处置的前提。《首先查封与优先债权法院处分查封财产批复》中明确规定："执行过程中，应当由首先查封、扣押、冻结（以下简称查封）法院负责处分查封财产"，"优先债权执行法院要求首先查封法院将查封财产移送执行的，应当出具商请移送执行函"。对侦查机关并非首先查封或查封不连续造成轮换查封的，执行法院在处置涉案车辆前，应商请首先查封单位移送处置权，待取得处置权后才有权处置。

二、刑事涉案车辆处置流程

对依法有权处置的财产，法院可以裁定处置，裁定需表明案件来龙去脉及处置的法律依据。根据《法院执行拍卖、变卖财产规定》第2条的规定，"人民法院对查封、扣押、冻结的财产进行变价处理时，应当首先采取拍卖的方式"，涉案车辆处置一般应采取拍卖方式。车辆查扣后存放在异地的，可将车辆运输至执行法院所在地处置，也可委托车辆存放地法院代为处置。

1. 确定车辆参考价。根据《法院确定财产处置参考价规定》第2条的规定，财产处置参考价可以采取当事人议价、定向询价、网络询价、委托评估等方式确定。刑事涉案车辆处置基本不具备当事人议价的条件，可以直接进行询价或由评估机构评估。当然，对于个别具备议价条件，被执行人与被害人均表示议价，且议价不影响社会公共利益和其他债权人权利行使的，应当予以准许。

2. 确定处置保留价。传统拍卖与网络拍卖规定的拍卖保留价、降价幅度完全不同，但无论如何都应事先计算处置成本，拍卖保留价应不低于处置成本和优先债权总额，以防止处置所得不及处置成本的事件发生。《法院执行拍卖、变卖财产规定》第6条第1款规定："保留价确定后，依据本次拍卖保留价计算，拍卖所得价款在清偿优先债权和强制执行费用后无剩余可能的，应当在实施拍卖前将有关情况通知申请执行人。申请执行人于收到通知后五日内申请继续拍卖的，人民法院应当准许，但应当重新确定保留价；重新确定的保留价应当大于该优先债权及强制执行费用的总额。”

3. 先期公告。《法院网络司法拍卖规定》第 12 条第 1 款规定：“网络司法拍卖应当先期公告，拍卖公告除通过法定途径发布外，还应同时在网络司法拍卖平台发布。拍卖动产的，应当在拍卖十五日前公告……”车辆系动产，应当在拍卖 15 日前公告。公告除列明拍卖要求外，须写明车辆基本信息、车辆瑕疵、交付方式、欠付费用等情况，并告知车辆是否系现状拍卖、需买受人自行处理的事项等。

4. 处置成交。车辆经依法拍卖、变卖成交，买受人在规定期限内支付成交金额的，执行法院应当及时出具车辆过户裁定和协助执行通知书。根据车管部门要求，车辆证照缺失的，逐项补办后方可过户。据此，有些车管部门要求法院的协助执行通知书除写明过户、解封事项外，还要视情况逐项列明协助补办机动车登记证书、行驶证、审车手续及协助办理车辆提档过户手续等，并要求按协助事项的数量出具法律文书。实践中，为了尽快解决问题，法院多按车管部门要求出具法律文书。但本书认为，上述事项属于车管部门对车辆管理的具体要求，其要求法院列明行政管理事项不合法，法院只需判定车辆产权归属并要求车管部门协助即可。对法院依法要求车辆过户的，车管部门仍应尽到车辆审查、补办证照责任；法院若依车管部门的要求列明相关事项，则有司法干涉行政管理之嫌。对于法院的协助执行通知，车管部门拒不协助执行的，法院有权依法采取处罚措施。

5. 车辆交付。车辆处置成交后，买受人持法院过户裁定和相关手续提车，并按要求支付车辆保管费用。车辆一旦交付即为所有权转移，此后发生的非法院责任的问题，均由买受人承担。

三、刑事涉案车辆交付后相关问题处理

1. 涉案车辆审验不通过如何处理？处置涉案车辆，一般遵循依现状处置原则。如果拍卖公告写明车辆依现状处置，并明确告知已知瑕疵，车辆一旦交付买受人即发生所有权转移，关于车辆的所有责任随之转移至买受人。实践中，车辆审验不通过多由尾气排放不达标引起，买受人只要稍加处理即可完成审验，对于买受人由此引起的时间、费用等损失，法院因已提前告知而免责。同样，买受人如因地方过户政策不能正常过户，属于个人原因对政策

认定错误。法院只是出售车辆，如已明确公告不负责过户，则法院免责。其中，北京法院处置京牌法拍车，在报名资格上就已作出了限制。

2. 涉案车辆有违章情况如何处理？涉案车辆依现状处置，表明买受人需自行处理包括车辆违章在内的所有事项。但从理论上来说，车辆违章并非由买受人引起，其不应为此承担相关责任，车管部门也不能以有违章未处理为由拒绝办理过户手续。对此，可由法院函告车管部门依法处理。

实践中还存在一种情形，即车辆被扣押期间产生违章。车辆被扣押后，车辆的管理责任由扣押机关承担，扣押机关对扣押期间产生的车辆损坏、灭失及造成的权利瑕疵均应承担相应责任。对此，应由车辆扣押部门依法处理。

3. 发现公告事项瑕疵如何处理？买受人取得车辆后若发现公告事项有重大瑕疵，比如对车辆购买时间、车型错误选取造成评估价值过高，严重影响买受人对车辆的使用预期，买受人可以依法申请撤销拍卖。《法院网络司法拍卖规定》第31条规定："当事人、利害关系人提出异议请求撤销网络司法拍卖，符合下列情形之一的，人民法院应当支持：（一）由于拍卖财产的文字说明、视频或者照片展示以及瑕疵说明严重失实，致使买受人产生重大误解，购买目的无法实现的，但拍卖时的技术水平不能发现或者已经就相关瑕疵以及责任承担予以公示说明的除外……"如上所述，瑕疵若并非法院责任造成，或法院已就可能存在的相关瑕疵予以明示，或瑕疵轻微，不足以使买受人产生重大误解的，应由买受人自行负责。

四、刑事涉案车辆无人竞买的处理

1. 涉案车辆无人竞买可否抵债？《法院执行拍卖、变卖财产规定》第16条规定："拍卖时无人竞买或者竞买人的最高应价低于保留价，到场的申请执行人或者其他执行债权人申请或者同意以该次拍卖所定的保留价接受拍卖财产的，应当将该财产交其抵债。有两个以上执行债权人申请以拍卖财产抵债的，由法定受偿顺位在先的债权人优先承受；受偿顺位相同的，以抽签方式决定承受人。承受人应受清偿的债权额低于抵债财产的价额的，人民法院应当责令其在指定的期间内补交差额。"刑事涉案车辆设定抵押权、质押权等优先权的，优先权人可以就涉案车辆处置优先受偿。根据《刑事裁判涉财产部分执行规定》第13条规定的案款分配顺序，被害人应在优先权人之后受偿。

据此，对经依法拍卖无人竞买而流拍的车辆，优先权人、被害人可依次申请以流拍价抵付债务。

2. 涉案车辆无人竞买可否以无底价进行拍卖？《法院执行拍卖、变卖财产规定》第32条第3款规定："变卖的财产无人应买的，适用本规定第十六条的规定将该财产交申请执行人或者其他执行债权人抵债；申请执行人或者其他执行债权人拒绝接受或者依法不能交付其抵债的，人民法院应当解除查封、扣押，并将该财产退还被执行人。"涉案车辆如经拍卖、变卖均无人竞买，相关优先权人、被害人又不接受抵债的，相关车辆处置程序结束，而并不允许以无底价继续拍卖，只能待时机成熟时再次启动评估拍卖程序。

例外的是，如涉案车辆系没收车辆则可以无底价进行拍卖。《刑事裁判涉财产部分执行规定》第12条第2款规定："涉案财物最后一次拍卖未能成交，需要上缴国库的，人民法院应当通知有关财政机关以该次拍卖保留价予以接收；有关财政机关要求继续变价的，可以进行无保留价拍卖……"2020年财政部印发的《罚没财物管理办法》对无底价拍卖也作了相应规定。

3. 涉案车辆无人竞买可否以流拍价出售给案外人？《最高人民法院关于在执行工作中进一步强化善意文明执行理念的意见》明确指出："财产经拍卖后流拍且执行债权人不接受抵债，第三人申请以流拍价购买的，可以准许。"根据上述意见精神，刑事涉案车辆在拍卖流拍后，如优先债权人、被害人均不接受抵债或无法抵债，可以准许第三人申请以流拍价购买，并视为第三人认可拍卖公告事项。但第三人购买应当在合理期限内，如时间过久造成车辆市场价值变化，宜由法院决定是否再次启动评估拍卖程序。

五、刑事涉案车辆处置异议情形处理

1. 对涉案车辆拍卖保留价有异议如何处理？《法院网络司法拍卖规定》第10条规定："网络司法拍卖应当确定保留价，拍卖保留价即为起拍价。起拍价由人民法院参照评估价确定；未作评估的，参照市价确定，并征询当事人意见。起拍价不得低于评估价或者市价的百分之七十。"《法院执行拍卖、变卖财产规定》也作出了类似规定。从上述规定可以看出：第一，确定拍卖保留价是法院的职权，只要在法律规定的降价幅度内，保留价多少都不违反法律规定。第二，对未以询价、评估方式确定参考价的，确定拍卖保留价应征询当事人意见，但刑事涉案车辆由于被执行人羁押、被害人人数众多等原因无法议价的，可以不征询当事人意见。第三，拍卖保留价关涉当事人切身财产利益，法院应谨慎选择降价幅度，根据具体情况合理确定每次拍卖的保留价。严格来说，拍卖保留价的高低与最终成交价高低无关，能够体现财产市场价值的是成交价，拍卖保留价较高但流拍的，说明市场不认可这个价位。实践中，刑事涉案车辆大多难以抵债，这决定了处置的首要目的应是尽可能成交，为此不妨选择法律允许的最低保留价。

2. 对涉案车辆权属有异议如何处理？有的涉案车辆虽然登记于被执行人名下，但可能系由第三人出资购买并使用，而出于种种原因登记于被执行人名下，被执行人根本没有控制使用；也有车辆系由被执行人的父母出资购买，但由被执行人使用维护，对此要区分车辆所有权是否发生实际转移。如在审判前或审判阶段，法院未听取出资购买人的意见即作出认定，出资人往往会在处置阶段作为利害关系人提出权属异议。《刑事裁判涉财产部分执行规定》第 15 条规定："执行过程中，案外人或被害人认为刑事裁判中对涉案财物是否属于赃款赃物认定错误或者应予认定而未认定，向执行法院提出书面异议，可以通过裁定补正的，执行机构应当将异议材料移送刑事审判部门处理；无法通过裁定补正的，应当告知异议人通过审判监督程序处理。"根据上述规定，涉案车辆权属涉及赃款赃物认定的，相关异议应由刑事审判部门处理。

但上述规定第 14 条第 1 款规定："执行过程中……案外人对执行标的主张足以阻止执行的实体权利，向执行法院提出书面异议的，执行法院应当依照民事诉讼法第二百二十五条的规定处理。"该规定是对涉案财物不涉及赃款赃物认定的异议处理，认为应通过执行审查、复议程序处理。但本书认为，判决判处涉案车辆予以处置的，无论处置所得是用于退赔还是没收，案外人对车辆权属的主张构成对刑事判决判项的实质性否定。由于裁判权和执行权分立，执行部门无权擅自改变刑事判决，该规定根本无助于解决案外人对涉案财物的实体权利主张，相关异议由刑事审判部门依法审查处理更为合理。

3. 第三人称被执行人承诺以车抵债如何处理？实践中，可能有第三人提出被执行人（车主）因欠其债务，已承诺以涉案车辆向其抵债。由于该第三人的主张本质上是债权，其主张并不影响财产处置，根据《刑事裁判涉财产部分执行规定》第 13 条规定的受偿顺序，可待处置成交后依法分配处置所得。

4. 第三人要求分配处置所得款如何处理？第三人要求分配涉案车辆处置所得分为两种情形：一是夫妻另一方或其他共有人要求分配其应得份额的，应审查涉案车辆是否系共有关系，并按所有权认定情况依法处理。二是案外人要求优先受偿其他民事债权的，应对其主张进行审查，并根据《刑事裁判涉财产部分执行规定》第 13 条规定的受偿顺序依法分配。

专题三　股权处置的前提是有权、有益拍卖

——刑事涉案股权处置流程与相关问题

根据《刑事裁判涉财产部分执行规定》的规定，刑事涉案财产处置除应遵循刑法、刑事诉讼法及相关司法解释外，没有规定的参照民事执行的相关规定执行。2022 年 1 月 1 日施行的《法院强制执行股权规定》，对股权执行作了较为系统的规定。对刑事涉案的非上市公司股权进行处置，应当从刑事涉案财产处置流程入手，依法谨慎适用相关股权处置规定，并根据刑事涉案非上市公司股权的特点着力解决问题，通过积极稳妥处置、大胆创新适用，探索刑事涉案股权处置的规律。

一、刑事涉案股权财产调查

刑事涉案股权在处置前应依法进行财产调查，通过调查确定股权能否处置、如何处置。调查包括公司现场调查、登记备案信息调查、交易限制调查三个方面。

1. 股权所在公司现场调查。刑事案件案发后，被执行人（犯罪嫌疑人、被告人）控制经营的公司往往即刻土崩瓦解，甚至因不进行例行年检被强制吊销营业执照。但也有一些被执行人仅系参股，管理较为规范的公司仍正常生产经营。现场调查包括三个方面：一是查看涉案股权所在公司是否仍正常生产经营，了解公司主要财产、债权债务等情况，对涉案股权价值进行初步估算。二是查看公司章程、财务账簿、出资情况记载及其他相关材料的保管

情况，告知公司如实完整提供股权评估所需资料的义务和法律责任。三是征询有限责任公司其他股东对涉案股权处置的意见。《最高人民法院关于人民法院执行工作若干问题的规定（试行）》第 39 条第 2 款规定："对被执行人在有限责任公司中被冻结的投资权益或股权，人民法院可以依据《中华人民共和国公司法》第七十一条、第七十二条、第七十三条的规定，征得全体股东过半数同意后，予以拍卖、变卖或以其他方式转让。不同意转让的股东，应当购买该转让的投资权益或股权，不购买的，视为同意转让，不影响执行。"根据上述规定，对刑事涉案的有限公司股权进行处置，可在处置前向其他股东征询关于处置方式的意见，同意转让或虽不同意但不依法购买的，应当依法公开拍卖，但要保障其他股东的优先购买权。

2. 股权登记备案信息调查。股权登记信息一般需到市场监督管理部门进行调取，涉及两个方面：一是涉案股权基本信息，包括涉案股权所在公司名称、公司经营有无异常，涉案股权持有人、股权数量（占比）及实际出资情况，其他股东姓名（名称）及股权数量（占比）情况等。二是涉案股权在国家企业信用信息公示系统的公示信息或在公司登记机关的登记、备案信息，包括股权冻结、质押情况，侦查机关是否首先冻结、冻结是否连续、有无其他司法机关冻结等。

3. 行业主管部门交易限制调查。虽然司法拍卖不允许限制竞买人资格，但对于金融、保险、证券、期货等经批准成立并有特殊监管要求的公司，行业主管部门均对公司股东设有市场主体准入资格。处置前应调查了解相关政策，在拍卖公告中载明并作出相应的风险提示。《法院强制执行股权规定》第 15 条第 1 款规定："股权变更应当由相关部门批准的，人民法院应当在拍卖公告中载明法律、行政法规或者国务院决定规定的竞买人应当具备的资格或者条件。必要时，人民法院可以就竞买资格或者条件征询相关部门意见。"

二、刑事涉案股权裁定处置

股权处置的前提是涉案股权被正式冻结，且股权价值足以涵盖处置成本。对经调查具备处置条件的股权，法院应当及时裁定启动股权处置程序。

1. 正式冻结是处置的前提。涉案财产处置的前提是股权应被正式冻结（首先冻结），涉案股权系经案件侦查机关冻结的，法院可以直接裁定处置。

《首先查封与优先债权法院处分查封财产批复》中明确规定："执行过程中，应当由首先查封、扣押、冻结（以下简称查封）法院负责处分查封财产"，"优先债权执行法院要求首先查封法院将查封财产移送执行的，应当出具商请移送执行函"。对侦查机关并非首先冻结或因冻结不连续造成轮候冻结的，执行法院在处置涉案股权前，应商请正式冻结机关移送处置权。

需要注意的是，冻结股权应当向被执行人及其股权所在市场主体送达冻结裁定，并要求股权登记机关协助公示。之前，股权冻结的效力在先向股权所在公司送达还是先向公司登记机关送达上存在分歧，甚至存在有的司法机关只向公司或登记机关一方送达的情形，造成实践中处置的混乱，甚至有地方直接规定以股权所在公司送达为在先冻结。对此，《法院强制执行股权规定》已经明确，以股权登记机关公示系统公示的为在先冻结。该规定第 6 条规定："人民法院冻结被执行人的股权，应当向公司登记机关送达裁定书和协助执行通知书，要求其在国家企业信用信息公示系统进行公示。股权冻结自在公示系统公示时发生法律效力。多个人民法院冻结同一股权的，以在公示系统先办理公示的为在先冻结。依照前款规定冻结被执行人股权的，应当及时向被执行人、申请执行人送达裁定书，并将股权冻结情况书面通知股权所在公司。"

2. 以有益拍卖为原则。股权处置的目的是通过执行变现财产，清偿债务。虽然刑事涉案股权应根据判决要求进行处置，但处置所得价款将被没收或用于退赔，股权应当具有明显的财产价值，而不能浪费司法资源，为了处置而处置。如有证据证实股权所在公司资产和债权之和远低于债务，处置所得不足以涵盖处置成本，且企业经营严重异常，根本不具备再生能力，这种情况再行拍卖就构成无益拍卖，法院可依职权决定不予处置。当然，对于判决没收的财产，经向财政部门征询意见，其要求继续处置的除外。根据《法院执行拍卖、变卖财产规定》第 6 条的规定，拍卖保留价应当大于该优先债权及强制执行费用的总额。《法院强制执行股权规定》第 12 条第 2 款也有相应规定："……人民法院可以根据具体情况以适当高于执行费用的金额确定起拍价，但是股权所在公司经营严重异常，股权明显没有价值的除外。"

3. 案外人、被害人强烈要求处置的，可由其承担流拍责任。由于股权相对于其他财产来说较为特殊，股权价值受市场影响较大，且股东往往要参与公司经营管理，故股权拍卖参与率低、成交率低，而且有限责任公司人合性较强，股东之间若不熟悉很难合作，实践中如没有股权所在公司、股东配合，股权评估、拍卖很难顺利完成，所以股权执行应当慎重。在民事执行中，申请执行人申请处置被执行人财产，应当垫付评估拍卖费用，并在可能出现无益拍卖的情况下，由申请执行人承担拍卖失败的责任。刑事涉案财产执行没有申请执行人，但很多时候涉案股权所在公司、大股东会基于公司形象、发展等原因强烈要求处置，然而股权处置又存在很大的流拍可能性，对此实践中可以参考《法院执行拍卖、变卖财产规定》第 6 条的规定，由要求处置的人承担一定的流拍责任。在刑事涉案股权处置中，为提高处置成交率、遏制处置请求权滥用，可以比照民事案件申请执行人的相关规定，谁强烈要求尽快处置，就由谁承担寻找意向竞买人、承诺参与竞拍的责任，甚至可以由其承担股权处置费用。如某铝业公司涉案股权处置一案，经调查，股权所在公司已停止经营，其他股东请求尽快处置并愿意承担相关费用，经评估股权价值为 -2.5 亿元，法院在与其沟通的基础上确定起拍价为 2 万元，后涉案股权依法拍卖成交。

三、刑事涉案股权确定参考价

根据相关规定，股权处置应首先确定股权参考价，参考价是处置起拍价确定的依据。根据刑事涉案股权的特点，股权参考价一般通过评估方式确定。

1. 一般以评估方式确定参考价。根据《法院确定财产处置参考价规定》第 2 条的规定，财产处置参考价可以采取当事人议价、定向询价、网络询价、委托评估等方式确定。一般来说刑事涉案股权价值难以确定，且基本不具备当事人议价的条件，目前询价机构也不支持股权询价，故一般应委托评估机构进行评估。当然，对于个别股权价值透明且符合议价条件的，或未来支持询价的，应当首先采取当事人议价、网络询价、定向询价方式确定参考价。

股权评估需要提供真实完整的财务账簿等材料，法院可以责令被执行人、股权所在公司及相关材料控制人提供，并可视情况向有关部门调取。评估公司认为股权所在公司财务管理混乱或账簿提供严重失实，建议审计的，可以先行委托审计机构对股权所在公司进行审计，并可依法追究股权所在公司及相关人员的法律责任。《法院强制执行股权规定》第 11 条第 2、3 款规定：

"确定参考价需要相关材料的，人民法院可以向公司登记机关、税务机关等部门调取，也可以责令被执行人、股权所在公司以及控制相关材料的其他主体提供；拒不提供的，可以强制提取，并可以依照民事诉讼法第一百一十一条、第一百一十四条的规定处理。为确定股权处置参考价，经当事人书面申请，人民法院可以委托审计机构对股权所在公司进行审计。"

2. 评估瑕疵处理。《法院强制执行股权规定》第 12 条第 1 款规定："委托评估被执行人的股权，评估机构因缺少评估所需完整材料无法进行评估或者认为影响评估结果，被执行人未能提供且人民法院无法调取补充材料的，人民法院应当通知评估机构根据现有材料进行评估……"但实践中，有评估机构在出具的评估报告中过于强调法院责任，导致报告无法使用，对此可以根据《法院确定财产处置参考价规定》第 20 条第 5 项之规定责令评估机构补正；评估机构拒不补正的，可根据该规定第 29 条第 4 项之规定依法撤回委托。

3. 评估费用事后支付。涉案股权处置会产生公告、评估、拍卖等费用，这些费用属于为完成财产处置必然产生的费用。对于民事案件来说，相关费用应当由申请执行人预先垫付；但刑事案件没有申请执行人，无法预先垫付相关费用。对此，可待拍卖成交后从拍卖所得中支付。事后支付不但能够督促评估机构精准评估，而且有利于评估费用的合理计算。《法院确定财产处置参考价规定》第 32 条规定："人民法院委托评估机构进行评估，财产处置未成交的，按照评估机构合理的实际支出计付费用；财产处置成交价高于评估价的，以评估价为基准计付费用；财产处置成交价低于评估价的，以财产处置成交价为基准计付费用。人民法院依照本规定第二十九条规定撤回委托评估的，按照评估机构合理的实际支出计付费用；人民法院依照本规定通知原评估机构重新出具评估报告的，按照前款规定的百分之三十计付费用。人民法院依照本规定另行委托评估机构重新进行评估的，对原评估机构不计付费用。"

四、刑事涉案股权挂网拍卖

《法院强制执行股权规定》第 13 条第 1 款明确规定："人民法院拍卖被执行人的股权，应当采取网络司法拍卖方式。"

1. 先期公告。股权拍卖前应依法进行公告。基于股权的特殊财产属性，在网络拍卖平台公告的同时，应通过报纸等法定途径同步公告，表明股权基本登记信息及瑕疵情况、有无优先购买权人、费用如何承担、成交后的交付流程和变更登记责任等。《法院执行拍卖、变卖财产规定》第 9 条第 1 款规定："……拍卖财产具有专业属性的，应当同时在专业性报纸上进行公告。"

2. 确定拍卖保留价。网络司法拍卖应当确定保留价（起拍价），确定拍卖保留价是法院的职权。根据《法院网络司法拍卖规定》第 10 条的规定，首次拍卖起拍价不得低于评估价或者市价的 70%。但为禁止无益拍卖，拍卖保留价不得低于拍卖成本与优先债权之和。

3. 有限责任公司其他股东有优先购买权。根据法律规定，涉案有限责任公司股权转让时，公司其他股东依法享有优先购买权。《公司法》第 72 条规定："人民法院依照法律规定的强制执行程序转让股东的股权时，应当通知公司及全体股东，其他股东在同等条件下有优先购买权。其他股东自人民法院通知之日起满二十日不行使优先购买权的，视为放弃优先购买权。"

4. 拍卖成交与流拍处理。网络司法拍卖遵循最高竞价拍得竞买物的规则，竞价最高并在规定时间内支付全部价款的，依法确认拍卖成交。根据《法院网络司法拍卖规定》第 26 条第 2 款的规定，经二次拍卖均无人竞买的，可以发起变卖。涉案股权经网络拍卖或变卖流拍的，优先债权人、被害人可以依次申请以流拍价抵债，并补齐应受清偿债权额与流拍金额之间的差价，接受抵债的还应承担相应的评估拍卖费用；无人申请抵债的，则可以待时机成熟时重新评估拍卖。

5. 股权登记责任自担。根据法律规定，涉案股权拍卖成交或者抵债后，其财产所有权自拍卖成交或者抵债裁定送达买受人或者承受人时起转移。但由于股权登记的复杂性和股东资格限制等要求，只要拍卖公告中明确说明法院不承担过户登记责任的，对股权能否变更登记的责任由买受人自担。

股权变更需要批准的应先取得批准手续。对金融、保险、证券、期货等公司股权变更需经行业主管部门批准的，涉案股权拍卖成交后，应给予买受人办理股权变更批准手续的合理时间，待买受人取得批准手续后再出具成交裁定书。买受人未在合理时间内取得批准手续的，确认拍卖无效并重新发起拍卖，非因买受人过错未能取得批准手续的不予处罚；因买受人明知竞买资格限制等未能取得批准手续的，参照悔拍规定没收保证金，并要求其弥补因此造成的损失。《法院强制执行股权规定》第15条规定："股权变更应当由相关部门批准的……拍卖成交后，人民法院应当通知买受人持成交确认书向相关部门申请办理股权变更批准手续。买受人取得批准手续的，人民法院作出拍卖成交裁定书；买受人未在合理期限内取得批准手续的，应当重新对股权进行拍卖。重新拍卖的，原买受人不得参加竞买。买受人明知不符合竞买资格或者条件依然参加竞买，且在成交后未能在合理期限内取得相关部门股权变更批准手续的，交纳的保证金不予退还。保证金不足以支付拍卖产生的费用损失、弥补重新拍卖价款低于原拍卖价款差价的，人民法院可以裁定原买受人补交；拒不补交的，强制执行。"

五、刑事涉案股权处置中的疑难问题

1. 股权股息、分红款的处理。根据法律规定，股权冻结的效力及于股权收益，股权产生股息、分红的，股息、分红款视为股权孳息，应随同涉案股权处置所得依法处理。《法院强制执行股权规定》第9条规定："人民法院冻结被执行人基于股权享有的股息、红利等收益，应当向股权所在公司送达裁定书，并要求其在该收益到期时通知人民法院。人民法院对到期的股息、红利等收益，可以书面通知股权所在公司向申请执行人或者人民法院履行。股息、红利等收益被冻结后，股权所在公司擅自向被执行人支付或者变相支付的，不影响人民法院要求股权所在公司支付该收益。"

2. 股权价值变动与派发红股的处理。涉案股权冻结时，冻结机关可以要求股权所在公司在实施增资、减资、合并、分立等对冻结股权所占比例、股权价值产生重大影响的行为前及时报告。对故意通过增资、减资、合并、分立、转让重大资产、对外提供担保等导致股权价值严重贬损的，应当依法追究相关法律责任。

但企业派发红股与上述情形不同，企业派发的红股在本质上属于本股产生的收益，应根据孳息规定依法及时处理。如果派发红股产生于本股拍卖成交之后、抵债之前，应根据拍卖公告、债务履行情况等审查本股所有权转移是否包含了拍卖成交之后、抵债之前的收益。对依法不能认定买受人随同本股受让全部红股的，应当根据本股所有权转移的时间，计算受让人随同本股转移受让的红股数量，并就不属于受让人所有的红股部分继续组织拍卖。

3. 股权权属异议处理。实践中，股权代持、共有情形较为复杂，名义持股人往往并非实际出资人。对涉案股权处置过程中案外人提出的权属异议，应依法谨慎审查。根据《刑事裁判涉财产部分执行规定》第 14 条的规定，对涉案财物不涉及赃款赃物认定，案外人针对执行标的提出实体权利主张，按异议审查、复议程序处理。但是，现行规定并不能解决案外人的实体权利主张。既然刑事判决判处涉案财产依法予以处置，案外人对财产权属的主张实际就构成了对刑事判决判项的否定。由于执行部门无权擅自改变刑事判决，通过异议审查、复议程序处理并不能解决实体问题，案外人既不能提起执行异议之诉，也未被赋予提起审判监督的权利，这将导致案外人权利保障陷入困境。因此建议在最高司法机关明确解决办法前，现阶段可由执行部门与审判部门会商处理，即由审判部门依法审查后出具认定意见，执行部门以此为依据作出执行裁定，对裁定不服的通过异议审查、复议程序处理。

4. 涉案股权被民事处置的处理。《法院强制执行股权规定》出台之前，各地对股权冻结先后的认识不一致，导致在股权处置权问题上屡屡产生争议，实践中刑事涉案财产被民事法院处置的情况屡有发生。对此，第一，根据相关规定依法判断处置权归属，强调涉案股权刑事涉案财物的性质。第二，对刑事非首先查封被民事案件法院处置的，可根据《刑事裁判涉财产部分执行规定》第 13 条规定的受偿顺序，主张处置所得依法优先用于退赔被害人损失。第三，对刑事首先查封但被民事案件法院处置的，严令协助义务单位不准协助办理过户手续，并向共同的上级法院请示，解决争议；协助义务单位擅自办理过户手续的，可酌情依法处理。

实践中，涉案股权处置中的问题有很多，上述只列举、分析了几个常见疑难问题。根据相关规定，刑事涉案其他投资权益的处置，参照股权处置的相关规定处理，在此不再赘述。本书认为，刑事涉案股权处置应当根据刑事案件特点，综合运用民事执行规则手段，围绕问题的解决进行研究并创新适用。随着《法院强制执行股权规定》的施行，以及对刑事涉案财物处置问题的持续深入研究，各地股权执行、刑事涉案股权处置案件会越来越多，相信未来会逐步探索出一套可复制的处置流程规则。

专题四　房产处置应房地一体处置并保护居住权

——刑事涉案房地产处置流程与相关问题

根据《刑事裁判涉财产部分执行规定》的规定，刑事涉案财产处置除应遵循刑法、刑事诉讼法及相关司法解释外，没有规定的参照民事执行的相关规定执行。对刑事涉案的房产、土地进行处置，应当从刑事涉案财产处置流程入手，依法谨慎适用相关房产、土地处置规定，并根据刑事涉案房地产特点着力解决实践中遇到的问题，在稳妥处置基础上创新适用，积极探索涉案房产、土地处置的规律。

一、刑事涉案房地产调查

刑事涉案房地产在处置前应依法进行必要的财产调查，包括房地产现场调查、登记信息调查、交易限制调查三个方面。

1. 房地产现场调查。房地产现场调查涉及下列几个方面：（1）涉案房产、土地基本情况，包括具体位置、性质、面积，当前占有使用人及占有使用依据，相关费用欠付情况等。（2）处置涉案房产的，还应调查房产楼层朝向、结构布局、装修装饰及设施配套情况，房屋是否已清空，是否已完成各项验收，有无产权证明等。（3）处置在建工程的，还应调查建设施工进度、是否改变规划设计，项目是否欠付工人工资、有无建设工程优先受偿权等。（4）处置涉案土地的，还应调查土地使用权性质、土地界址及物理隔离情况，土地上有无建筑物、其他附属设施，以及相关建筑物、附属设施的权证情况等。

2. 登记信息调查。调查房产、土地的产权登记信息，查封、抵押信息。《民法典》第 397 条规定：“以建筑物抵押的，该建筑物占用范围内的建设用地使用权一并抵押。以建设用地使用权抵押的，该土地上的建筑物一并抵押。抵押人未依据前款规定一并抵押的，未抵押的财产视为一并抵押。”《法院执行查封、扣押、冻结财产规定》第 21 条规定：“查封地上建筑物的效力及于该地上建筑物使用范围内的土地使用权，查封土地使用权的效力及于地上建筑物……地上建筑物和土地使用权的登记机关不是同一机关的，应当分别办理查封登记。”之前，房产、土地由不同部门分别登记，造成了实践处理中的混乱，法律为解决这一问题明确了房地一体原则，并在全国建立房地产统一登记制度。但目前各地推进房产地统一登记的进度不同，仍有一些地方或历史案件的查封、抵押登记并非在同一机关办理，需要分别到当地房产、土地登记部门调查处理。

3. 交易限制调查。司法拍卖不允许限制竞买人资格，但竞买人竞买涉案房产应符合当地房产限购政策。2022 年 1 月 1 日起施行的《最高人民法院关于人民法院司法拍卖房产竞买人资格若干问题的规定》明确规定，受房产所在地限购政策约束的竞买人申请参与竞拍的，人民法院不予准许。司法拍卖房产时，“发布的拍卖公告载明竞买人必须具备购房资格及其相应法律后果等内容，竞买人申请参与竞拍的，应当承诺具备购房资格及自愿承担法律后果”。

需要注意的是，对于集体土地使用权、集体土地上建设的房产，处置前应当征求国土资源管理部门的意见。2004 年《规范法院执行和房地产协助执行通知》第 24 条第 2 款规定：“对处理农村房屋涉及集体土地的，人民法院应当与国土资源管理部门协商一致后再行处理。”

二、刑事涉案房地产裁定处置

涉案房地产处置的前提是房地一体处置，涉案房产、土地系被首先查封，另外在房产处置中还要保护居住权。对经调查具备处置条件的，法院应当及时裁定启动处置程序。

1. 房地一体处置原则。《规范法院执行和房地产协助执行通知》第 23 条中即已明确，在变价处理土地使用权、房屋时，土地使用权、房屋所有权同时转移。

2. 首先查封处置原则。处置的前提是涉案房产、土地系被首先查封（正式查封）的。涉案房产、土地系经案件侦查机关查封的，法院可以直接裁定处置；但对于并非侦查机关首先查封的涉案房产、土地，执行法院在处置前应商请正式查封机关移送处置权。

实践中，因以前各地对房屋登记机构、土地登记机构分设，常常造成对土地查封和房屋查封顺位的争议。对此，根据房地一体原则，房产、土地的处分权均应根据查封时间顺序确定，即无须考虑查封的是土地还是房产，只要时间在先即应认为系首先查封，由首先查封机关获得房地产整体的处分权。当然，同一天在不同部门登记、无法区分先后时间的，可视为同时登记。

3. 依法保护房产上的居住权。虽然涉案房地产系依据生效刑事裁判文书处置的，但应注意保护居住人的合法居住权利。第一，买卖不破租赁。《法院执行异议和复议规定》第 31 条第 1 款规定："承租人请求在租赁期内阻止向受让人移交占有被执行的不动产，在人民法院查封之前已签订合法有效的书面租赁合同并占有使用该不动产的，人民法院应予支持。"对于涉案房产，只要租赁是在查封之前形成，且在房产处置时仍处于连续状态的，对合法租赁权应予保护。但对于为阻止执行签订虚假租赁合同或者以明显不合理的低价承租不动产、伪造交付租金证据的，对其阻止移交占有的请求不予支持，并依法追究法律责任。第二，案外人提出实体权利主张足以阻止执行的，可暂缓处置。根据《法院执行异议和复议规定》第 28 条的规定，案外人主张如符合下列情形："（一）在人民法院查封之前已签订合法有效的书面买卖合同；（二）在人民法院查封之前已合法占有该不动产；（三）已支付全部价款，或者已按照合同约定支付部分价款且将剩余价款按照人民法院的要求交付执行；（四）非因买受人自身原因未办理过户登记"，则因其主张足以阻止执行，应对涉案房产暂缓处置并先处理异议问题。第三，确有合理居住理由的，可以限期迁出。涉案房屋虽不符合《法院执行异议和复议规定》第 28 条规定的要件，但在房屋查封之前即已被准许居住的，可以给予宽限期让其自行搬离。

三、刑事涉案房地产确定参考价

根据相关规定，涉案房地产处置应首先确定房产、土地参考价。

1. 参考价确定方式。根据《法院确定财产处置参考价规定》第 2 条的规定，财产处置参考价可以采取当事人议价、定向询价、网络询价、委托评估等方式确定。第一，对个别具备议价条件的，首选当事人议价方式确定参考价，但议价不能损害其他债权人的利益。第二，具备询价条件的优先选择询价方式，目前房产大多可以进行网络询价，土地暂不支持网络询价，各地正在进行政府定向询价的尝试。第三，对不具备议价、询价条件的，应采取委托评估方式确定参考价；对需要批量处置或委托评估更具有可信度的，可以直接进行评估。

2. 房地价值分别估计。鉴于以前房产、土地由不同机关分别进行登记的情形，房地产上面往往设置了多个不同的抵押，还可能出现建设工程优先受偿权、工人工资、抵押后新建等不同情形，需要分别确定涉案房产、土地及其他附属设施的价值，并在估价报告中分别列明。

3. 估价费用事后支付。房地产询价、评估费用属于为完成财产处置必然产生的费用，可待拍卖成交后从拍卖所得中支付。委托评估财产处置未成交的，按照评估机构合理的实际支出计付费用；委托评估财产处置成交的，对成交价与评估价进行对比，遵循就低不就高的原则计付费用。

4. 估价报告异议处理。对当事人、利害关系人对询价报告、评估报告的异议，区分为三种情形处理：（1）认为报告具有财产基本信息错误、超出财产范围或者遗漏财产、评估机构或者评估人员不具备相应评估资质、评估程序严重违法情形之一而提出异议的，按照异议审查、复议程序处理。（2）对全部网络询价报告提出异议，且所提异议被驳回或者司法网络询价平台已作出补正的，应当以异议被驳回或者已作出补正的各司法网络询价平台出具结果的平均值为参考价；对部分网络询价报告提出异议的，应当以网络询价报告未被提出异议的各司法网络询价平台出具结果的平均值为参考价。（3）对评估报告的参照标准、计算方法或者评估结果等提出书面异议的，由评估机构作出书面说明。评估机构未作说明或者对其说明仍有异议的，交地方房地产业协会组织进行专业技术评审，根据评审结论认定评估结果或责令原评估机构予以补正。

四、刑事涉案房地产依法拍卖

根据相关规定，房产、土地拍卖应首先采取网络司法拍卖方式。暂不具备网络拍卖条件的，可以通过拍卖机构公开拍卖。

1. 先期公告。房产、土地拍卖前应依法进行公告。基于房产、土地的不动产属性，在网络拍卖平台公告的同时，应在涉案房产、土地现场同步张贴公告。

2. 确定拍卖保留价。确定拍卖保留价是法院的职权。网络拍卖可以拍卖两次，第一次拍卖保留价可以在评估价或市价的基础上降低 30% 以内，第二次拍卖保留价可以在上次流拍价的基础上再降 20% 以内。但传统拍卖需经三次拍卖，第一次拍卖的保留价为评估价，之后每次拍卖的保留价均可在上次流拍价基础上再降 20% 以内。不论哪种拍卖方式，根据禁止无益拍卖的规定，拍卖保留价均不得低于拍卖成本与优先债权之和。

3. 依法保障房屋优先购买权。对涉案房产进行拍卖的，房屋按份共有人有权优先于承租人购买，司法拍卖应明确告知优先权人有权在 15 日内申请优先购买，优先权人在规定期限内未明确表示购买的视为放弃。《民法典》第 726 条规定："出租人出卖租赁房屋的，应当在出卖之前的合理期限内通知承租人，承租人享有以同等条件优先购买的权利；但是，房屋按份共有人行使优先购买权或者出租人将房屋出卖给近亲属的除外。出租人履行通知义务后，承租人在十五日内未明确表示购买的，视为承租人放弃优先购买权。"

赋予房屋共同居住人优先购买权是基于居住权理论。起源于罗马法的居住权，是指对他人所有的住房及其附属设施占有、使用的权利，是一种作为生活保障的制度设计。对此虽未见有相关法律规定，但涉案房屋若系被执行人、承租人为生活需要所居住，相关共同居住人一般均随同居住多年，对涉案房屋多具有强烈的感情和心理认知。赋予被执行人、承租人的共同居住人以优先购买权，是对人的房屋居住权的基本权利的保护，符合社会公共利益和人类共同的价值取向。而且优先购买只是在同等价位下的程序优先，并不侵害其他购买人的实际购买权益。

4. 拍卖成交与流拍处理。司法拍卖竞价最高并在规定时间内支付全部价款的，依法确认拍卖成交。网络司法拍卖经二次拍卖均无人竞买的，传统司法拍卖经三次拍卖均无人竞买的，可以发起变卖。经司法拍卖或变卖流拍的，优先债权人、被害人可以依次申请以流拍价抵债，并补齐差价、承担费用。

5. 所有权自过户裁定送达时转移。根据法律规定，涉案房产、土地财产所有权自相关裁定送达买受人或者承受人时转移。除有依法不能移交的情形外，应当于裁定送达后 15 日内，将拍卖的财产移交买受人或者承受人。

根据2022年1月1日起施行的《最高人民法院关于人民法院司法拍卖房产竞买人资格若干问题的规定》，司法拍卖房产成交后，法院应当审核买受人提交的购房资格证明材料，经审核买受人不符合持续具备购房资格条件的，不予出具拍卖成交裁定书；请求以房抵债但不具备购房资格的，不予支持。

五、特殊类型的房产、土地处置

实践中，房产、土地的具体情况各不相同，很多人对能否对其处置有疑虑。本书认为，执行就是要不折不扣地执行生效裁判文书的内容，凡是市场认可、具有财产使用价值、法律不禁止交易的财产都可以处置，比如投资权益、专利商标、吉祥电话号、到期债权等。当然，对法律禁止流通物不能处置，对限制流通物可以有条件执行。

1. 唯一住房可以处置。根据《法院执行查封、扣押、冻结财产规定》第4条的规定，对被执行人及其所扶养家属生活所必需的居住房屋应予保障，不得拍卖、变卖或者抵债。根据《法院执行异议和复议规定》第20条第1款的规定，唯一住房符合下列条件之一的可以执行："（一）对被执行人有扶养义务的人名下有其他能够维持生活必需的居住房屋的；（二）执行依据生效后，被执行人为逃避债务转让其名下其他房屋的；（三）申请执行人按照当地廉租住房保障面积标准为被执行人及所扶养家属提供居住房屋，或者同意参照当地房屋租赁市场平均租金标准从该房屋的变价款中扣除五至八年租金的。"

对于刑事裁判明确涉案房产为赃款赃物并依法没收或退赔的，被执行人及其共同居住人应无条件迁出，但可联系政府保障其基本的生活居住需要。

2. 共有房产宜整体拍卖，并保障共有人份额。对于共有房产的处置，实践中有整体拍卖并保障共有人份额以及先析产再执行两种处理思路。例如，袁某走私普通货物罚金执行案认为：刑事裁判涉财产部分执行中，法院可以通知被执行人的配偶并查封拍卖夫妻共有房屋；若夫妻并未约定共有房屋份额，亦未能提供确定购买该房屋出资额的相关证据，应视为等额享有，法院可以处置被执行人房屋50%的份额并应保障配偶的优先购买权。[①]

---

① 参见李舒、唐青林、龚炯：《最高法院：执行过程中，法院查封夫妻共有房屋后能否拍卖配偶的财产份额?》，载资产界2018年12月28日，www. zichanjie. com/article/352857. html。

处置被执行人房屋的一半份额的做法，在实践中不易操作，谁会去购买一半产权的房屋？如果拍卖成交，买受人如何实现其所有权？对夫妻另一方的房产份额不予处置，其实是出于对案外人财产所有权侵犯的担忧。由于房产的性质是不动产，整套房产在使用功能上融为一体，根本不可能按比例进行分解。对不宜、不能拆分的财产进行整体处置符合民事执行规则，也是对共有的另一方权利人更好的保护。所以，对共有财产宜整体拍卖，拍卖时依法保障共有人的优先购买权，拍卖成交后依法保障共有人的应得份额。

3. 限制转让的集体土地、划拨土地，符合条件的可以处置。根据相关规定，集体土地使用权在转让前，应征求国土资源管理部门的意见；而且，在农村宅基地上建造的房产只能在本集体经济组织成员内部流转，而不能向非本集体成员的第三方转让。《规范法院执行和房地产协助执行通知》第 24 条规定："人民法院执行集体土地使用权时，经与国土资源管理部门取得一致意见后，可以裁定予以处理，但应当告知权利受让人到国土资源管理部门办理土地征用和国有土地使用权出让手续，缴纳土地使用权出让金及有关税费。对处理农村房屋涉及集体土地的，人民法院应当与国土资源管理部门协商一致后再行处理。"

对于设有抵押的划拨土地使用权，《最高人民法院关于破产企业国有划拨土地使用权应否列入破产财产等问题的批复》认为：企业以划拨方式取得的国有土地使用权如履行了法定的审批手续，并依法办理抵押登记，抵押权自登记时设立；抵押权人只有在以抵押标的物折价或拍卖、变卖所得价款缴纳相当于土地使用权出让金的款项后，对剩余部分方可享有优先受偿权。

4. 无证房产可按现状处置。房产按有无权证可分为有证房产、无证房产，按土地类型可分为国有建设用地上建造的房产、集体土地上建造的房产。对无证房产，原则上可按现状处置，拍卖成交后只裁定交付使用，且未来所有风险由买受人自担。（1）对暂时不具备初始登记条件的房产，根据《最高人民法院关于转发住房和城乡建设部〈关于无证房产依据协助执行文书办理产权登记有关问题的函〉的通知》（法〔2012〕151 号）第 2 条的规定，执行法院处置后可以依法向房屋登记机构发出协助执行通知书，并载明待房屋买受人或承受人完善相关手续具备初始登记条件后，由房屋登记机构按照协助执行通知书予以登记。（2）在集体土地上未经批准建造的房屋（小产权房），参照法〔2012〕151号文件进行现状处置，即处置时在拍卖公告中披露房屋不具备登记条件的现状及土地性质，买受人或承受人按照房屋现状取得房屋，后续的产权登记事项及将来可能面临的拆除、拆迁及补偿不能等风险由买受人或承受人自行负责，变价裁定书中应载明上述内容和风险。（3）在国有建设用地上建造的无证房屋，参照法〔2012〕151号文件进行现状处置，执行法院应就该房屋是否可转化为有证房屋征求行政机关意见，并作为确定无证房屋价值的参考。

5. 判决罚没的房地产处置，须遵循特定规则。目前，国有资产处置一般须到国有资产交易平台处理。（1）罚没财物保留价的确定。根据2020年财政部印发的《罚没财物管理办法》第16条第4项的规定，罚没财物保留价一般参照价格认定机构或者符合资格条件的资产评估机构作出的评估价确定，也可以参照市场价或者通过互联网询价确定。（2）罚没财物评估价的确定。罚没财物与传统拍卖一样，需经三次拍卖。根据《法院执行拍卖、变卖财产规定》第5条第2款的规定，拍卖财产经过评估的，评估价即为第一次拍卖的保留价。为保障国有财产不因降价过低而受损，罚没财物的评估价即应确定为首次拍卖保留价。（3）发生三次流拍的可以无底价拍卖。《罚没财物管理办法》第16条第5项规定："公开拍卖发生流拍情形的，再次拍卖的保留价不得低于前次拍卖保留价的80%。发生3次（含）以上流拍情形的，经执法机关商同级财政部门确定后，可以通过互联网平台采取无底价拍卖或者转为其他处置方式。"

六、涉案房产、土地处置疑难问题处理

1. 房产占用人拒不迁出的处理。法院处置涉案房产前，对涉嫌非法占用或占用事由难以查清的，可以提请侦查机关协助处理，待处理完毕或查清后再行处置。

法院对拍卖成交房产负有腾退的职责。2021年12月《最高人民法院关于进一步完善执行权制约机制 加强执行监督的意见》第18条第3款规定："拍卖财产为不动产且被执行人或者他人无权占用的，人民法院应当依法负责腾退，不得在公示信息中载明'不负责腾退交付'等信息。"对刑事涉案房产来说，如果其不属于非法占用，法院可以限期迁出；如系非法占用，应依法追

究非法占用人的法律责任，构成犯罪的移交侦查机关处理。涉案房产内如有未清空物品，可以视情况先期公告，待拍卖成交后由买受人予以妥善安置；也可以告知相关权利人限期取走，逾期视为放弃财产权利。

2. 违反房地一体处置原则的救济。对于房产、土地登记不一致的情形，应首先查明是否系怠于登记的缘故，如历史问题导致房产、土地权利确属不同权利人，法院处置前应依法处理。实践中，有法院在房屋、土地登记不属于同一权利人的情况下，只对房产或土地进行了处置，对此应认定处置无效，依法撤销拍卖、变卖或抵债。

3. 虚构购房资格并拍卖成交的处理。《最高人民法院关于人民法院司法拍卖房产竞买人资格若干问题的规定》第 4 条规定："买受人虚构购房资格参与司法拍卖房产活动且拍卖成交，当事人、利害关系人以违背公序良俗为由主张该拍卖行为无效的，人民法院应予支持。依据前款规定，买受人虚构购房资格导致拍卖行为无效的，应当依法承担赔偿责任。"司法拍卖房产，竞买人虚构购房资格或者当事人之间恶意串通，侵害他人合法权益或者逃避履行法律文书确定的义务的，应当根据情节轻重予以罚款、拘留；构成犯罪的，依法追究刑事责任。

4. 案外人权属异议处理。根据《刑事裁判涉财产部分执行规定》第 14 条的规定，案外人针对执行标的提出实体权利主张的，按异议审查、复议程序处理。但是，案外人对财产权属的主张实际构成对刑事判决判项的否定，通过异议审查、复议程序并不能解决案外人的实体权利主张问题。由于执行部门无权擅自改变刑事判决，案外人既不能提起执行异议之诉，也未被赋予提起审判监督的权利，案外人权利保障往往因此陷入困境。案外人针对刑事涉案财产提出实体权利主张，并符合《法院执行异议和复议规定》第 28 条规定的占用情形的，建议在当前案外人异议处理框架内，由审判部门依法审查后出具补充调查意见，执行部门以此为依据作出执行裁定；对裁定不服的，再通过异议审查、复议程序处理。

5. 关于处置所得案款的分配。第一，受偿顺序应依照《刑事裁判涉财产部分执行规定》第 13 条的规定执行：（1）人身损害赔偿中的医疗费用；（2）退赔被害人的损失；（3）其他民事债务；（4）罚金；（5）没收财产。第二，设有多个抵押权的，分别计算受偿金额。在涉案房地产上依法登记设立的房产抵押权、土地抵押权和法定的建设工程优先受偿权等均属于“优先受偿权”的范围，优先权利应有生效法律文书予以确认。由于之前房产、土地均分别设立抵押登记，且往往有多轮抵押，应准确计算各部分房产、土地的权利份额。第三，涉及多人受偿的，可参照《最高人民法院关于适用〈中华人民共和国民事诉讼法〉的解释》第509条之规定，制定财产分配方案。刑事涉案财产处置所得在退赔被害人损失后仍有剩余的，应参照民事执行规则予以分配，即被执行人为法人的应按查封顺序受偿，除非被执行人被纳入破产程序；被执行人为个人或其他组织的，可按比例受偿。

专题五　银行、保险、证券账户可强制变现并提取现金价值

——刑事涉案金融账户处置相关问题

刑事案件办理过程中，侦查机关常常冻结各类涉案银行、保险、证券账户，这三类账户均系金融账户，受国家金融监管机构的特别监管，账户管理相对规范统一。因这三类账户具有共通性，实践中的处理并不复杂，故放在一起进行探讨。

一、涉案银行、保险、证券账户的处置规则

行为人开设的银行账户内的钱款系由银行代管，而在证券公司开设的证券账户则专门用于买卖公开市场流通的证券，二者均具有明显的财产属性。传统保险账户的主要功能在于保障，但保单是有现金价值的，而且随着各种理财型保险、分红型保险的出现，保险账户的财产属性越来越明显。对于银行、保险、证券账户，只要生效法律文书对涉案账户作出了处理，执行阶段就应对其依法处置。

1. 正式冻结是处置的前提。涉案银行、保险、证券账户处置的前提是应系正式冻结（首先冻结）的账户。涉案银行账户、保险账户、证券账户系经案件侦查机关冻结的，法院可以直接裁定处置。根据相关规定，侦查机关非首先冻结或因冻结不连续造成轮候冻结的，法院处置前应商请正式冻结机关移送处置权。

需要注意的是，根据 2008 年《最高人民法院、最高人民检察院、公安

部、中国证券监督管理委员会关于查询、冻结、扣划证券和证券交易结算资金有关问题的通知》第9条第1款的规定："在证券公司托管的证券的冻结、扣划，既可以在托管的证券公司办理，也可以在证券登记结算机构办理。不同的执法机关同一交易日分别在证券公司、证券登记结算机构对同一笔证券办理冻结、扣划手续的，证券公司协助办理的为在先冻结、扣划。"

2. 处置所得及于孳息。《法院执行查封、扣押、冻结财产规定》第20条规定："查封、扣押的效力及于查封、扣押物的从物和天然孳息。"银行账户包括账户存入款项及利息、理财分红；保险账户包括保单现金价值及保险收益金；证券账户包括证券出售所得及股息、分红。

3. 处置不得侵害社会公共利益和第三人利益，并应遵守相关监管规定。根据最高人民法院的有关规定，工会经费[①]、党费[②]、职工建房集资款[③]、国有企业下岗职工基本生活保障资金[④]等，不得作为所在企业的财产予以执行；银行存款准备金和备付金、银行承兑汇票保证金和信用证开证保证金、旅行服务质量保证金、期货保证金和期货结算保证金、军队和武警部队一类保密单位开设的存款等原则上也不允许扣划。

对市场流通的证券，为防止单笔大额交易过大引起市场波动，各交易所均规定了交易上限。例如，2023年修订的《上海证券交易所交易规则》第3.3.9条规定：证券交易单笔申报最大数量应当不超过100万股（份）。根据市场需要，上海证券交易所可以调整证券的单笔申报最大数量。深圳证券交易所、北京证券交易所也有类似规定，证券处置时可要求协助义务单位按照规定处置。

在具体处置方式上，对于银行、保险、证券账户的处置根据是否需要变现而有所不同：对银行账户，根据规定可以先冻结再扣划，也可以不经冻结

---

① 《最高人民法院关于产业工会、基层工会是否具备社会团体法人资格和工会经费集中户可否冻结划拨问题的批复》（法释〔2020〕21号）。

② 《最高人民法院关于强制执行中不应将企业党组织的党费作为企业财产予以冻结或划拨的通知》（法〔2005〕209号）。

③ 《最高人民法院执行工作办公室关于企业职工建房集资款不属企业所得问题的函》（法经〔1997〕12号）。

④ 《最高人民法院关于严禁冻结或划拨国有企业下岗职工基本生活保障资金的通知》（法〔1999〕228号）。

直接扣划；对保险账户，可直接扣划到期保险收益，也可以强制解约，并提取保单的现金价值；对证券账户，可以指令开户的证券公司或证券登记结算机构将证券卖出，并扣划变卖所得价款。

二、涉案银行账户资金可直接扣划

实践中，经常有金融机构以上级规定、系统不支持等理由要求先冻结再扣划，此要求不符合法律规定，法院有权不经冻结直接扣划。《最高人民法院关于适用〈中华人民共和国民事诉讼法〉的解释》第484条明确规定："……对银行存款等各类可以直接扣划的财产，人民法院的扣划裁定同时具有冻结的法律效力。"

1. 账户余额与裁判金额不一致的处理。对账户余额超出裁判金额的，应查明超出金额是否系裁判金额的收益，对银行账户本金的冻结、扣划及于孳息。如发现侦查机关冻结时漏冻部分款项，或在冻结后另有款项汇入，应查清相关款项的来源、性质及相关主张的合理性等，并综合考虑判决本意进行判定，必要时可征求审判部门的意见，而不能擅自扣划涉案账户内全部金额。对于账户余额不足以支付裁判金额的，应查清钱款短缺原因，系冻结期间内银行擅自支付的，由银行承担法律责任；因冻结期限届满未及时续冻造成款项被取走的，依法可以追缴。

2. 银行账户或名称错误的处理。对发现系生效法律文书笔误的，纠正即可；但发现账户与名称不符而不能判定的，执行机构可要求审判机关作出解释说明。实践中，若判决的被执行人一个账户金额不足，但另一个账户有足额款项，则可直接予以扣划，因为钱是种类物，不论追赃还是退赔都不必有过多顾忌；但若上述情形发生于案外人名下账户，则建议谨慎扣划，要充分考虑判决扣划的账户系赃款，而另一账户并非赃款的可能。

3. 银行不配合扣划的处理。根据《刑事裁判涉财产部分执行规定》第5条的规定，对侦查机关查封、扣押、冻结的财产，人民法院执行中可以直接裁定处置，但人民法院应当对侦查机关采取的查封、扣押、冻结措施及时续行查封、扣押、冻结。对此，法院须在有关法律文书中指明侦查机关查封、扣押、冻结的事实，并可视情况附上有关证据材料。对经解释有关法律规定仍不配合扣划的，可依法采取罚款、拘留等强制措施，并可通报其上级单位、纪检监察机关。

三、涉案保险账户可提取保单现金价值

商业保险的种类主要有意外险、健康险、养老险、教育险、理财险等，无论是什么险种，均具有一定的财产属性。包括人身险在内，各类保险均可以作为执行标的被执行。

1. 到期保险收益可直接扣划。涉案保险账户到期的，可直接扣划保险收益金。此种情形下，保险收益金成为可流通资产，保险收益人可自由提取。人民法院依法扣划的，保险机构应当配合。

2. 未到期保险可提取保单的现金价值。《保险法》第47条规定："投保人解除合同的，保险人应当自收到解除合同通知之日起三十日内，按照合同约定退还保险单的现金价值。"投保人可通过解除保险合同、退保等方式提取保单的现金价值，保单的现金价值一般应归属于投保人。该现金价值作为投保人所享有的财产权益，不具有人身依附性和专属性，法院有权强制提取保单的现金价值。

3. 人身保险可以处置。对人身保险的处置有一定的争议，法律对此没有明确规定，各地做法不一。本书认为，只要执行保单的现金价值不足以影响被执行人及其所扶养家属的基本生活或基本生活保障，都可以执行。人身保险虽然以人的生命、健康为保险标的，但其兼具人身保障、储蓄理财功能，多数人身保险产品在提供保障的同时，承诺合同期内如不出险则归还本金，有的还就利息作出了约定，因此人身保险具有明显的财产性特征。例如，最高人民法院公布的（2021）最高法执监35号案认为：人身保险单的现金价值具有明显的财产属性，作为被执行人的财产权可以成为执行标的；提取保险单的现金价值，以偿还债务人所负债务，实现申请执行人的胜诉债权，符合人民法院执行行为的强制性特征，具有正当性、合理性。

四、涉案证券账户可强制出售

在公开市场流通的证券，可以依法强制出售，并将出售所得价款扣划至法院指定账户。

1. 证券公司要求指定具体交易日期的处理。根据2004年《最高人民法院

关于冻结、扣划证券交易结算资金有关问题的通知》第5条第2款的规定，人民法院执行流通证券，可以指令被执行人所在的证券公司营业部在30个交易日内通过证券交易将该证券卖出，并将变卖所得价款直接划付到人民法院指定账户。法院指令证券公司在30个交易日内将证券卖出，是由于证券交易审批有其独特的规则流程，证券市价每天都在波动，而法院并不具有证券交易的专业知识，不可能预知涉案证券价格走向，指定交易具体时间并不现实；而且证券交易有数量限制要求，对于大宗证券交易，应由证券公司按规定分批次处理。证券公司要求指定具体交易日期，是为了规避自身责任风险。对此，执行机构可以表明在30个交易日内随机或尽快卖出的要求，并阐明相关法律责任。

2. 被执行人要求自行处置的处理。法院应当善意、文明执行，被执行人谋求证券变现价值最大化而要求自行处置涉案证券的，执行机构可在确保安全可控的前提下，准许当事人在限定的日期内自行选择点位出售。在具体做法上：一是可以冻结证券账户及其所关联的银行账户，以此限制证券交易资金流出；二是可指令证券公司对涉案证券账户单向操作，即只允许证券卖出，禁止买入；三是限制被执行人自行卖出的时间，如逾期仍未卖出，则依法强制出售。

3. 证券停牌、退市的处理。证券在公开市场流通才能交易，证券临时停牌的，应当待其复牌后再行处置。但是，对于证券永久性退市的，建议将相关情况告知刑事审判部门，并转作公司股权处理。

五、处置过程中的异议处理

涉案银行、保险、证券账户处置过程中，被执行人、利害关系人可能对执行行为提出异议，案外人也可能对执行标的提出实体权利主张并足以阻止执行，对此要区分情形予以处理。

1. 对执行行为提出异议的处理。根据《刑事裁判涉财产部分执行规定》第14条的规定，执行过程中，当事人、利害关系人认为执行行为违反法律规定，向执行法院提出书面异议的，应当依照民事诉讼法规定的异议审查、复议程序处理。

2. 对涉案账户提出实体权利主张的处理。根据《刑事裁判涉财产部分执行规定》第 14 条的规定，执行过程中，案外人对执行标的主张足以阻止执行的实体权利，向执行法院提出书面异议的，也应当依照民事诉讼法规定的异议审查、复议程序处理。但本书认为，对涉案财物不涉及赃款赃物认定的，案外人提出的权属主张系对判决的否定，通过异议审查、复议程序并不能改变刑事裁判内容，无助于解决案外人对涉案财物的实体权利主张问题。所以，对于判决明确处置要求的，相关异议由刑事审判部门审查处理更为合理，或由刑事审判部门出具补充调查意见后，再通过执行异议审查、复议程序处理。当然，对于判决并未明确处置要求的，执行部门有权依据相关法律规定认定并作出裁定；对执行裁定不服的，可通过异议审查、复议程序处理。

3. 发现裁判可能错误的处理。执行过程中，利害关系人、案外人对执行标的提出异议，经审查可能涉及生效法律文书裁判错误的，应暂停涉案账户的处置，并移送审判部门裁定补正或通过审判监督程序处理，处理期间宜对涉案账户继续冻结。

专题六　罚金未缴纳可追随被执行人终身

——罚金执行的实践展开与相关权益保护

根据我国刑法规定，罚金属于附加刑的一种，对罪犯可以在判处拘役、有期徒刑等主刑的同时附加适用，也可以独立适用。罚金应当在判决指定的期限内缴纳，逾期不缴纳的，依法强制执行。罚金刑是罚金执行研究的逻辑起点，但法律的生命在于经验而不是逻辑，以问题为导向对罚金刑如何执行进行分析，有重要的实证研究意义，不但可以为法院依法规范执行提供参考，也能为相关权利人的财产权益保护提供借鉴。

一、罚金刑的特点

罚金的起源可以追溯到原始社会，为限制血亲复仇而出现的赔偿制度是罚金的“胚胎”。国家出现以后，将一部分赔偿的执行交给国家实施，这就是刑法中罚金制度的起源。[①] 但及至近代，随着商品经济日渐发达，罚金制度才日益受到重视。罚金作为自由刑的替代不但更加文明，而且对经济犯罪科以罚金能够更好地打击犯罪。应该说，罚金刑利弊兼存，理论上有存废之争。既然我国刑法规定了罚金刑，就要对罚金刑合理适用，充分发挥其积极作用。近年来，随着罚金刑执行力度的加大，其重要的实践意义日益凸显，尤其是《刑事裁判涉财产部分执行规定》实施后，我国的罚金执行逐步走向规范化、

① 参见陈兴良：《刑法哲学》（修订3版），中国政法大学出版社2004年版，第435页。

制度化。

1. 罚金刑具有经济惩罚性。关于罚金刑的性质众说纷纭，有学者认为，罚金所造成的刑罚痛苦中心并不在于被迫地缴纳一定数额的金钱，而是在于缴纳罚金可以致被执行人无法满足物质享受的需要而对其造成间接痛苦，因此罚金刑实是剥夺受刑人的物质享受的自由。① 这种观点有其积极意义，对罪犯适用罚金刑，只要罚金数额足够威慑个体且能够严格执行，自然能够使罪犯维持较高的物质享受不再可能。一般认为，罚金刑的本质就是强制犯罪人向国家缴纳一定的金钱，使犯罪人的财产遭受损失，从而实现刑罚。② 罪犯应当为其犯罪行为受到包括经济惩罚在内的刑罚，对于通过犯罪谋求非法经济利益的罪犯来说，这种经济上的惩罚更为精准有效，而且能够通过个体威慑形成导向效应，从而形成一般威慑。

2. 罚金可并处或单处。我国现行《刑法》有多个条文规定了罚金，而且不断通过修正案扩大罚金刑的适用范围。目前，罚金主要适用于破坏社会主义市场经济秩序罪、侵犯财产罪、妨害社会管理秩序罪、贪污贿赂罪等。我国刑法对罚金的规定有四种方式：一是选处罚金；二是单处罚金；三是并处罚金；四是并处或者单处罚金。刑法规定“并处”罚金的犯罪，法院在对犯罪分子判处主刑的同时，必须依法判处罚金。刑法规定“可以并处”罚金的犯罪，法院应当根据案件具体情况，决定是否适用罚金。对自由刑与罚金刑均可选择适用的案件，在决定刑罚时，既不能动辄以罚金刑代替自由刑，又要避免机械执法只判处自由刑。《刑法》分则对罚金数额的规定分为三种情况：一是没有明确规定罚金数额标准，但罚金的最低数额不能少于 1000 元，对未成年人犯罪的罚金最低数额不能少于 500 元。二是规定了相对确定的数额，如《刑法》第 193 条规定，贷款诈骗数额较大的，处 5 年以下有期徒刑或者拘役，并处 2 万元以上 20 万元以下罚金。三是规定浮动刑，即以违法所得或犯罪涉及的数额为基准，处以一定比例或者倍数的罚金。依法对犯罪分子所犯数罪分别判处罚金的，应当实行并罚，将所判处的罚金数额相加，合并执行总和数额。

---

① 参见林山田：《刑罚学》，台北，台湾商务印书馆股份有限公司 1983 年版，第 279 页。

② 参见高铭暄、孙晓：《宽严相济刑事政策与罚金刑改革》，载《法学论坛》2009 年第 2 期。

3. 判处罚金的主要依据是犯罪情节。量刑时，应该主要考虑刑罚与已然的犯罪的社会危害程度相适应。[①] 罚金作为刑罚的一种，应当与犯罪的危害程度、罪犯的人身危险程度相适应，而这又取决于具体的犯罪情节，因此判决罚金的根据首先是犯罪的逐利目的、违法所得数额、造成损失的大小等情节。《刑法》第52条规定："判处罚金，应当根据犯罪情节决定罚金数额。"但是，由于近年来"空判"的现象越来越突出，各界对于充分考虑罚金可执行性、维护刑事裁判权威的呼声越来越高。实践中，判处罚金已越来越考虑罪犯的经济条件和缴纳能力。主动缴纳罚金体现了悔罪态度，对于可执行财产刑且罪行又不严重的罪犯，可单处罚金刑；对于应当并处罚金刑的罪犯，如其认罪态度较好，能够积极缴纳罚金，可判处较大金额罚金，但自由刑适当从轻，或考虑宣告缓刑。

二、罚金执行的特点

根据《刑法》第53条第1款的规定，罚金在判决指定的期限内一次或者分期缴纳；期满不缴纳的，强制缴纳。上述"判决指定的期限"应理解为从判决发生法律效力的第2日起计算，最长不超过3个月。对于超过判决指定期限未能全部缴纳的，由法院刑事审判部门移送执行机构强制执行。

1. 执行以被执行人自身合法财产为限。罚金刑处罚的是罪犯本身，即被告人或被告单位，罪犯因其犯罪行为依法承担罚金刑事责任，所以罚金应以罪犯本身财产为限。第一，个人犯罪的，可以执行罪犯个人财产，以及家庭共同财产中的个人部分。对家庭成员共同财产，应当在依法析产后，执行被执行人个人财产份额；共有财产不可分割的，可以依法整体评估拍卖后，留足其他共有人的应得份额。第二，单位犯罪的，一般只可执行单位财产。但也有例外，如单位分支机构被判处罚金的，应由设立分支机构的单位承担连带责任；合伙制企业被判处罚金的，由出资人承担连带责任；公司成立后股东抽逃出资或出资不到位的，应按照公司法规定依法追究股东出资责任。

罚金执行的是被执行人自身合法财产，凡是具有财产交换价值，不违反法律禁止交易规定的财物和财产性权利，都可以成为执行对象。所谓违反法

① 参见陈兴良：《刑法哲学》（修订3版），中国政法大学出版社2004年版，第557页。

律禁止交易规定的财物和财产性权利，针对的是违禁品、法律禁止交易物品。对于法律限制交易的物品，符合条件的可以依法处置。小产权房、违章建筑等，虽然规划建设不符合行政管理规定，但并不能否认其财产价值，法律也没有禁止交易规定，依法可以进行现状处置。具体到执行对象，财物好理解，既包括价值明确的现金、银行存款，也包括房产、汽车、电气设备、字画、金银首饰等可处置物品。财产性权利成为执行对象，则是由于被执行人可以据此获取财产性利益，如知识产权、股权及其他投资权益、债权、保险等，这些财产性权利可以通过司法强制处置取得执行收益。

2. 罚金执行追随被执行人终身。"刑罚目的——预防犯罪，只通过制刑和量刑是不够的，刑罚预防犯罪的目的，最主要或者说最根本的是通过刑罚执行活动才得以最终实现。"[①] 判决是罚金执行的依据，执行机构应按照生效判决内容不折不扣地执行，除非通过法律程序延缓缴纳或减免。罚金执行的过程中，只要没有得到足额执行，不管什么时候发现被执行人有可供执行的财产，都应当随时随地追缴执行。根据《刑法》第53条的规定，对于不能全部缴纳罚金的，人民法院在任何时候发现被执行人有可以执行的财产，应当随时追缴。《刑事诉讼法解释》第523条也有类似的规定，并且强调包括主刑执行完毕后，发现被执行人有可供执行的财产的也要追缴。对个人犯罪来说，罚金会一直追随其终身，直至罪犯死亡且无遗产可供执行，或者有新情况出现，如等待未来制定个人破产法并依法破产；对单位犯罪来说，罚金则追随至单位终止，需要注意的是，单位被吊销营业执照只是行政管理的手段，只有依法清算后注销才为终止。

3. 罚金执行顺位在刑事追缴、退赔和民事债务之后。在刑事司法领域，对于正义理解的共识是：被害人得到应得的赔偿，罪犯（加害人）得到应得的惩罚，即查士丁尼编撰的罗马法典中所宣示的"得其所应得"。[②] 传统刑法认为，刑罚的主要目的在于惩罚与报应，现代刑法则更加重视刑罚的恢复性价值，对于被犯罪破坏的秩序应当首先加以恢复，在此基础上再施以惩罚。

---

① 马克昌主编：《刑罚通论》，武汉大学出版社1999年版，第67页。

② 参见［英］Dennis Lloyd：《法律的理念》，张茂柏译，台北，台湾联经出版事业公司2002年版，第108－112页。

由于罚金刑强调的是惩罚与报应价值，而刑事追缴、退赔主要在于弥补犯罪造成的损失，故而罚金的执行顺位应让步于刑事追缴、退赔。而且，罪犯所负的正当民事债务并不因犯罪而被抹杀，无论是基于债务的形成时间，还是基于私权优先的立法价值取向以及民本思想，其所欠的正当民事债务应当先于罚金受偿。在国家与个人利益产生冲突时，实行私权优先，无疑是保护人权、以人为本的法治理念的要求和体现。① 我国《刑法》规定，犯罪分子违法所得的一切财物，应当予以追缴或者责令退赔。② 根据现行法律、司法解释的规定，被执行人在执行中同时承担刑事责任、民事责任，其财产不足以支付的，按照下列顺序执行：（1）人身损害赔偿中的医疗费用；（2）民事优先债权；（3）退赔被害人的损失；（4）其他民事债务；（5）罚金；（6）没收财产。③

三、罚金执行的方式与具体情形处理

实践中，普遍认为主动缴纳罚金体现悔罪态度，因此有能力的被告人为换取较轻刑罚，就在法庭询问之下，在宣判前主动预先缴纳罚金。有研究表明，我国平均每1000个被判处罚金的罪犯中，只有285个人缴纳罚金；这一问题在中级人民法院更为严重，平均每1000个被判处罚金的罪犯，缴纳罚金的少于150人。④ 对此，有人认为在判决时就应考虑被告人的执行能力，尽力防止“空判”现象；有人从案件执行的角度，提出可以加大罚金减免、延缓缴纳力度；还有不少学者强烈呼吁在我国建立罚金易科制度，“遗憾的是，尽管该制度已为实践证明是一种积极有效的救济措施，却一直为我国理论界与实务界否认”⑤。但也有学者从我国法律的具体情境出发，认为目前建立罚金易科制度在时机上还不成熟。“罚金易科制度在罚金作为刑法轻缓化之体现、自由刑之替代的背景之下具有不可替代的重要价值，但在我国现行罚金立法

① 参见刘东：《涉财产刑执行中民事债权优先受偿的困境与出路》，载《华东政法大学学报》2021年第5期。

② 追缴、责令退赔参见《刑法》第64条。

③ 受偿顺位参见《刑法》第36条、《民法典》第187条、《刑事裁判涉财产部分执行规定》第13条、《刑事诉讼法解释》第527条。

④ 参见熊谋林：《罚金刑应用实证研究》，西南财经大学2014年博士学位论文，第57页。

⑤ 林亚刚、周娅：《罚金刑易科制度探析》，载《法制与社会发展》2002年第1期。

重刑化趋势之下，缺乏理性地推行罚金易科制度，则显然属于语境错位。”①为解决这一问题，司法机关已经进行了一些有益的探索，其中一项就是加大判前罚金预缴纳力度，将罚金预缴纳情况作为减刑、假释的重要依据。虽然理论界对此不乏批评的声音，但无论是法院还是监狱管理机关，在减刑、假释的报请、审批、审理时，都强调要考虑罚金等财产刑履行和刑事退赔的情况，对于罚金未履行的不予减刑、假释，或者将罚金履行的比例折算为减刑、假释的时长。

根据法律、司法解释的规定，罚金执行参照民事执行的相关规定，针对不同的执行对象，采取的具体执行方式不同：（1）对现金，可直接扣押并用于缴纳罚金；（2）对银行存款，可以先冻结再扣划，也可以不经冻结直接扣划；（3）对财产、财产性权利，可以依法确定参考价后予以拍卖、变卖，处置所得依法定顺序受偿。2014 年《刑事裁判涉财产部分执行规定》施行后，明确罚金刑由执行机构统一执行，但实践中对一些问题往往仍存在争议，对此需要根据刑事法律的规定，并结合民事执行规定及有关理论进行分析。

1. 罚金是否可以代位执行。罚金执行的对象包括债权，对于被执行人的合法债权，应当由其依法催要或通过法律程序处理。实践中，被执行人可能为逃避罚金执行，对亲友所欠其债务不积极催要或放弃债权，对此能否代位执行？代位执行，是指负有偿还被执行人到期债务的案外第三人，经申请执行人或被执行人申请，由人民法院决定，该案外第三人直接向申请执行人履行被执行债务，并承担被执行人法律义务的一种执行制度。② 本书认为，罚金在本质上系被执行人应当履行的特殊债务，被执行人有义务通过包括追讨债务在内的一切方式积极履行，对其有到期债权但懈怠催要的，债权人有权代位执行。《民法典》第 537 条规定：“人民法院认定代位权成立的，由债务人的相对人向债权人履行义务，债权人接受履行后，债权人与债务人、债务人与相对人之间相应的权利义务终止……”

2. 亲属代为履行是否受执行顺序限制。在一个刑事案件中，罪犯除被判

---

① 马永强：《罚金易科自由刑制度的思与辨——兼论罚金执行问题的中国语境》，载谢进杰主编：《中山大学法律评论》第 14 卷第 3 辑，中国民主法制出版社 2017 年版。

② 参见苏玉余、曾宪铸：《对代位执行的理解与适用》，载《人民司法》1999 年第 5 期。

处罚金外，还可能被判处追缴违法所得、退赔被害人损失或者附带民事赔偿，根据法律规定，上述财产判项的执行顺位均在罚金之前。那么，对被执行人本人没有财产履行能力、亲属代为履行的，能否优先缴纳罚金？本书认为，罚金、追缴、退赔、附带民事赔偿等都属于被执行人应当履行的债务（义务），被执行人应当按照法律规定的受偿顺序履行。但是，被执行人亲属并无代为偿还的义务，出于某种目的选择性消灭某项债务系其自由，故不必受法定清偿顺序的限制。被执行人亲属以自身财产代为履行后，系与被执行人之间形成新的债权债务关系，只要被执行人亲属并非受被执行人指定或委托，其以自身财产选择性代为履行，法律不应干涉。需要注意的是，实践中对追缴、退赔、附带民事赔偿等财产性判决的履行，都可能影响对被执行人的减刑、假释。

3. 家庭唯一住房能否执行。实践中，夫妻双方名下的房产、汽车等固定资产，均为重要的执行对象。对于家庭成员名下有多套房产、豪华别墅的，评估拍卖属于被执行人份额的部分房产，拍卖所得用于缴纳罚金毫无问题。但对于家庭唯一住房来说，其能否被执行？《世界人权宣言》《经济、社会和文化权利国际公约》均明确住房权是基本人权。“广义居住权应上升为人人享有的基本人权，稳定性、安定性是居住权的基本属性。狭义居住权仅是这种权利实现过程中针对专门群体的一种具体的保障性权利，必须依循广义居住权的基本属性定位和价值要求。”① 因此，只要唯一住房系被用于家庭成员基本居住需要，居住面积符合当地基本居住标准，执行若会使夫妻另一方所得份额住房面积低于当地廉租住房保障面积标准，则应谨慎执行。②

4. 夫妻另一方名下财产能否执行。理论上来说，无论是被执行人名下财产，还是夫妻另一方名下财产，只要不属于婚前个人财产或名义持有的他人财产，均应推定为夫妻共同财产。出于执行效率的需要，对夫妻共同财产可

---

① 付子堂、付承为：《〈民法典〉居住权制度的社会功能研究》，载《甘肃政法大学学报》2022年第1期。

② 根据《法院执行查封、扣押、冻结财产规定》第4条的规定，对被执行人及其所扶养家属生活所必需的居住房屋应予保障，不得拍卖、变卖或者抵债。根据《法院执行异议和复议规定》第20条的规定，唯一住房符合条件的可以执行。对上述规定不应过度解读，刑事案件没有申请执行人，不可能为被执行人提供基本住房，除非提取租金能够解决其基本居住问题，否则应谨慎执行。

以执行，但实践中可能会优先执行被执行人名下财产。对此，有人考虑通过离婚阻却执行。目前法律的确支持离婚时暂时不作财产分割，但无论如何都不可以通过离婚逃避债务执行。根据法律规定，强制执行应以被执行人个人财产或应得财产份额为限，婚姻家庭财产的一半原则上属于被执行人。离婚财产分割影响债权人利益的，债权人有权予以追索并提起法律诉讼。同样，因离婚财产分割造成罚金无法执行的，执行机构有权追缴属于被执行人的应得份额部分，并可依法追究相关当事人的法律责任。

四、罚金执行中的权利人合法权益保护

执行是确保生效判决内容实现、维护刑事判决权威的重要手段。既然判决判处罚金并发生法律效力，就理应得到尊重并执行。执行过程中，执行机构应当依法规范执行，在努力实现判决的同时，注意保护被执行人及其亲属、案外人的合法财产权益。被执行人、案外人认为法院执行行为致使其财产权益遭受侵害的，应主动表达诉求并依法收集、固定证据，通过正当合法手段维护权益、挽回损失。

1. 被执行人家庭基本生活之保护。罚金执行只是手段而非目的，财产权是现代社会人们生存和发展的基础性权利，不能为了执行罚金而对被执行人维持他所在社会最低限度的生活产生威胁，否则就对被执行人造成了另外的伤害。[①] 对此，《刑事诉讼法解释》第526条、《刑事裁判涉财产部分执行规定》第9条第2款作了内容基本一致的表述：执行没收财产或罚金刑，应当参照被扶养人住所地政府公布的上年度当地居民最低生活费标准，保留被执行人及其所扶养家属的生活必需费用。根据法律规定，未经查封、扣押、冻结的财产不得处置，但《法院执行查封、扣押、冻结财产规定》第3条规定了不得查封、扣押、冻结的财产，即不能被处置的财产：（1）被执行人及其所扶养家属生活所必需的衣服、家具、炊具、餐具及其他家庭生活必需的物品。（2）被执行人及其所扶养家属所必需的生活费用。当地有最低生活保障标准的，必需的生活费用依照该标准确定。（3）被执行人及其所扶养家属完成义务教育所必需的物品。（4）未公开的发明或者未发表的著作。（5）被执

---

① 参见王怡然：《中国语境下罚金刑执行模式探究》，载《财经法学》2017年第2期。

行人及其所扶养家属用于身体缺陷所必需的辅助工具、医疗物品。（6）被执行人所得的勋章及其他荣誉表彰的物品。（7）其他不得查封、扣押、冻结的财产。

2. 夫妻另一方合法财产之保护。罚金系国家对罪犯个人施加的刑罚，不能由家庭其他成员承担连带责任。夫妻共同财产为罚金执行的对象，但执行过程中应维护夫妻另一方的合法财产权益。第一，夫妻另一方主张财产系婚前个人购买的，应举证说明财产形成的时间，对财产形成于结婚前、可能有被执行人资金注入的，还应提供财产资金来源的证据。只要证实财产与被执行人无关，相关财产就应认定为夫妻另一方的婚前个人财产。第二，夫妻一方婚前购买，但婚后以家庭共同财产归还贷款的，应按出资比例区分财产个人部分、共同部分，并由夫妻双方按比例分享财产增值或承担亏损。对归属于夫妻另一方的财产部分和财产增值部分依法应予保护，执行仅可针对被执行人的财产份额实施。第三，对婚后共同财产，夫妻一方可提起析产诉讼，通过诉讼对共同财产进行划分、确认。未能在合理期限内提起析产诉讼的，执行机构有权限期析产。对无法拆分或不宜拆分的财产可以进行整体拍卖，但应注意对被执行人家庭基本生活之保护，并在拍卖成交后保障夫妻另一方应得的分配份额。

3. 被执行人名下的第三人财产之保护。实践中，财产登记于被执行人名下，但实为案外人财产的情形较为常见，如被执行人名下财产仅系其名义持有，实际上系他人出资购买或已出售给第三人等。对被执行人名下的财产，第三人主张相应财产权利的，可以通过诉讼确认财产所有权归属，并可针对执行标的提出实体权利主张从而阻止执行。对第三人提出的主张，执行机构应及时调查，依据民事规则依法认定相关财产产权归属；财产所有权应通过法律程序确认的，应依法告知第三人限期确权。具体情形如下：第一种情形，被执行人名下财产仅系其名义持有，实系第三人所有的，第三人应提供代持协议、出资证明及相关代持规定等。第二种情形，被执行人名下财产系他人出资购买的，应根据相关协议、责任承担、归还意图等，依法审查认定财产所有权是否发生实际转移。有证据证实相关财产系第三人赠送的，一般应认定被执行人有所有权；第三人仅系出借的，被执行人对相关财产只有使用权。第三种情形，被执行人名下财产已出售给第三人的，第三人应举证买卖合同、价款支付证明、实际占有证据等。被执行人将房产出售给第三人的，根据《法院执行异议和复议规定》第 28 条的规定，如符合下列四个条件，则可阻止执行：（1）人民法院查封之前已签订合法有效的书面买卖合同；（2）人民法院查封之前已合法占有该不动产；（3）已支付全部价款，或者已按照合同约定支付部分价款且将剩余价款按照人民法院的要求交付执行；（4）非因买受人自身原因未办理过户登记。

4. 被执行人所负民事债务之优先受偿。如前所述，根据《刑事裁判涉财产部分执行规定》第 13 条的规定，对被执行人在执行中同时承担刑事责任、民事责任，其财产不足以支付的，“其他民事债务”在罚金之前受偿。民事债务优先受偿的条件有三：第一，“其他民事债务”应为被执行人承担的合法民事债务，对非法债务不予支持。民事债务不确定由被执行人承担，或不确定被执行人具体承担份额的，债权因无法确定而难以被支持。第二，“其他民事债务”一般应在执行前即已形成，或在执行前已形成但持续至执行后。对于刑事案发前即已形成的债务，自然没有争议；但对于刑事案发后、判决执行前形成的债务，有人认为被执行人有逃避执行的嫌疑。本书认为，债务的合法性系实质性要件，只要债务合法且属于应由被执行人承担的，即应得到平等对待；法律作此规定是为了保护合法的民事债权，但并未限制民事债务形成的时间，债务形成时间滞后并不等于否定其合法性。第三，须被执行人的财产在用于支付罚金后将不足以支付“其他民事债务”。执行机构没有义务调查被执行人在承担罚金的同时是否还有其他未偿还的民事债务，也没有义务主动查证被执行人财产是否不足以支付。民事债权人认为债务应由被执行人承担且未偿还，要求在罚金之前优先受偿的，应向执行法院作出书面主张，并举证说明被执行人财产不足以支付，即证实被执行人资产若用于支付罚金，将无能力再支付民事债务。需要注意的是，被执行人及其亲属、案外人若为逃避执行而制造虚假民事债务，或具有虚假报告财产状况、拒不交付指定财物、指使他人作伪证等阻碍执行的行为，轻则会被罚款、拘留，情节严重的，根据《刑法》第 313 条和《最高人民法院关于审理拒不执行判决、裁定刑事案件适用法律若干问题的解释》的规定，将涉嫌构成拒不执行判决、裁定罪。

5. 罚金之延期缴纳或减免。对罚金刑难以执行的问题，世界各国采取的解决办法不同，西方国家多采取延期执行、易科执行等方式，但社会主义国家普遍不允许以刑期折抵金钱或以金钱折抵刑期。我国刑法采取的是罚金延期缴纳或减免的方法。根据《刑法》第53条的规定，罚金可以延期缴纳或减免。《刑事诉讼法解释》第524条则明确了具体程序："因遭遇不能抗拒的灾祸等原因缴纳罚金确有困难，被执行人申请延期缴纳、酌情减少或者免除罚金的，应当提交相关证明材料。人民法院应当在收到申请后一个月以内作出裁定。符合法定条件的，应当准许；不符合条件的，驳回申请。"因此，罚金延期缴纳或减免须符合下列条件：一是须"遭遇不能抗拒的灾祸等"，主要是指遭受火灾、水灾、地震等灾祸而丧失财产，罪犯因重病、伤残等而丧失劳动能力，或者需要罪犯扶养的近亲属患有重病需支付巨额医药费等。二是须遭遇不能抗拒的灾祸等导致"缴纳罚金确有困难"或确实没有财产可供执行。如果灾祸不大或未造成被执行人缴纳罚金确有困难，则不符合延期缴纳或减免条件。三是须由罪犯本人、亲属或者犯罪单位向执行法院提出书面申请，并提供相应的证明材料。执行法院应当在1个月内审查完毕，并作出准许或驳回申请的裁定。实践中，法院对准许延期缴纳、减免罚金仍然相对保守，虽然法律早已有规定，但长期以来该制度并未被充分激活。本书认为，延缓缴纳或减免罚金对于解决执行不能问题有着重要意义，既然法律对此有规定并明确了处理程序，符合条件的被执行人及其亲属应当敢于申请，法院对于相关申请也应当及时审查并作出裁定。对罚金刑减免的申请，执行机构可以直接审查、评议和决定，为慎重起见还可听取刑庭意见。①

---

① 参见陆文德、马超杰、肖波：《刑法五十三条规定的罚金刑减免程序之展开》，载《法律适用》2009年第3期。

专题七　没收财产只可没收判决生效时的被执行人个人财产

——没收财产执行的实践展开与相关权益保护

我国刑法规定，没收财产刑属于附加刑的一种，在我国刑罚体系中具有重要的法律地位。对罪犯可在依法判处主刑的同时附加判处没收财产，或者独立适用没收财产。刑事裁判文书生效后，涉财产部分即应移送法院执行机构执行。执行过程中，对刑法、刑事诉讼法没有规定的应参照民事执行的相关规定执行。没收财产执行是刑事裁判涉财产部分的重要事项，通过刑罚理论审视关于没收财产的法律规定，研究解决没收财产执行中的具体问题，对审判执行有着重要的实践意义。

一、没收财产的类型

根据传统刑法理论，没收财产刑，是指将犯罪人个人所有财产的一部分或全部强制无偿地收归国有的刑罚。[①] 因此，传统刑法认为，没收财产的基本功能就是惩罚犯罪和剥夺犯罪分子的再犯罪能力。但随着历史的发展和社会的进步，现代社会越来越强调对罪犯个人合法财产的保护，反对剥夺罪犯与犯罪行为无关的个人财产，代之以没收与犯罪有关的部分财产。有学者对中外没收财产刑的历史进行了梳理：从历史上看，没收财产的对象涉及的“物”的范围不断缩小，从包括被告人家属，甚至更大范围的人的合法财产，到只

① 参见马克昌主编：《刑罚通论》，武汉大学出版社1999年版，第214页。

有被告人的合法财产，再到只涉及涉嫌具体犯罪的一部分合法财产；从功能上看，近代社会以前的治理者更倾向于一般没收，现代国家基本废除了一般没收，并代之以与具体刑事案件相关的财产的特别没收。① 长期以来，我国没收财产刑主要指没收罪犯个人全部财产和没收罪犯部分财产两种，虽然也有没收犯罪工具、违禁品、违法所得的规定，但都附属于刑事审判程序。2012年《刑事诉讼法》修改后，单列一章“犯罪嫌疑人、被告人逃匿、死亡案件违法所得的没收程序”，从此以后没收违法所得成为刑事诉讼的特别程序。根据刑法理论和我国刑法规定，没收财产可分为一般没收、特别没收。其中，一般没收包括没收个人全部财产、没收个人部分财产；特别没收包括没收违法所得、没收违禁品、没收供犯罪所用本人财物。不论哪种类型的没收财产，均应依据《刑法》的规定，并通过刑事诉讼程序依法判处。

（1）没收个人全部财产。没收个人全部财产须有《刑法》分则的明确规定，法条无明确规定可以没收的，不能判处没收。梳理《刑法》分则的规定可知，除“危害国防利益罪”“渎职罪”“军人违反职责罪”三章无没收财产的规定外，其他七章均有罪名规定“并处”或“可以并处”没收财产。其中，对判处死刑、无期徒刑并规定“并处”或“可以并处”没收财产的，没收财产时应没收个人全部财产。

（2）没收个人部分财产。被告人被判处死刑、无期徒刑以外的刑罚，且《刑法》分则明确规定“并处”或“可以并处”没收财产的，应当根据犯罪的事实、性质、情节和对于社会的危害程度，“并处”或“可以并处”没收一定金额的个人财产。而且，此处的没收金额应当为确定的数值，一般为整数。其中，法条规定并处“罚金或者没收财产”的，应从罚金刑较轻、没收财产刑较重的社会朴素认识出发，对较轻徒刑并处罚金，对较重徒刑并处没收财产。

（3）没收违法所得。“任何人不得从自己的错误行为中获益”（No one can take advantage of his own wrong），这是一条古老的法律谚语，也是现代世界各国普遍接受的法律原理。没收犯罪分子的违法所得，禁止罪犯通过犯罪

---

① 参见蒋志如：《试论没收财产刑中的“物”——历史视野下初步勾勒》，载北大法律信息网组织编写：《北大法宝文粹：法学研究与应用（8）》，北京大学出版社2021年版。

行为获取非法利益，是世界各国通行的做法。我国现行刑法规定，判处没收违法所得，既可以通过对被告人定罪量刑的一般诉讼程序，也可以通过针对犯罪嫌疑人逃匿、死亡的特别程序。《刑法》第64条中明确了违法所得的一般没收规定，即“犯罪分子违法所得的一切财物，应当予以追缴或者责令退赔”。《刑事诉讼法》第五编第四章“犯罪嫌疑人、被告人逃匿、死亡案件违法所得的没收程序”中明确适用特别没收程序的条件是“对于贪污贿赂犯罪、恐怖活动犯罪等重大犯罪案件，犯罪嫌疑人、被告人逃匿，在通缉一年后不能到案，或者犯罪嫌疑人、被告人死亡，依照刑法规定应当追缴其违法所得及其他涉案财产”。需要指出的是，目前我国刑法、刑事诉讼法体系对追缴、没收是混用的，上述“追缴”违法所得实系没收违法所得。本书认为，随着刑事立法的精密化和刑事裁判涉财产部分执行的规范化，应当明确追缴、没收、退赔的区别：追缴是追回违法所得、弥补财产损失的手段，追缴的财产应当用于没收（上缴）或者退赔，对通过刑事裁判未能追回全部违法所得的应当判处“继续追缴”。

（4）没收违禁品。违禁品，是指法律规定禁止私自制造、运输、买卖、持有的物品，如枪支弹药、爆炸物品、麻醉药品、淫秽物品等。由于“违禁品”具有危害社会的性质，国家不允许私人擅自持有、使用，对司法机关在刑事诉讼活动中查获的违禁品，应一律强制没收。当然，如违禁品系罪犯自合法持有人处非法获取的，则应返还合法持有人。根据《刑法》第64条中的规定，“违禁品和供犯罪所用的本人财物，应当予以没收”。

（5）没收供犯罪所用本人财物。没收供犯罪所用本人财物的目的是剥夺罪犯的再犯工具，防止财物被再次用于实施犯罪，实践中一般指犯罪工具。根据《刑法》第64条的规定，对公诉机关随案移送的物品，法院如经审查认定属于“供犯罪所用的本人财物”，应当予以没收。第一，财物应当是罪犯本人合法所有的。他人明知罪犯实施不法行为仍允许其持有使用，应视为罪犯本人合法所有；罪犯通过非法手段取得并作为犯罪工具使用的，应当返还被害人。第二，财物应当被专门用于实施犯罪，应解释为“直接且专门供犯罪使用的本人财物”，财物应当对犯罪的实施起到决定性或促进性作用。[①]

① 参见冯文杰：《比例原则视野下犯罪工具没收的实质解释》，载《法学家》2022年第2期。

二、没收财产的执行与结案

根据《刑事诉讼法解释》第 445 条的规定，查封、扣押、冻结的财物及其孳息，经审查，确属违法所得或者依法应当追缴的其他涉案财物的，应当判决返还被害人，或者没收上缴国库。因此，对查扣在案的违法所得、违禁品、供犯罪所用本人财物，应判决没收；其中有明确被害人的，应判决返还被害人，或依法处置并将处置所得用于退赔被害人损失。根据没收财产类型、财产性质的不同，应采取不同的执行方式。

1. 没收违法所得、违禁品、供犯罪所用本人财物不需要变现处置的，判决生效后直接没收。其中，实物未随案移送，由扣押机关保管的，由扣押机关直接处理；实物随案移送的，由刑事审判部门处理。根据《刑事诉讼法解释》第 448 条的规定，对冻结的存款、汇款、债券、股票、基金份额等财产判决没收的，第一审人民法院应当在判决生效后，将判决书、裁定书送达相关金融机构和财政部门，通知相关金融机构依法上缴国库。

2. 没收违法所得、供犯罪所用本人财物，随案移送并需要变现处置的，判决生效后移送执行机构依法处置。有明确被害人的，处置所得应当首先用于退赔被害人损失；无须以处置所得赔偿、退赔或偿还民事债务的，处置所得应依法上缴国库，其中中央交办案件应当上缴中央财政。目前，国有资产处置一般须到国有资产交易平台处理。根据《罚没财物管理办法》的规定，处置罚没财物应遵循特定的规则。罚没财物保留价一般参照价格认定机构或者符合资格条件的资产评估机构作出的评估价确定，评估价即为第一次拍卖的保留价；发生三次（含）以上流拍情形的，应商同级财政部门确定通过互联网平台无底价拍卖或者转为其他处置方式。

3. 没收个人全部财产、个人部分财产的，应当在判决生效后移送执行机构依法执行。《刑事裁判涉财产部分执行规定》第 9 条第 1 款规定："判处没收财产的，应当执行刑事裁判生效时被执行人合法所有的财产。"第一，没收个人财产，是指一般没收，执行的是被执行人的合法财产。对违法所得、违禁品、供犯罪所用本人财物，依特别没收程序处理。第二，没收应以被执行人的个人财产为限，只能执行其个人财产和应得财产份额。第三，应当执行判决生效时的财产。财产限于判决生效时被执行人已取得、应当取得的财产和财产份额。判决生效后应当立即执行，对被执行人在判决生效以后取得的财产不能执行。

没收财产并移送执行机构执行的，执行机构应及时立案执行，并在执行结束后依法结案。民事执行结案方式主要有驳回执行申请、执行完毕、终结执行、终结本次执行程序等。本书认为，刑事案件没有申请执行人，不能驳回执行申请；终结本次执行程序，则意味着随时可以恢复执行，违反了没收财产应以裁判文书生效时的财产为限的规定。根据现有法律及其他规范性文件的规定，没收财产处置有财政兜底接收，不会处置不了，因此，没收财产应以执行完毕、终结执行方式结案。“绝对不定刑及绝对不定刑期都违反了预测可能性原理，因此，罪刑法定原则的基本内容之一，便是禁止绝对不定刑及绝对不定刑期。如果没收全部财产的附加刑以终结本次执行程序结案，便永无执行完毕之日、永无履行完毕之数额，这不符合罪刑法定原则。综上，运用形式逻辑的排除法，可以进一步得出结论：没收财产刑无法执行完毕的应当终结执行。”①（1）没收违法所得、供犯罪所用本人物品等需要处置变现的，应依法及时处置，包括无底价拍卖或由财政部门接收，完成处置即应执行完毕。（2）没收个人部分财产的，如判决没收的数额执行到位，应执行完毕；如被执行人财产不能满足判决没收的数额，由于不能再执行被执行人在判决生效后获得的财产，应依照《刑事诉讼法解释》第 529 条第 1 款第 5 项“应当终结执行的其他情形”的规定，裁定终结执行。（3）没收个人全部财产的，应首先审查确定可执行标的，对执行标的依法及时处置，包括对财产无底价拍卖或由财政部门接收，并以“应当终结执行的其他情形”裁定终结执行。其中，被执行人死亡或者被执行死刑，且无财产可供执行的，依照《刑事诉讼法解释》第 529 条第 1 款第 2 项的规定，裁定终结执行。裁定终结执行后，发现被执行人的财产有被隐匿、转移等情形的，应当追缴。需要说明的是，应以没收财产处置所得赔偿、退赔或偿还民事债务，而财产处置流拍的，相关权利人可以申请以流拍价抵债；权利人拒绝抵债的，由于财产系尚未产生处置所得的罚没财物，应按照罚没财物处置的规定，以无底价继续拍卖或由财政部门接收。

---

① 邓光扬：《没收财产刑执行案件的结案方式》，载《人民司法（案例）》2017 年第 20 期。

三、没收财产执行的特殊情形处理

实践中，判处没收财产移送执行后，除依上述方式处置外，仍会遇到一些较为特殊、不宜处理的情形，需要根据刑事法律规定和民事执行规定进行具体分析。

1. 判决没收部分财产的处理。犯罪分子通过犯罪非法获取财物后，可能会将非法取得的财物用于投资，并与合法财产形成新的资产，对此应当判决没收被告人以违法所得投入的部分及其对应的收益，即相关具体财产的一部分。由于该具体财产往往以整体形式存在且不宜区分，执行中应当对涉案财产进行整体处置，并就处置所得按比例予以没收。在具体处理上，应当按照按份所有的规定，依法保护合法财产权利人的应得份额及优先购买权。对于财产增值、贬值的，亦应按比例共享收益、分担损失。《刑事诉讼法解释》第443条规定："被告人将依法应当追缴的涉案财物用于投资或者置业的，对因此形成的财产及其收益，应当追缴。被告人将依法应当追缴的涉案财物与其他合法财产共同用于投资或者置业的，对因此形成的财产中与涉案财物对应的份额及其收益，应当追缴。"但是，被执行人以违法所得、合法财产共同用于投资的，判决往往对其合法财产部分的增值收益不予保护，执行中应按照判决要求处理。

2. 被执行人请求以行政没收违法所得折抵没收部分财产的处理。实践中，有被执行人被判处罚金或没收部分财产，但其以部分财产被侦查机关、监察机关或其他行政执法机关没收为由，要求用该部分财产折抵罚金或没收部分财产。对此，应谨慎回应其诉求。犯罪是严重违法，但违法并不等于犯罪。我国法律规定，侦查机关、监察机关或其他行政执法机关有权对违法但尚未构成犯罪的行为进行处罚。如果违法事实与犯罪事实并不属于同一事实，刑事诉讼无权对违法行为的处罚进行干涉。如《监察法》第46条规定："监察机关经调查，对违法取得的财物，依法予以没收、追缴或者责令退赔；对涉嫌犯罪取得的财物，应当随案移送人民检察院。"《海关法》第92条第2款规定："人民法院判决没收或者海关决定没收的走私货物、物品、违法所得、走私运输工具、特制设备，由海关依法统一处理，所得价款和海关决定处以的罚款，全部上缴中央国库。"此处"海关决定没收"，即系海关对走私违法行为的处理。

3. 被害人请求以没收财产先行赔偿、退赔的处理。《刑事裁判涉财产部分执行规定》第 13 条是没收财产应当在附带民事赔偿、退赔被害人损失、民事债务之后执行的较为全面的法律依据。第一，主张以没收个人部分财产、没收违法所得、供犯罪所用本人财物等先行履行附带民事赔偿责任或民事债务的，由于存在被执行人以其他财产履行的可能，被害人、债权人应当举证说明被执行人财产不足以支付的情况。第二，主张以没收个人全部财产先行履行附带民事赔偿责任或民事债务的，由于一旦没收全部财产肯定再无剩余，被害人、债权人只需提出申请即可。第三，主张以没收财产先行履行刑事退赔责任的，法院应当予以支持。根据《刑法》第 64 条关于“犯罪分子违法所得的一切财物，应当予以追缴或者责令退赔”的规定，被告人通过犯罪非法获益的，刑事判决时应当同时责令退赔违法所得。责令退赔系刑事裁判涉财产部分执行的事项，判决生效后即应移送执行机构执行，程序上提起不需要被害人申请，实体上应按照法定受偿顺序优先受偿。

4. 没收财产涉及农村房产的处理。被告人被判处死刑、无期徒刑并处没收个人全部财产的，执行机构应当对被执行人的财产进行全面调查，发现在农村宅基地上建有自住房屋的，该房屋可以成为理论上的执行标的。第一，维护被执行人及其同住人的合法居住权。居住权是人的基本生存权利，对于房屋有其他同住人，或被执行人未被判处死刑立即执行的，执行会导致被执行人及其同住人无房可住，即使被执行人系独居且已无刑满释放的可能，也应谨慎将其作为执行标的处置。第二，处置前应当征求当地国土资源管理部门的意见。根据《规范法院执行和房地产协助执行通知》第 24 条第 2 款的规定，处置农村房屋涉及集体土地的，人民法院应当与国土资源管理部门协商一致后再行处理。第三，确实具备处置条件的，应当限定在本集体经济组织成员内部流转，而不能向非本集体成员的第三方转让。处置时应按照《罚没财物管理办法》规定的程序，对经依法处置未能成交的，经执法机关商同级财政部门确定后，可以无底价拍卖或者交财政部门接收。

四、没收财产的相关财产权益保护

判处没收财产，不管是一般没收还是特别没收，没收的都应当是被告人的个人财产或其应得财产份额。实践中应注意对被告人（罪犯、被执行人）及其亲属的合法权益保护，也应注意对第三人的合法财产权益保护。

1. 关于没收违法所得的被告人的合法权益保护。没收违法所得，没收的是犯罪分子通过违法犯罪活动直接取得的财产。实务界一般认为，除诈骗犯罪在案发前归还的部分可从犯罪数额中扣除外，犯罪嫌疑人为完成犯罪付出的成本不应从犯罪数额中扣除，所以其犯罪成本也不应从违法所得中扣除。没收违法所得的目的是剥夺犯罪分子的非法获益，一般应以其实际所得为限，但违法所得可能会小于犯罪造成的实际损失。对于超出违法所得的损失部分，被告人在宣判前主动弥补、挽回的，可以作为量刑情节予以考虑。对于涉税犯罪，刑法规定应当首先追缴税款、出口退税款，对此应当认为实际上系对违法所得的追缴（没收）。对于走私犯罪税款的追缴，刑法没有规定，但实践中均根据《刑法》第 64 条的规定，判处没收违法所得用以补缴税款；或根据 2002 年《最高人民法院、最高人民检察院、海关总署关于办理走私刑事案件适用法律若干问题的意见》第 23 条的规定精神，判处以查扣的走私货物、物品弥补税款损失。①

没收违法所得应同时没收违法所得的收益，对犯罪分子将违法所得直接用于投资产生的利息、股息、红利、租金收入等予以没收没有争议。但犯罪分子往往将违法所得与合法所得一同用于投资，或在投资过程中投入了人力物力，对此则应当区别对待，不能一概予以没收。《最高人民法院、最高人民检察院关于适用犯罪嫌疑人、被告人逃匿、死亡案件违法所得没收程序若干问题的规定》第 6 条第 3 款规定：“来自违法所得转变、转化后的财产收益，或者来自已经与违法所得相混合财产中违法所得相应部分的收益，应当视为第一款规定的‘违法所得’。”此处“已经与违法所得相混合财产中违法所得相应部分的收益”视为违法所得，言外之意，就是已经与违法所得相混合的财产中非违法所得相应部分的收益不应被视为违法所得。有检察官认为：“对

① 司法实践中两种做法都有，但追缴税款并没有明确的法律依据。2002 年《最高人民法院、最高人民检察院、海关总署关于办理走私刑事案件适用法律若干问题的意见》规定，“在办理走私犯罪案件过程中，对发现的走私货物、物品、走私违法所得”应当及时追缴。该意见确实大大震慑了走私犯罪，但已滞后于当前走私犯罪的新形势，并与法理精神相悖。如以低报价格方式走私，若对查获的走私货物一律没收，有违罪责刑相适应原则。

此种‘投资性收益’的追缴应当充分考虑其他生产要素的投入情况，考量经济发展规律和模式，合理确定犯罪所得的‘资本要素’在全部生产要素及行为人自身的劳动价值中所占的比例，按照比例依法追缴‘直接收益’，而对于循环投资而获得的收益，则不应再予以追缴。”[①] 典型的是涉黑案件，应当“对被告人所经营项目根据项目本身的性质以及经营手段来界定是否属于违法所得”[②]。本书认为，刑罚应当与犯罪事实、情节相适应，对违法财产及其收益部分应当依法没收，但对合法财产及其收益部分应当依法予以保护。即便初始资金来源于违法所得，但若被告人同时投入了合法资金、财物或者管理成本，后期经营与涉黑背景无关，或主要系以市场方式正常生产经营，那么营利所得就不应全部没收。具体操作上可以通过审计、鉴定等方式进行量化分析，并在此基础上依法认定违法部分占全部资产的比例，从而计算出应当没收的违法所得金额。

2. 关于没收供犯罪所用本人财物的被告人的合法权益保护。“供犯罪所用本人财物”应为专门或主要用于犯罪的财物，对于被告人虽在实施犯罪时使用，但与犯罪关联不大，被告人偶尔使用或主要用于日常生活的财物，不应认定为供犯罪所用本人财物。实践中，有对没收供犯罪所用本人财物认定过宽的倾向，侵害了被告人的合法财产利益。本书认为，认定时应综合考虑财物与犯罪的关联性、财物价值与犯罪的相当性等因素，对贪利类犯罪的犯罪工具予以没收时，应按“比例对等”“罪罚相当”的要求处理。[③] 对此，最高人民法院认为，对于非专门用于犯罪的财物，可从以下两个方面判断：第一，财物与犯罪应该存在直接或者密切联系。所谓直接联系就是该财物对犯罪行为或结果的发生起到决定性作用或者直接作用，或者说该财物是实施或者完成犯罪行为的必要条件或重要条件。第二，被告人有将财物用于犯罪的主观认识。“供犯罪所用”是被告人在主观上对财物用于犯罪有明确的认识，继而

---

① 束斌、于红梅：《刑事涉案财物没收的司法认知与适用》，载《中国检察官》2021 年第 21 期。

② 王平、何显兵：《论黑社会性质组织犯罪没收财产刑与特别没收的适用》，载《河南警察学院学报》2015 年第 1 期。

③ 参见曾军：《犯罪工具一律没收不妥》，载《检察日报》2006 年 2 月 21 日，第 3 版。

积极主动地在犯罪中使用该财物。①

3. 关于没收个人财产的被执行人及其亲属的合法权益保护。没收个人财产并非要将被执行人剥夺得一无所有，让罪犯及其亲属流浪街头。根据《刑事裁判涉财产部分执行规定》第9条第2款的规定，执行没收财产或罚金刑，应当参照被扶养人住所地政府公布的上年度当地居民最低生活费标准，保留被执行人及其所扶养家属的生活必需费用。而且，只能执行刑事裁判生效时被执行人个人合法所有的财产，不能侵害被执行人亲属的合法财产权益。第一，依法保护被执行人亲属个人财产及其应得财产份额。根据相关规定，夫妻另一方的婚前财产依法属于个人财产，婚姻关系存续期间形成的财产，不管登记于谁的名下，均属于夫妻共有财产。对夫妻共有财产，夫妻双方有平等的所有权益，不受双方收入状况的影响。《民法典》第1062条以列举方式规定了夫妻共同所有的财产种类，《妇女权益保障法》第66条对妇女平等享有的财产权利进行了规定。《最高人民法院关于适用〈中华人民共和国民法典〉婚姻家庭编的解释（一）》第26条更是明确规定："夫妻一方个人财产在婚后产生的收益，除孳息和自然增值外，应认定为夫妻共同财产。"第二，依法保护共有权人在财产处置时的优先购买权。对夫妻共同财产，一方可以通过析产诉讼对共同财产进行划分、确认。如未能在合理期限内依法析产，执行机构可依法处置被执行人的财产份额，财产不能拆分、不宜拆分的可以整体处置，共有权人有权优先购买。第三，被执行人在判决生效后获得的财产不属于执行标的。被执行人在判决生效后通过继承、赠与取得的财产，服刑期间获得的劳动报酬，以及刑满释放后通过合法劳动获得的收入等，均不能被没收。

4. 关于没收财产的第三人的合法权益保护。实践中，没收的被执行人名下的财产，可能仅系被执行人名义持有，或系他人出资购买，或被执行人已出售给第三人；对此应当依法审查认定，保护第三人的合法财产权益。除此之外，应当注意没收财产的执行顺序，被执行人所负的刑事退赔、民事赔偿及其他合法民事债权，均可在没收财产前优先受偿。《刑法》第60条规定：

---

① 参见王琪轩：《郗菲菲、李超、蒋超超、林恺盗窃案——"供犯罪所用的本人财物"的司法认定》，载中华人民共和国最高人民法院刑事审判第一、二、三、四、五庭主办：《刑事审判参考》总第120集，法律出版社2020年版。

“没收财产以前犯罪分子所负的正当债务，需要以没收的财产偿还的，经债权人请求，应当偿还。”根据《刑事裁判涉财产部分执行规定》第13条的规定，被执行人在执行中同时承担刑事责任、民事责任，其财产不足以支付的，按下列顺序执行：（1）人身损害赔偿中的医疗费用；（2）执行标的优先受偿权；（3）退赔被害人的损失；（4）其他民事债务；（5）罚金；（6）没收财产。

相关权利人认为没收财产的裁判、执行侵害其合法财产权益的，应依法通过合法程序主张权利。实践中，可区分为下列情形处理：（1）对依特别程序作出的没收违法所得的裁定不服的，根据《刑事诉讼法》第五编第四章的规定，犯罪嫌疑人、被告人的近亲属和其他利害关系人有权申请参加诉讼，对相关裁定不服的可以提出上诉。（2）对依一般程序作出的没收违法所得、违禁品、供犯罪所用本人财物，或没收个人财产的裁判不服的，被告人可以提出上诉，其他利害关系人可以依法提请检察机关抗诉，或通过审判监督程序处理。目前法律规定在审判阶段应对涉案财产进行调查，但相关程序尚需完善，且未赋予利害关系人独立的诉讼权利，这是后续执行难以处理的根源。（3）执行过程中，案外人或被害人认为刑事裁判中对涉案财物是否属于赃款赃物认定错误或者应予认定而未认定的，由刑事审判部门裁定补正或告知通过审判监督程序处理。（4）执行过程中，当事人、利害关系人认为执行行为违反法律规定，并提出书面异议的，通过执行异议审查、复议程序处理。（5）执行过程中，案外人对执行标的主张足以阻止执行的实体权利，并提出书面异议的，《刑事裁判涉财产部分执行规定》第14条规定按执行异议审查、复议程序处理。但是，对于判决明确规定没收的财产，该规定并不能有效解决案外人对执行标的的实体权利主张，故建议先由审判部门进行审查并出具补充调查意见，再由执行部门以此为依据作出执行裁定，对裁定不服的，再通过执行异议审查、复议程序处理。

专题八　继续追缴及于被执行人的合法等值财产

——继续追缴执行的界定与实践

《刑法》第 64 条规定："犯罪分子违法所得的一切财物，应当予以追缴或者责令退赔；对被害人的合法财产，应当及时返还；违禁品和供犯罪所用的本人财物，应当予以没收。没收的财物和罚金，一律上缴国库，不得挪用和自行处理。"根据 2021 年修改的《刑事诉讼法解释》第 521 条的规定，追缴违法所得正式成为刑事裁判涉财产部分执行的判项。遗憾的是，刑法、刑事诉讼法对追缴的使用较为混乱，往往造成实践适用时的无所适从。为此，从审判与执行的实践出发，应当对相关概念进行区分并重新定义。追缴只是禁止犯罪分子因犯罪非法获益的手段，移送执行的实际上是继续追缴。

一、追缴与继续追缴

根据我国刑法、刑事诉讼法的规定，对犯罪分子的违法所得应予追缴，追缴所得应视情形返还、退赔被害人，或没收上缴国库。对判决时尚未追缴到案或者尚未足额退赔的违法所得，应当判决继续追缴或者责令退赔。

1. 追缴。从字面意思理解，追缴是追查缴获、强令上交。追缴的性质在理论上没有达成共识，存在一定的争议。有学者综合分析各家观点后提出，追缴具有刑事和民事双重属性：刑事属性源于追缴的任务在于对行为人的违法所得的一种剥夺，其具有刑事处罚的属性，是一种形式上的特征；其实质特征属于民事属性，源于追缴的违法所得系被害人的合法财产，在追缴后返还被害人，或对违法犯罪行为的不当得利进行追缴、罚没后上缴国库。[①]

根据《刑法》第64条的规定，追缴的对象是“犯罪分子违法所得的一切财物”，即对通过犯罪取得的物的追缴。被告人通过犯罪取得的一切财物都应被追缴，但并不是所有有损失的案件都可以追缴，追缴需具备追缴的可能性，人身权利被侵害遭受的损失不可能追缴、追回，财物被毁坏的则不具备追缴的条件。根据《刑事诉讼法解释》第175、176条的规定，被害人因人身权利受到侵犯或者财物被毁坏而遭受物质损失的，有权提起附带民事诉讼，但不可以追缴退赔；被告人占有、处置被害人财产的，属于追缴退赔的范畴，而不允许提起附带民事诉讼。

2. 追缴与责令退赔、返还、没收。《刑法》第64条集中出现了“追缴”“责令退赔”“返还”“没收”等名词，其中“追缴”与“责令退赔”是或选的并列关系。对于追缴，学界有实体处分说、程序性控制说的争议，本书同意追缴在本质上是一种程序性控制措施的观点。追缴行为本身并不涉及对违法所得财物的最终处置，《刑法》第64条将追缴与没收、上缴等措施并列，应从狭义上理解追缴，否则将无法协调其与“没收”和“上缴”之间的关系，甚至完全排除后两者的适用。[②] 对该条文进一步作文理解释，违法所得已经被扣押的情况下，属于被害人的部分予以返还，属于违法所得、供犯罪所用的本人财物和违禁品则予以没收。当违法所得、供犯罪所用的本人财物和违禁品被藏匿或隐藏而未被扣押时，则予以追缴；在违法所得被消耗、毁损后，则应要求犯罪分子退赔。[③]

3. 追缴与继续追缴。《刑事诉讼法解释》第445条第1、2款规定：“查封、扣押、冻结的财物及其孳息，经审查，确属违法所得或者依法应当追缴的其他涉案财物的，应当判决返还被害人，或者没收上缴国库，但法律另有规定的除外。对判决时尚未追缴到案或者尚未足额退赔的违法所得，应当判

---

① 参见何鑫：《刑事追缴的教义学构造》，载陈金钊、谢晖主编：《法律方法》第36卷，研究出版社2021年版。

② 参见邓光扬：《追缴共同犯罪之违法所得不能一概适用连带责任》，载《法律适用（司法案例）》2018年第22期。

③ 参见何鑫：《刑事追缴的教义学构造》，载陈金钊、谢晖主编：《法律方法》第36卷，研究出版社2021年版。

决继续追缴或者责令退赔。”追缴回的财产可用于没收、返还，所以追缴只是司法机关的一种程序性控制措施，本身并不涉及对违法所得的实体性处分。但对于宣判时仍未能追缴到案的违法所得，应当判决继续追缴，该规定明确将“继续追缴”与“责令退赔”并列，由于尚未足额退赔的违法所得应判处责令退赔，故继续追缴追回的财产一般应予没收、上缴国库①。因此，刑事诉讼法情境下的“继续追缴”不但是一种程序上的控制措施，而且兼具了实体性处分的功能。

二、追缴执行的类型

如前所述，已经查扣到案的违法所得无须判决追缴。根据《刑事诉讼法解释》第 445 条的规定，继续追缴针对的是尚未追查到案的财物。对于经过侦查、审理已经查明的犯罪违法所得，尚未到案的可以判令继续追缴，继续追缴违法所得的执行应限于尚未到案的已审理查明的犯罪违法所得。② 所以，判决并需移送执行的追缴实际上是继续追缴，包括向被告人追缴违法所得以及向第三人追缴赃款赃物两种。另外，终结执行后对发现隐匿、转移财产的追缴，属于特殊的追缴执行。

1. 判决继续追缴被告人违法所得。未能追查到案的违法所得，可能已由被告人消耗、毁损，或者隐匿、转移，为防止被告人因犯罪获利，应判决继续追缴被告人的其他等值财产。继续追缴的是没有被查封、扣押、冻结的涉案财产，其实质上发挥的是对等值财产的保全功能。③《刑法》第 64 条规定的追缴“犯罪分子违法所得的一切财物”，包括被告人通过实施犯罪获得的赃款赃物和将赃款赃物用于投资置业获得的孳息、红利及其他投资性收益。根据《刑事裁判涉财产部分执行规定》第 10 条的规定，被执行人将赃款赃物与其他合法财产共同用于投资或者置业，因此形成的财产中与赃款赃物对应的份

---

① 继续追缴第三人占有的赃款赃物除外。继续追缴第三人占有的赃款赃物，追缴回的款项可能会退赔给被害人。由于第三人并非犯罪损害的责任人，对其判处退赔责任不当，判决继续追缴更为合适。

② 参见朱宁吉、张坤：《涉众型经济犯罪案件追缴与退赔执行的困境及对策》，载《江苏警官学院学报》2020 年第 2 期。

③ 参见毕清辉：《等值财产没收研究——从黑恶势力犯罪涉案财产处置谈起》，载《西部法学评论》2021 年第 4 期。

额及其收益，也属于追缴的对象。从有关法律规定看，追缴限于犯罪分子违法所得，而不是被害人的损失。这是由追缴的特性决定的，追缴的目的是禁止犯罪分子通过实施犯罪非法获益，被害人损失只能用以弥补，追缴被害人损失在逻辑上行不通。对超出违法所得的损失部分，被告人主动弥补的可以作为量刑情节考虑，能否另诉则属于另外一个问题。

2. 判决继续追缴第三人占有的赃款赃物。未能追查到案的违法所得，除由被告人消耗、毁损外，还可能隐匿、转移至第三人。对查明确系涉案违法所得，且第三人非善意取得的，应当判决继续追缴第三人占有的赃款赃物。《刑事裁判涉财产部分执行规定》第 11 条第 1 款规定："被执行人将刑事裁判认定为赃款赃物的涉案财物用于清偿债务、转让或者设置其他权利负担，具有下列情形之一的，人民法院应予追缴：（一）第三人明知是涉案财物而接受的；（二）第三人无偿或者以明显低于市场的价格取得涉案财物的；（三）第三人通过非法债务清偿或者违法犯罪活动取得涉案财物的；（四）第三人通过其他恶意方式取得涉案财物的。"

第三人占有的赃款赃物系由犯罪分子违法取得后转移至第三人的，《刑事裁判涉财产部分执行规定》第 11 条第 1 款列举的情形均非第三人善意取得，第三人应当对其不当获利承担责任。追缴第三人占有的赃款赃物，是审判权对于涉案财物的认定，应通过刑事诉讼程序查明并作出判决。因此，执行过程中认为判决认定赃款赃物错误的，由于执行程序无权审查认定赃款赃物，应当移送刑事审判部门处理。第三人取得赃款赃物后，又转移占有或导致财产毁损的，第三人有义务追回或以其等值财产进行赔偿。对明知系赃款赃物仍拒不交回或转移占有的，可追究其掩饰、隐瞒犯罪所得、犯罪所得收益罪的刑事责任；恶意取得涉案财物但无法证实明知的，仍要承担逃避执行的法律责任。

3. 终结执行后发现隐匿、转移财产的追缴。《刑事诉讼法解释》第 529 条第 2 款规定："裁定终结执行后，发现被执行人的财产有被隐匿、转移等情形的，应当追缴。"这是一种特殊情形的追缴。刑事裁判涉财产部分执行过程中，被执行人个人死亡、单位清算注销，且无财产可供执行的，或没收个人财产案件已经采取全部执行措施的，可以采取终结执行方式结案。终结执行后，又发现有财产应予执行但未执行的，应当依法立案追缴。但是，原案件已经以终结执行方式结案，恢复执行不符合相关规定的，对此可以以新发现的不法财产为由，依职权直接启动追缴程序。“本应于刑事裁判生效时被没收的财产，却被转移或隐匿的，无论是否被发现，从法理上讲，已不再是被执行人的合法财产，而应以不法财产论。这些被转移或隐匿的财产，一旦事后被发现，不能作为财产刑的执行标的物——因为财产刑针对的是合法财产，故不能恢复执行。”①

三、继续追缴执行的基本要求

追缴明确由法院执行，起始于《刑事诉讼法解释》第 522 条的规定。继续追缴的主体可以是法院，也可以是其他机关。判决没有明确由其他机关继续追缴的，判决生效后应移送执行机构执行。

1. 移送执行的内容应当明确具体。作为执行依据的裁判文书要有明确的追缴对象、金额或特定物，并说明追缴款项的用途。根据《刑事诉讼法解释》第 445 条第 2 款的规定，对判决时尚未追缴到案或者尚未足额退赔的违法所得，应当判决继续追缴或者责令退赔。虽然继续追缴或者责令退赔是并列关系，但继续追缴并不等于追缴所得一定要上缴国库。尤其是，继续追缴第三人占有的赃款赃物，应当优先用于赔偿或退赔被害人损失。所以，判决继续追缴应当同时写明追缴款项的用途。

2. 执行标的及于被执行人的合法等值财产。追缴系对犯罪分子非法获得的财物的执行，违法所得未能在宣判前追回的，为防止犯罪分子非法获益，应当继续追缴被告人的等值财产。判决继续追缴被告人违法所得的，被告人为被执行人；判决继续追缴第三人占有的财产的，第三人为被执行人。继续追缴无追缴时限，继续追缴的本质是追缴赃款赃物，违法所得已经被使用、消耗、转移导致不能追回的，被执行人应当以其合法等值财产替代履行，直至履行完毕。

3. 执行手段参照民事执行规定。根据《刑事裁判涉财产部分执行规定》第 16 条的规定，刑事裁判涉财产部分执行应先按照刑法、刑事诉讼法及有关司法解释的规定执行，没有相应规定的参照适用民事执行的有关规定。比如

---

① 邓光扬：《没收财产刑执行案件的结案方式》，载《人民司法（案例）》2017 年第 20 期。

执行通知、财产调查、财产控制、评估机构的选择等，均可参照民事执行的规定执行。但应注意的是，判决继续追缴所得上缴国库的，查封、扣押、冻结的财物应作为罚没财物，按照《罚没财物管理办法》的规定执行，特别是在财产参考价确定、拍卖规则等方面，与民事执行规定不同。

4. 追缴执行应保障被执行人的基本生活。《刑事诉讼法解释》第 526 条规定："执行财产刑，应当参照被扶养人住所地政府公布的上年度当地居民最低生活费标准，保留被执行人及其所扶养人的生活必需费用。"追缴不属于财产刑，但在执行中也应参照财产刑执行的相关规定，在执行手段、执行标的上有所限制，不能因执行而严重影响被执行人及其所扶养人的基本生活。

5. 结案方式。参照民事执行结案方式，对追缴执行可以视执行情况，分别采取执行完毕、执行终结、终结本次执行程序方式结案。终结本次执行程序后，具备恢复执行条件的应当恢复执行。

四、继续追缴执行的权益保护问题

追缴作为与罚金、没收财产、责令退赔等并列的财产性判项，被列入刑事裁判涉财产部分执行的历史不长，实践中暴露的问题还不明显，但有些问题牵涉被执行人、第三人的财产权益，需进一步厘清。

1. 继续追缴执行是否适用《刑事裁判涉财产部分执行规定》第 13 条的规定。继续追缴主要是一种程序上的控制性措施，判决要通过阐明款项用于上缴国库还是退赔被害人，实现对追缴所得的实体性处分功能，因此执行过程中按照判决要求处理即可。被执行人、第三人认为判决继续追缴不当的，应由刑事审判部门或通过审判监督程序处理。

第三人认为追缴所得不应上缴国库，而应优先用于退赔其损失或偿还其他民事债务的，相关法律、司法解释对如何处理没有规定。本书认为，可参照《刑事裁判涉财产部分执行规定》第 13 条关于罚金、没收财产的执行顺位规定处理。基于私权优先的立法价值取向以及"国不与民争利"的民本思想，可将此情形下的继续追缴比照为罚金或没收财产，参考《刑事裁判涉财产部分执行规定》第 13 条规定的执行顺位，符合条件的可以优先受偿。但根据《刑事裁判涉财产部分执行规定》第 13 条的规定，对被执行人在执行中同时承担刑事责任、民事责任，其财产不足以支付的，相关民事债务方可优先受偿。债权人认为债务应由被执行人承担且未偿还，要求以追缴所得优先受偿的，应向执行法院提出书面主张，并举证说明被执行人财产不足以支付。

2. 判决继续追缴第三人占有的财产的，执行情况是否影响对被执行人财产性判项履行情况的评价。被执行人对财产性判项的履行情况，是决定对其减刑、假释时的重要考虑因素。判决向第三人继续追缴的，第三人即已成为追缴义务人，被执行人虽或可施加影响协助继续追赃，但若无法追回，由其承担追赃不能的责任，则与判决不符。而且，与判决后被告人（被执行人）擅自转移财产不同，在判决向第三人追缴的情形下，被告人（被执行人）转移赃款赃物的事实已经在判决中作为量刑情节被予以了评价，若在执行期间再赋予其追赃义务，则有构成重复评价之虞。

3. 第三人善意取得的处理。根据《刑事裁判涉财产部分执行规定》第11条的规定，被执行人将刑事裁判认定为赃款赃物的涉案财物用于清偿债务、转让或者设置其他权利负担，第三人非善意取得并支付合理对价的，执行程序中对其应予追缴；但对第三人善意取得涉案财物的，不予追缴。作为原所有人的被害人对该涉案财物主张权利的，可另行通过诉讼程序处理。那么，第三人再转移占有的，法院能否继续追缴？本书认为，对赃款赃物应无限追缴，直至因善意取得而阻断。在执行程序中，法院决定继续向第三人追缴的，第三人可以提出异议，并通过异议审查、复议程序处理。

专题九　退赔应以犯罪分子违法所得及其收益为限

——责令退赔的判决适用与执行实践

《刑法》第 64 条规定，“犯罪分子违法所得的一切财物，应当予以追缴或者责令退赔”。《刑事诉讼法解释》第 445 条第 2 款规定，“对判决时尚未追缴到案或者尚未足额退赔的违法所得，应当判决继续追缴或者责令退赔”。上述法律、司法解释清楚表明，责令退赔与追缴是并列关系，判决时尚有违法所得未能追回的应当继续追缴或责令退赔，责令退赔与追缴（继续追缴）适用的主要差别在于违法所得是否给付被害人。①

一、责令退赔相关概念区分

1. 责令退赔与判处赔偿、责令赔偿的区分。根据《刑法》第 64 条、《刑事诉讼法解释》第 445 条的规定，责令退赔是法院责令犯罪分子将通过犯罪获取的违法所得退赔给被害人，所针对的是犯罪分子的违法所得。违法所得一般指犯罪分子所取得、被害人所失去的财产，即包括犯罪成本在内的赃款赃物，而并非扣除损耗后实际得到的财产。责令退赔的目的是禁止犯罪分子通过犯罪非法获利，这与《刑法》第 36 条判处赔偿经济损失、第 37 条责令赔偿损失不同。

① 但这一差别不是绝对的，追缴具有较强的程序性功能。例如，继续追缴第三人占有的赃款赃物，追缴所得可能用于退赔被害人。又如，下文所述的非法集资案件，对判决前未能追缴到案的违法所得宜判决继续追缴，追缴所得应列入清退资金来源。

《刑法》第36条第1款规定："由于犯罪行为而使被害人遭受经济损失的，对犯罪分子除依法给予刑事处罚外，并应根据情况判处赔偿经济损失。"判处赔偿经济损失属于犯罪分子对被害人承担的"民事赔偿责任"，民事赔偿的提起需要被害人主动申请，损失金额由庭审程序调查确定，故这一责任应通过刑事附带民事判决的方式实现。《刑法》第37条规定："对于犯罪情节轻微不需要判处刑罚的，可以免予刑事处罚，但是可以根据案件的不同情况，予以训诫或者责令具结悔过、赔礼道歉、赔偿损失，或者由主管部门予以行政处罚或者行政处分。"对于免予刑事处罚但造成被害人损失的，为对被害人的损失有所补偿，法院在判决免予刑事处罚的同时，应当责令被告人赔偿损失。无论是《刑法》第36条规定的判处赔偿经济损失，还是第37条规定的责令赔偿损失，都系对犯罪所造成被害人损失的弥补。犯罪分子无论有没有违法所得，只要造成了被害人经济上的损失，依法就应以其合法财产进行等价赔偿。二者的区别在于，判处赔偿经济损失是定罪判刑方式的附带民事部分，责令赔偿损失是定罪免刑方式的附带民事部分，只是前者的"附带"法院不能主动作出，而是必须基于当事人的民事请求，后者的"附带"法院可依职权主动作出，不限定于当事人提出民事请求的情形。①

2. 责令退赔与附带民事赔偿的区分。《刑事诉讼法解释》第175条规定，"被害人因人身权利受到犯罪侵犯或者财物被犯罪分子毁坏而遭受物质损失的，有权在刑事诉讼过程中提起附带民事诉讼"。据此，提起附带民事诉讼仅限于被害人的人身权利受侵犯而造成经济损失、财物被毁坏而造成物质损失两种情形，上述损失系指因犯罪造成的直接经济损失，对因犯罪导致的预期收益损失、精神损害等均不予支持。因此，责令退赔指向的是违法所得，本质上系通过刑事手段剥夺因犯罪获取的非法收益；附带民事赔偿则指向的是损失，本质上系附属于刑事诉讼的民事手段，体现的是对民事侵权的等价赔偿功能。

3. "退"与"赔"的区分。根据《刑事诉讼法解释》第445条的规定，对判决时尚未追缴到案或者尚未足额退赔的违法所得，应当判决继续追缴或

① 参见刘志德、刘树德：《"判处赔偿经济损失"、"责令赔偿损失"及"责令退赔"辨析》，载《法律适用》2005年第4期。

者责令退赔，责令退赔与继续追缴是并列关系，分别针对“返还被害人”“没收上缴国库”的不足部分。所以，责令退赔是指将违法所得退赔给被害人。显而易见，“退”对应的是被告人非法占有的物，如实物仍然存在，则应退还给被害人；如实物已经毁坏或实物虽然存在但价值已经贬损，则应当进行“赔”偿。司法实践中，“退”与“赔”并不分开使用，对尚未足额退赔违法所得的，一般直接判决责令退赔，但对于后续执行来说，作此区分仍有选择具体执行方式的意义。

二、责令退赔的适用条件

根据《刑事诉讼法解释》第445条的规定，对判决时尚未足额退赔的违法所得，应当判决责令退赔。也就是说，责令退赔应当以判决方式随同定罪量刑一并作出，判决责令退赔应当符合法律规定的适用条件。

1. 被告人须有违法所得。责令退赔的是违法所得，如侵害人身权利、民主权利犯罪，被告人并未通过犯罪获取违法所得，则无责令退赔的内容。退赔应当以犯罪分子违法所得及其收益为限，根据《刑事裁判涉财产部分执行规定》第10条的规定，赃款赃物与其他合法财产共同投资或者置业形成的财产中与赃款赃物对应的份额及其收益，也属于追缴的对象。《刑事裁判涉财产部分执行规定》并未将追缴纳入执行事项，追缴所得应当用于返还、退赔给被害人，无被害人的才没收上缴国库，追缴属于一种对违法所得的程序性控制措施，上述关于追缴对象的规定适用于责令退赔违法所得。

2. 须有必然存在的被害人。犯罪分子违法所得的一切财物，有被害人的应当退赔给被害人，但如果没有被害人，就失去了责令退赔的对象，违法所得应予追缴并上缴国库。一般来说，刑事案件被害人应当是明确的，但随着犯罪手段的日益复杂隐蔽，尤其是在一些连环诈骗案件中，当事人往往同时提起民事诉讼，对此刑事案件往往只能查明确有损失发生并确定损失金额，但对于诈骗损失由谁承担应当依照民事诉讼规则确定，即刑事被害人的确定需要遵从民事判决的认定。

3. 被害人不被允许提起附带民事诉讼。被告人从被害人处获取违法所得且在判决前未能追回的，应当责令被告人退赔违法所得，或者允许被害人提起附带民事诉讼。具体到个案，适用责令退赔还是允许提起附带民事诉讼，须依照法律规定，二者不可以同时适用。即对于被害人依法可以提起附带民事诉讼的，不能再判决责令退赔；对于依法应当判决责令退赔的，被害人不能再提起附带民事诉讼。对此，《刑事诉讼法解释》第175条规定了附带民事诉讼的情形，并通过第176条明确，财物未被毁坏，仍然具有正常使用价值的，不准提起附带民事诉讼。《刑事诉讼法解释》第176条规定：“被告人非法占有、处置被害人财产的，应当依法予以追缴或者责令退赔。被害人提起附带民事诉讼的，人民法院不予受理。追缴、退赔的情况，可以作为量刑情节考虑。”

4. 判决时尚未足额退赔。《刑法》第64条规定的是责令退赔、追缴的实体条件，即犯罪分子有违法所得。《刑事诉讼法解释》第445条则明确规定，判决时已经追缴到案的违法所得应当返还被害人（或没收上缴国库），判决时尚未足额退赔的违法所得应当判决责令退赔。所以，判决时尚未足额退赔是适用责令退赔的条件，判决责令退赔的金额是尚未足额退赔的金额。

三、责令退赔的移送执行

责令退赔属于刑事裁判涉财产部分的执行事项，作为执行依据的裁判文书要有明确的退赔对象、退赔金额。确定退赔对象须等待民事判决结果的，可以书面说明执行款项暂时提存不发。根据《刑事裁判涉财产部分执行规定》第6条的规定，涉案财物或者被害人人数较多，不宜在判决主文中详细列明的，可以概括叙明并另附清单。

1. 责令退赔应当移送执行。对发生法律效力的刑事裁判主文确定的责令退赔，刑事审判部门应当及时移送立案部门审查立案，并由法院执行机构执行。与民事赔偿性质的附带民事赔偿不同，责令退赔是通过刑事强制措施剥夺犯罪分子的非法收益，属于国家强制力的体现，非法收益只是优先用于退赔被害人，被害人放弃退赔的应当上缴国库，故应由刑事审判部门移送执行。刑事判决生效后，审判部门未及时移送立案的，被害人可以督促移送立案，但不能申请立案执行。

2. 责令退赔的执行应参照民事执行规定。根据《刑事裁判涉财产部分执行规定》第16条的规定，执行应先按照《刑法》、《刑事诉讼法》及有关司法解释的规定办理，没有相应规定的参照适用民事执行的有关规定。执行标的及于被执行人的合法财产，责令退赔之违法所得实为赃款赃物，违法所得因被使用、消耗、转移导致不能追回的，被执行人应当以其合法财产替代履行，直至履行完毕。

3. 执行应充分听取被害人意见。责令退赔系移送执行，不列申请执行人，但由于执行所得应给付被害人，故执行期间应赋予其相当于申请执行人的地位。民事执行案件中，申请执行人可对其权利自由处分。责令退赔执行中，由于执行所得用于给付被害人，因此应当充分尊重被害人的意愿，关键节点需要被害人配合的，应当通知被害人参与，在财产控制、财产参考价确定、评估机构选择、拍卖保留价确定等方面听取其意见，甚至可以达成执行和解。对经依法拍卖流拍的财产，应当准许被害人以流拍价进行抵债。

4. 执行应保障被执行人的基本生活。责令退赔执行应参照罚金、没收财产执行的相关规定，在执行手段、标的上有所限制，保障被执行人及其所扶养人的基本生活需要，不能因为执行使执行对象生活陷入绝境。根据《法院执行异议和复议规定》及其他相关规定，对被执行人及其所扶养亲属名下的唯一住房，如已由政府或被害人为其提供基本保障住房，或者已参照当地房屋租赁市场平均租金标准从该房屋的变价款中扣除五至八年租金，可以执行。

5. 结案方式参照民事执行的有关规定。参照民事执行结案方式，责令退赔执行可视情况以执行完毕、执行终结、终结本次执行程序的方式结案。终结本次执行程序后，具备恢复执行条件的，应当依职权恢复执行。

四、责令退赔适用的相关问题

实践中，对责令退赔的适用已暴露出一些问题，影响了司法权威，损害了被告人（被执行人）的合法财产权益，并造成了执行和民事立案上的困扰，在此对其进行梳理分析。

1. 共同犯罪之各被告人的退赔限度。长期以来，司法实践中存在退赔与赔偿适用上的混乱，2021 年修改的《刑事诉讼法解释》第 445 条第 2 款明确规定“对判决时尚未追缴到案或者尚未足额退赔的违法所得，应当判决继续追缴或者责令退赔”，故应当进一步明确责令退赔应限于违法所得。责令退赔是为了剥夺犯罪分子的非法收益，退赔限于被告人实际的违法所得。在共同犯罪中，各被告人的违法所得应予查清，判决时应以各被告人未能足额退赔

（追缴）的数额为限，责令退赔一般应由各被告人独立承担责任。“追缴或责令退赔的对象是实际占有、受领违法所得的共犯，以实际占有、受领违法所得的数额作为负担义务的范围，而不能使未占有、受领或部分占有、受领的共犯负担共同犯罪违法所得总额的义务。”① 尤其是，从犯往往只是被动接受主犯对违法所得的分配，集团犯罪的下级并不能控制上级对非法资金的控制使用，对此若判处各被告人连带退赔全部违法所得，会显失公平，并造成新的矛盾，背离了退赔（追缴）违法所得制度的立法本意。当然，对集团犯罪中具有绝对控制、支配地位的主犯，或共同犯罪被告人刻意隐瞒致使违法所得金额不能查清的，或违法所得供共同犯罪人共同使用、消费的，根据过错责任原则，可以判决其承担连带退赔责任。

在单位犯罪中，犯罪主体是被告单位，应当由单位承担全额退赔义务。单位直接负责的主管人员、直接责任人员系因自身在单位犯罪中的地位、作用而承担责任，可视其取得财物的合法性、与付出是否相当等具体情形，决定其是否应退赔及退赔的金额，并以各被告人实际取得的财物为限。

2. 责令退赔的执行顺序。根据《刑事裁判涉财产部分执行规定》第 13 条的规定，被执行人在执行中同时承担刑事责任、民事责任，其财产不足以支付的，退赔被害人的损失可在一般民事债务、罚金、没收财产前优先受偿。一般来说，上述“退赔被害人的损失”即指责令退赔，当然违法所得与被害人损失并不总是一致，违法所得可能等于损失，也可能小于损失。由于犯罪成本应计入犯罪数额，犯罪过程中的财产损耗同样应计入违法所得，被告人非法占有、处置财产的，如侵占罪的被侵占财物、走私罪的被偷逃税款、贪污罪的贪污款项等损失金额，可以认为即是违法所得金额。

3. 责令退赔能否另行民事立案。《最高人民法院关于刑事附带民事诉讼范围问题的规定》（已失效）第 5 条第 2 款规定：“经过追缴或者退赔仍不能弥补损失，被害人向人民法院民事审判庭另行提起民事诉讼的，人民法院可以受理。”该规定 2015 年被废止后，对于判处追缴、退赔的案件另行提起民事诉讼，各地法院均持谨慎态度。本书认为，对同一法律事实不能同时适用刑

---

① 尹振国、方明：《我国刑事特别没收手段的反思与重构——兼论〈刑法〉第 64 条的完善》，载《法律适用》2019 年第 5 期。

事、民事手段，但对于民刑交叉案件，相关事实仅具有关联性，提起民事诉讼并不必然导致相关判决冲突的，或刑事案件事实认定有赖于民事判决的，应当准许被害人提起民事诉讼。

（1）刑事案件存在未被认定为犯罪的共同责任人，或有第三人担保，对于通过刑事追缴、退赔不能完全受偿的部分，应允许被害人选择其他合法的民事救济方式。民刑交叉案件分为竞合型交叉与牵连型交叉两种，对于竞合型交叉，因刑事诉讼程序已判决追缴、责令退赔违法所得，被害人的财产损失应在该程序中获得救济；而对于牵连型交叉，刑事追赃程序仅解决被害人与被告人之间的财产返还、退赔问题，并不影响被害人主张其他民事权利。[①] 2020 年修正的《最高人民法院关于在审理经济纠纷案件中涉及经济犯罪嫌疑若干问题的规定》第 8 条规定："被害人或其法定代理人、近亲属因被害人遭受经济损失也有权对单位另行提起民事诉讼。若被害人或其法定代理人、近亲属另行提起民事诉讼的，有管辖权的人民法院应当依法受理。"该规定明确，对单位犯罪或虽系个人犯罪但单位有过错的，被害人有权对单位另行提起民事诉讼。《全国法院民商事审判工作会议纪要》第 128 条列举了同一当事人因不同事实分别发生民商事纠纷和涉嫌刑事犯罪，民商事案件与刑事案件应当分别审理："（1）主合同的债务人涉嫌刑事犯罪或者刑事裁判认定其构成犯罪，债权人请求担保人承担民事责任的；（2）行为人以法人、非法人组织或者他人名义订立合同的行为涉嫌刑事犯罪或者刑事裁判认定其构成犯罪，合同相对人请求该法人、非法人组织或者他人承担民事责任的；（3）法人或者非法人组织的法定代表人、负责人或者其他工作人员的职务行为涉嫌刑事犯罪或者刑事裁判认定其构成犯罪，受害人请求该法人或者非法人组织承担民事责任的；（4）侵权行为人涉嫌刑事犯罪或者刑事裁判认定其构成犯罪，被保险人、受益人或者其他赔偿权利人请求保险人支付保险金的；（5）受害人请求涉嫌刑事犯罪的行为人之外的其他主体承担民事责任的。"

（2）被害人主张间接损失、精神损害赔偿的，不违反禁止双重受偿原则。对于是否允许被害人在刑事判决的退赔之外另行通过民事诉讼主张间接损失、

① 参见李玉林：《民刑交叉案件实体裁判规则研究——以合同效力、责任认定为中心》，载《中国应用法学》2022 年第 5 期。

精神损害赔偿，实践中有争议，有判例曾根据《刑事诉讼法解释》的规定驳回当事人的精神损害赔偿请求。① 本书认为，对因民事违约、侵权行为提起的民事诉讼，应当依据民事法律规定处理。《民法典》第584条规定，“当事人一方不履行合同义务或者履行合同义务不符合约定，造成对方损失的，损失赔偿额应当相当于因违约所造成的损失，包括合同履行后可以获得的利益”。第1183条规定：“侵害自然人人身权益造成严重精神损害的，被侵权人有权请求精神损害赔偿。因故意或者重大过失侵害自然人具有人身意义的特定物造成严重精神损害的，被侵权人有权请求精神损害赔偿。”《民法典》是社会主义市场经济的基本法，司法解释不能违背基本法律的规定，当事人就违约、侵权造成的直接损失以外的损失另行提出合法主张，并不违反禁止双重受偿原则，应当获得支持。2021年实施的《最高人民法院关于审理银行卡民事纠纷案件若干问题的规定》第7条第1款也规定：“发生伪卡盗刷交易或者网络盗刷交易，借记卡持卡人基于借记卡合同法律关系请求发卡行支付被盗刷存款本息并赔偿损失的，人民法院依法予以支持。”该规定明确民事诉讼损失赔偿的范围包括利息损失，不受刑事诉讼仅限于被告人退赔直接损失的约束。

（3）刑事被害人、退赔标准需根据民事诉讼规则确定。由于案件的复杂性，有些案件刑事判决认定犯罪事实存在，且已经造成了损失，但刑事审判不能代行民事审判的职责，具体受到的损失需依赖于民事判决结果认定，判决退赔的数额也需要根据民事诉讼规则确定。对此，相关法律、司法解释没有明确规定，但《全国法院民商事审判工作会议纪要》第130条的精神与此一致：人民法院在审理民商事案件时，如果民商事案件不是必须以相关的刑事案件的审理结果为依据，则民商事案件应当继续审理。

---

① 《刑事诉讼法解释》第200条规定：“被害人或者其法定代理人、近亲属在刑事诉讼过程中未提起附带民事诉讼，另行提起民事诉讼的，人民法院可以进行调解，或者根据本解释第一百九十二条第二款、第三款的规定作出判决。”根据本解释第192条第2、3款的规定，除驾驶机动车致人伤亡或者造成公私财产重大损失构成犯罪的外，犯罪行为造成被害人人身损害的，应当赔偿医疗费、护理费、交通费、误工费、残疾生活辅助器具费、丧葬费等费用。

专题十　对财产强制措施、处置有异议应向责任机关提出

——刑事涉案财产处置异议问题梳理

近年来，刑事涉案财产处置日益成为理论界、实务界研究的热点问题，由于我国对刑事裁判涉财产部分明确由执行机构执行的时间不长、法律规定较为粗疏，很多问题仍在不断探索之中。实践中，对财产处置异议的救济是重点也是难点，我们根据多年来的办案经验，梳理了实践中经常出现的异议问题，并根据有关规定逐一分析探讨。

一、涉案财产查封、扣押、冻结异议

《刑事诉讼法》第 141 条第 1 款规定："在侦查活动中发现的可用以证明犯罪嫌疑人有罪或者无罪的各种财物、文件，应当查封、扣押；与案件无关的财物、文件，不得查封、扣押。"这是公安机关对涉案财物采取查封、扣押、冻结措施的法律依据。《公安机关办理刑事案件适用查封、冻结措施有关规定》第 2 条明确规定，涉案财物是指"公安机关在办理刑事案件过程中，依法以查封、冻结等方式固定的可用以证明犯罪嫌疑人有罪或者无罪的各种财产和物品，包括：（一）犯罪所得及其孳息；（二）用于实施犯罪行为的工具；（三）其他可以证明犯罪行为是否发生以及犯罪情节轻重的财物"。因此，可供公安机关控制的财物非常广泛，只要与涉嫌的犯罪沾边都可能被查封、扣押、冻结。实践中，异议情形主要有如下几种。

1. 查封、扣押、冻结与案件无关的财产。《公安机关办理经济犯罪案件规

定》明确要求，严格区分违法所得、其他涉案财产与合法财产，不得超权限、超范围、超数额、超时限查封、扣押、冻结，并注意保护利害关系人的合法权益。侦查过程中，公安机关可以扣押与案件有关的犯罪嫌疑人个人物品，但不得扣押与案件无关的物品，更不得扣押在犯罪嫌疑人处的他人物品，已经扣押的应当予以退还。根据《监察法》第 23 条、第 25 条的规定，查封、扣押、冻结的财物、文件经查明与案件无关的，应当在查明后三日内解除查封、扣押、冻结，予以退还。

根据上述规定，对合法财产一般不得查封、扣押、冻结，能查封、扣押、冻结的只能是违法所得及其孳息、犯罪工具、犯罪证据等与案件有关的财物、物品。除黑恶势力犯罪案件外，公安机关对犯罪嫌疑人的合法财产无权采取强制措施。实践中，侦查机关由于办案效率需要，往往对可能与犯罪嫌疑人有关的财产统统进行扣押。对于合法财产被查封、扣押、冻结的，辩护律师可以向侦查机关提供相关财产来源合法的证据，申请对相关财产的性质进行调查，并请求依法解除查封、扣押、冻结措施。

2. 查封、扣押、冻结家庭成员财产。除黑恶势力犯罪案件外，侦查机关采取查封、扣押、冻结措施限于犯罪嫌疑人个人的违法财产，而不得查封、扣押、冻结属于其家庭成员的财产。实践中，辩护律师应注意对夫妻共同财产进行区分，维护另一方的合法财产权益。涉案财产调查属于刑事诉讼程序的一部分，同样应遵循证据确实、充分的认定标准。对没有充分证据证实来源非法的财产，可要求推定为合法取得，并依法解除查封、扣押、冻结措施。对于涉案财产系夫妻另一方婚前个人购买，或虽系夫妻一方婚前购买但以婚后共同财产还贷的，可主动提供资金来源合法的证据；对不能提供资金来源合法的证据的，可要求有关司法机关依法认定个人财产份额。

3. 查封、扣押、冻结第三人财产。《公安机关办理刑事案件程序规定》《公安机关办理经济犯罪案件规定》均明确规定，不得对被调查对象采取强制措施，不得查封、扣押、冻结被调查对象的财产。对于第三人的财产，原则上不允许查封、扣押、冻结，但《公安机关办理经济犯罪案件规定》第 54 条规定，发现犯罪嫌疑人将经济犯罪违法所得和其他涉案财物用于清偿债务、转让或者设定其他权利负担，第三人未支付对价或系恶意取得的，应当依法查封、扣押、冻结。对于侦查机关查封、扣押、冻结的犯罪嫌疑人名下财产，仅系其名义持有，第三人主张相应财产权利的，可举证提出实体权利主张，并可视情况通过诉讼确认财产所有权归属。对于犯罪嫌疑人、被告人将房产出售给第三人的，参照《法院执行异议和复议规定》第28条的规定，如符合下列四个条件，可以排除房产查封并阻止执行：（1）查封之前已签订合法有效的书面买卖合同；（2）查封之前已合法占有该不动产；（3）已支付全部价款，或者已按合同约定支付部分价款且按司法机关要求交付执行剩余价款；（4）非因买受人自身原因未办理过户登记。

4. 个人犯罪查封、扣押、冻结法人财产。《公司法》第3条规定，公司是企业法人，有独立的法人财产，享有法人财产权。公司的法人人格依法受法律保护，个人犯罪的，不得对个人所在单位财产采取查封、扣押、冻结措施。《公安机关办理经济犯罪案件规定》第46条规定，“严格区分企业法人财产与股东个人财产，严格区分犯罪嫌疑人个人财产与家庭成员财产”。因此，个人犯罪的，可以依法冻结其投资单位的股权、收益，但不能直接查封、扣押、冻结个人所在单位的财产。违法采取财产强制措施，造成相关权利人财产权利损害的，可向侦查机关提出法律意见要求纠正，并可请求检察机关进行法律监督。

5. 查封、扣押、冻结程序违法。侦查机关对涉案财物采取强制措施，应当严格依照法定条件和程序进行，并严禁在立案之前采取财产控制措施。实践中，侦查机关不按法定程序查封、扣押、冻结的情况较多，对于未经批准但后期可以补批的瑕疵，提出异议的意义不大。但对于扣押过程中的如下问题应予重视，如扣押现场缺乏见证人、扣押贵重物品未拍照或录像、不出具扣押清单等导致重要物品丢失的，会直接影响刑事证据的采信和当事人的财产权利，应向办案机关提出纠正请求，并可依法进行控告、申诉。

6. 涉案财物先行处置。对扣押在案不宜长期保存、有价值贬损可能的财物，公安机关、检察机关、审判机关均可先行处置，但应按法定程序进行。《公安机关涉案财物管理若干规定》第21条第1款规定，“对于因自身材质原因易损毁、灭失、腐烂、变质而不宜长期保存的食品、药品及其原材料等物品，长期不使用容易导致机械性能下降、价值贬损的车辆、船舶等物品，市场价格波动大的债券、股票、基金份额等财产和有效期即将届满的汇票、本票、支票等，权利人明确的，经其本人书面同意或者申请，并经县级以上公安机关主要负责人批准，可以依法变卖、拍卖”。最高人民检察院、最高人民法院也有相应的规定。《公安机关涉案财物管理若干规定》第21条第2款规定，“对涉案财物的变卖、拍卖应当坚持公开、公平原则，由县级以上公安机关商本级人民政府财政部门统一组织实施”。先行处置的目的是降低特定财物价值损失，应当由权利人书面同意或申请，经公安机关主要负责人批准，并由财政部门统一组织拍卖、变卖。实践中，应注意防止对存在价值贬损风险的财产不予先行处置、对不存在价值贬损风险的财产予以先行处置等倾向。在先行处置过程中，因违反程序导致财产损失的，权利人有权进行申诉、控告，并要求处置机关进行赔偿。

二、涉案财产性质认定与处理异议

对查封、扣押、冻结到案的涉案财物，侦查、监察、公诉机关应当根据案件是否移送审查起诉或提起公诉，及时采取移送、返还、退还等措施。无论哪一诉讼阶段，办案单位对涉案财产的性质均有依法甄别认定的职责，案件依法提起公诉的，应由审判机关对随案移送的财物依法判决处理。实践中，异议情形主要有如下几种。

1. 没收违法所得侵犯合法财产。公安机关查封、扣押、冻结的涉案财物，一般通过判决没收违法所得、没收违禁品、没收供犯罪所用本人财物的方式进行处理，但没收应当有限度，符合没收的合法性、合理性原则。没收违法所得，最主要的问题是违法所得与合法所得的区分。实践中，被告人往往将违法所得与个人合法所得一起投入生产经营，或者违法所得已经因被使用、消耗而灭失。对此，辩护过程中，一方面可要求公诉机关围绕违法所得进行举证，另一方面可积极调查、证明被告人的合法投入及相应收益，对于无证据证实财产系违法所得形成的，可向办案机关依法提出财产处置的意见。

2. 没收供犯罪所用本人财物侵害合法财产利益。实践中，供犯罪所用本人财物一般指犯罪工具。所谓没收“供犯罪所用本人财物”应为没收专门或主要用于犯罪的财物，对于被告人虽在实施犯罪时使用，但财物与犯罪关联不大，被告人仅偶尔使用或主要用于日常生活使用的，根据没收的合理性原则，不应认定为供犯罪所用财物。因此，认定“供犯罪所用本人财物”要求罪犯与财物之间应因实施犯罪而建立起稳定、密切的联系，认定时应综合考虑财物与犯罪的关联性、财物价值与犯罪的相当性等因素，对贪利类犯罪的犯罪工具予以没收时，按“比例对等”“罪罚相当”的要求处理。

3. 共同犯罪的被告人被判处“连带退赔”。《刑事诉讼法解释》规定“对判决时尚未追缴到案或者尚未足额退赔的违法所得，应当判决继续追缴或者责令退赔”，明确了责令退赔限于被告人实际的违法所得。在共同犯罪中，责令退赔一般应由各被告人独立承担责任，判决时应以各被告人未能足额退赔（追缴）的数额为限。（1）对集团犯罪中具有绝对控制、支配地位的主犯，或共同犯罪被告人刻意隐瞒致使违法所得金额不能查清的，或违法所得供共同犯罪人共同使用、消费的，可判决其承担连带退赔责任。（2）从犯只能以其违法所得为限承担责任。从犯往往只是被动接受主犯对违法所得的分配，集团犯罪的下级并不能控制上级对非法资金的控制使用，对此若判处各被告人连带退赔全部违法所得，会显失公平，并造成新的矛盾，背离了追缴违法所得制度的立法本意。（3）单位犯罪应由单位承担全额退赔义务。单位的相关责任人员可根据其取得财物的合法性、取得与付出是否相当等确定其是否应退赔及退赔的金额。

4. 查封、扣押、冻结财产不移送处理。根据《公安机关办理刑事案件程序规定》第 288 条的规定，涉案财物作为证据使用的，应当随案移送；不宜随案移送的，应当移送相关清单、照片或者其他证明文件。《监察法实施条例》第 208 条第 1 款规定：“对查封、扣押、冻结的涉嫌职务犯罪所得财物及孳息应当妥善保管，并制作《移送司法机关涉案财物清单》随案移送人民检察院。对作为证据使用的实物应当随案移送；对不宜移送的，应当将清单、照片和其他证明文件随案移送。”实践中，有办案单位未将涉案财物随案移送而影响处置，或者应返还、退还但未及时返还、退还，造成当事人财产权利长期被侵害，对此可根据相关规定请求纠正或依法控告、申诉。

有被告人提出，其有涉案财物在监察机关未移送，要求将其折抵罚金或退赔。本书认为，对于属于犯罪的部分，监察机关依法应当移送全部涉案财物，由人民法院依法判处；但对于不属于犯罪的部分，监察机关有权以违法所得进行处理。《监察法实施条例》第 208 条第 3 款规定：“对不属于犯罪所得但属于违法取得的财物及孳息，应当依法予以没收、追缴或者责令退赔，并出具有关法律文书。”该条例第 210 条亦明确，监察对象对监察机关作出的涉及本人的处理决定不服的，可以在收到处理决定之日起一个月以内，向作出决定的监察机关申请复审；监察对象对复审决定仍不服的，可向上一级监察机关申请复核。

三、涉案财产执行过程中的实体性权利异议

刑事裁判涉财产部分执行过程中，执行机构应严格执行判决内容，对第三人、利害关系人、被执行人提出的实体权利主张，根据执行异议处理规定依法处理。

1. 第三人对执行标的提出实体权利主张。根据《刑事裁判涉财产部分执行规定》第 14 条的规定，案外人对执行标的主张足以阻止执行的实体权利，向执行法院提出书面异议的，执行法院应当通过执行异议审查、复议程序处理。那么，刑事判决未认定涉案房产为赃物，但判决对房产依法处置，所得款项用于退赔，第三人对执行标的权属提出异议，如何处理？本书认为，对于已经支付合理对价并合法占有房产，只是因为材料未准备齐全、刑事案发等客观原因导致未能及时办理过户登记的，对其合法权利应当依法保护。案外人以物权期待权及添附等对被处置财产主张实体权利，涉及被处置财产的性质认定问题，虽然按规定应通过执行异议审查、复议程序处理，但这种处理又涉及对生效刑事判决内容的否定。目前较为一致的看法是，执行机构应注意听取刑事审判部门的意见，或由刑事审判部门采取补救措施后再行处理。

从实体上来说，第三人对执行标的提出实体权利主张是否足以排除执行，应按《法院执行异议和复议规定》第 28 条规定的标准审查判断。根据该规定，被执行人财产不足以偿付所有债务的，应当按比例偿付。因此，债权人出于优先受偿目的与被执行人私下签订的以物抵债协议，由于损害了其他债权人的利益而不能对抗执行，其相关债权可待执行后依法参与案款分配。

2. 居住人对涉案房产提出合法居住事由。涉案房产处置过程中，如涉案房产不属于合法占用，法院可以要求居住人限期迁出，并依法追究居住人的法律责任；但对于有合法居住事由的第三人，应当保护其居住权。根据《法院执行异议和复议规定》第 31 条的规定，承租人在法院查封之前已签订合法有效的书面租赁合同并合法占有使用的，应予支持。因此，如果涉案房产租赁关系在法院查封之前已经形成，且在房产处置时仍处于延续状态，承租人

可依法提出抗辩以阻止执行。

3. 被执行人及其亲属要求保障基本生活需要。对于涉案财产之外的罚金、一般没收、继续追缴、责令退赔等财产性判项，均只能执行被执行人个人的合法财产，法院如要执行家庭共同财产，应当首先进行析产或依法保留共有人的财产份额。对判决处置的涉案财产及其他财产性判项，如执行会影响被执行人及其亲属的基本生活需要，可提出异议阻止执行。根据《刑事诉讼法解释》第 526 条、《刑事裁判涉财产部分执行规定》第 9 条的规定，执行没收财产或罚金刑，应当参照被扶养人住所地政府公布的上年度当地居民最低生活费标准，保留被执行人及其所扶养家属的生活必需费用。《法院执行查封、扣押、冻结财产规定》第 4 条规定，对被执行人及其所扶养家属生活所必需的居住房屋，不得拍卖、变卖或者抵债。因此，如供执行的家庭唯一住房的居住面积并未严重超出当地基本居住标准，或者执行会使夫妻另一方所得份额的住房面积低于当地廉租住房保障面积，则可以提出异议。

4. 债权人主张以涉案财产优先受偿。刑事财产性判项的执行顺序，关系被告人、被害人及其他利害关系人的合法财产权益。根据《刑事诉讼法解释》第 527 条、《刑事裁判涉财产部分执行规定》第 13 条的规定，被执行人在执行中同时承担刑事责任、民事责任，其财产不足以支付的，按照人身损害赔偿中的医疗费用、民事优先债权、退赔被害人的损失、其他民事债务、罚金、没收财产的顺序执行。根据上述规定，被执行人在执行中同时承担刑事责任、民事责任，其财产不足以支付的，“其他民事债务”可在罚金、没收财产之前受偿。

四、涉案财产执行行为和程序性异议

刑事判决生效后，对需要处置的涉案财产和相关财产性判项，依法应移送一审法院执行机构执行。据此，退赔权利人可以请求法院审判部门尽快移送执行，但不能以刑事判决退赔为由申请立案执行。实践中，执行行为和程序性异议主要有如下几种。

1. 涉案财产确定参考价。根据《法院确定财产处置参考价规定》第 2 条的规定，确定财产处置参考价可依次采取当事人议价、定向询价、网络询价、委托评估等方式。当事人、利害关系人对询价机构、评估机构报告的异议，区分三种情形处理：（1）认为报告记载的财产基本信息错误、超出财产范围或者遗漏财产、机构不具备评估资质、评估程序严重违法的，按照异议审查、复议程序处理。（2）对网络询价报告的参照标准、计算方式、价格等提出异议，异议不成立的，法院可直接驳回；异议成立的，法院可交询价平台进行补正。（3）对评估报告的参照标准、计算方法或者评估结果等提出书面异议的，由评估机构予以书面说明，仍有异议的可交地方行业协会组织专业技术评审。

2. 涉案财产变价处理。根据规定，处置涉案房产应依法保障房屋合法租住人、共同所有人的优先购买权；有限责任公司股权被处置前，应保障其他股东的优先购买权。对查封、扣押、冻结的财产进行变价处理时，应当首先采取拍卖的方式，拍卖应当先期公告。对于不依法公开拍卖，拍卖不按规定期限先期公告，或者拍卖侵害相关权利人的优先购买权的，可向执行法院提出异议。但拍卖平台的选择、在规定幅度内的具体降价比例等事项，则属于法院职权的范畴，如无特殊事由异议将不被采纳。

3. 涉案财产处置费用。处置涉案财产会产生公告、评估、拍卖、存储等方面的费用，这些费用在本质上属于为完成财产处置必然产生的费用，依法应当从拍卖所得价款中优先支付。《法院确定财产处置参考价规定》第 32 条第 1 款明确规定："人民法院委托评估机构进行评估，财产处置未成交的，按照评估机构合理的实际支出计付费用；财产处置成交价高于评估价的，以评估价为基准计付费用；财产处置成交价低于评估价的，以财产处置成交价为基准计付费用。"相关权利人对于评估费用、拍卖佣金的计算方式和金额有异议的，可依法提出。其中，房产交易买卖双方应依法缴纳税费，有的法院会协助税务部门扣缴由买受人先行缴纳，法院再为其报销应由被执行人承担的部分，对于税费计算有异议的，法院往往要求向税务部门提出，但其有义务将相关税费异议转送税务部门。

4. 被执行人被限制消费。被执行人不履行生效法律文书确定的义务的，法院可对其依法采取限制出境、纳入失信被执行人名单、限制消费等措施。被执行人系单位的，可以对其法定代表人、主要负责人、影响债务履行的直接责任人员、实际控制人采取上述措施。根据规定，认为限制出境、纳入失信被执行人名单决定错误的，可以向作出决定的法院提出纠正，并可向上一级法院申请复议。

实践中，适用限制出境、纳入失信被执行人名单的情况相对较少，适用限制消费较为普遍。执行法院如以终结本次执行程序的方式结案，大多对单位被执行人的法定代表人、实际控制人同时限制消费。对此，本书认为：（1）被执行单位的法定代表人变更的，如确系单位领导正常变动，而非为逃避执行，有权向法院提出更换。（2）被执行单位的法定代表人系挂名，或刑事判决认定单位另有实际控制人的，可以向法院提出更换。（3）根据《最高人民法院关于限制被执行人高消费及有关消费的若干规定》第 3 条的规定，因私消费以个人财产实施规定的消费行为的，可以向执行法院提出申请。对限制消费措施不服的，相关规定没有明确相应的救济措施，但对限制消费的异议在本质上属于对执行行为的异议，借鉴限制出境、纳入失信被执行人名单的做法，应当准许向法院提出纠正，并准许向上一级法院申请复议。

5. 执行结案方式。刑事裁判涉财产部分移送执行，一般可选择以执行完毕、终结执行、终结本次执行程序的方式结案。其中，执行完毕即指执行事项已全部执行到位；终结执行主要针对被执行人死亡、被执行单位终止，且无财产可供执行等情形；终结本次执行程序系指未发现可执行财产，或已发现的财产暂时不能处置，在本质上属于尚未执行完毕。

结案方式往往影响被执行人的减刑、假释，实践中曾有被执行人被判处没收个人全部财产，立案执行后法院以不能确定被执行人是否还有未发现的财产为由终结本次执行程序，监狱通过执行裁定无法判断财产执行情况，从而无法对其提起减刑、假释的情况。根据现有法律及相关文件的规定，没收财产执行应当以执行完毕、终结执行的方式结案。而终结本次执行程序则意味着随时可以恢复执行。对此，代理律师应当与执行法院积极沟通，争取拿到最为有利的执行裁定，或者请求执行法院对执行情况进行书面解释说明。

专题十一　对随案移送的涉案财物不作实体处理违法

——刑事判决涉案财物另行甄别处理的实证分析

司法实践中，有些刑事案件查封、扣押、冻结的财产多且复杂，在法定审理期限内难以作出处置决定，为不影响对被告人的定罪量刑，防止诉讼程序过于拖沓，往往对涉案财产暂时不作实体处理，或判决另行甄别处理。但这一做法并不符合法律规定，后续甄别处理又缺乏相应程序规制，导致相关权利人的财产权益得不到有效救济，最终陷入“求告无门”的困境。

一、刑事涉案财物不作实体处理的判决表述方式

经检索近年来各地法院案例，对随案移送的刑事涉案财物除明确表明处置方式外，暂时不作实体处理的判决书主文部分的表述可分为三种情形。

1. 判决另行甄别、继续甄别。例如，辽宁省葫芦岛市中级人民法院（2020）辽14刑初14号案认为：“鉴定报告确定集资参与人共计717人。因有部分集资参与人没有向公安机关报案登记，相关情况不详，在执行过程中对未报案的集资参与人应另行甄别、确定。”① 又如，陕西省府谷县人民法院（2020）陕0822刑初116号案认为：“五、公安机关扣押的陕K×××××某

① 《魏某军、陈某柱集资诈骗一审刑事判决书》，载北大法宝网2023年7月23日，【法宝引证码】CLI. C. 120278674。

雅牌白色小型轿车，由扣押机关府谷县公安局继续甄别后自行处理。”① 上述判决中的另行甄别、继续甄别均系暂不作实体处理，具体处置方式待查证后另行确定，但对以后如何另行甄别、继续甄别，判决没有进一步说明。

2. 判决笼统表述追缴、没收或依法处理。例如，山东省青岛市中级人民法院（2011）青刑一初字第48号案认为：“三、对聂某为首的黑社会性质组织和组织、领导、参加黑社会性质组织的犯罪分子聚敛的财物及其收益，以及用于犯罪的工具等，依法追缴、没收。”② 又如，北京市第二中级人民法院（2019）京02刑初52号案认为：“九、涉案土地、债权依法处理。十、在案查封、扣押、冻结的款物依法分别予以没收、折抵罚金或发还，其他扣押物品由公安机关依法处理。”③ 再如，吉林省通榆县人民法院（2022）吉0822刑初49号案认为：“四、侦查机关查封在案的产权证号为吉×××号、吉×××号、吉×××号的三栋房屋，由查封机关依法处理。”④

上述判决书主文虽载明财产处置方式为追缴、没收或依法处理，貌似对涉案财物进行了实体处理，但细究起来都存在问题。第一，判决追缴、没收，但并未列明追缴、没收的具体财物的名称。实践中，基本上不可能后续对所有涉案财物均予追缴、没收。所谓“依法”追缴、没收，只是对经甄别符合追缴、没收条件的涉案财物才予以追缴、没收，对经甄别不符合追缴、没收条件的涉案财物则“依法”不予追缴、没收。因此，这一表述在本质上属于不作实体处理的变通表述。第二，判决依法处理，但并未载明如何依法处理。众所周知，处理涉案财物的具体方式有很多，包括追缴、没收、发还、退赔等，如何处理要视后续甄别的情况。所以，此“依法处理”实际上属于未作实体处理。

---

① 《刘某卫、杨某鹏、张某伟盗窃罪一审刑事判决书》，载北大法宝网2023年7月23日，【法宝引证码】CLI. C. 114835798。

② 《聂某等犯组织、领导、参加黑社会性质组织等案》，载北大法宝网2023年7月23日，【法宝引证码】CLI. C. 3168401。

③ 《陈某等组织、领导黑社会性质组织、聚众斗殴寻衅滋事、运输毒品、赌博、偷越边境、串通投标、虚开发票、挪用资金、行贿、非法占用农用地、强迫交易、重婚、伪造身份证件、非法采矿、包庇黑社会性质组织、受贿案》，载北大法宝网2023年7月23日，【法宝引证码】CLI. C. 314570228。

④ 《商某兴、吴某宏非法吸收存款罪刑事一审刑事判决书》，载北大法宝网2023年7月23日，【法宝引证码】CLI. C. 417538473。

3. 判决未对在案财产作出处理意见。此种情形大量出现于非法集资案件中。例如，湖北省鄂州市中级人民法院（2020）鄂07刑初7号刑事判决书主文部分只列明了定罪量刑事项，但该判决书审理查明部分有以下表述："上述事实，有公安机关冻结、查封财产的法律文书、机动车信息查询结果单、不动产产权登记表、工商登记资料、房地产市场价值评估报告书等证据证实。"①即该案侦查机关冻结、查封了车辆、房产等财物，但判决并未对冻结、查封在案的财产作出处理意见。

又如，浙江省金华市中级人民法院（2009）浙金刑二初字第1号案认为："一、被告人吴某犯集资诈骗罪，判处死刑，剥夺政治权利终身，并处没收其个人全部财产。二、被告人吴某违法所得予以追缴，返还被害人。"判决书载明对吴某个人全部财产予以没收、违法所得予以追缴，由于判决主文并未表明对具体财产的处理，似乎并未查扣到任何具体财产，至于没收、追缴什么有待后续执行调查。但经进一步查阅该判决书所列证据部分，可发现该案有财产查扣在案："3. 东阳市公安局出具的情况说明在卷，证实公安机关对扣押的车辆进行了拍卖……吴某所购的法拉利轿车，由于没有找到相关的资料，无法进行估价。"② 即该判决既未载明扣押车辆的拍卖款如何处理，也未载明无法估价的法拉利轿车如何处理。

上述三种情形中，虽均有财产查扣在案，但判决主文一概未写明对具体财产的处理意见，如何处理则需后续由审判机关另行甄别，或将财产线索移送执行机构处理。

二、刑事判决对涉案财物不作实体处理的合法性分析

需要注意的是，判决处理的涉案财物应当随案移送。对公诉机关没有随案移送的涉案财物，应当遵循不告不理原则，法院不准作出处理。判决对随案移送的涉案财物暂时不进行实体处理，实践中可能有种种原因，但无论如何都违反了法律、司法解释的规定。

---

① 《郑某、高某组织、领导、参加黑社会性质组织、故意伤害、寻衅滋事、开设赌场一审刑事判决书》，载北大法宝网2023年7月23日，【法宝引证码】CLI. C. 114002773。

② 《吴某集资诈骗案》，载北大法宝网2023年7月23日，【法宝引证码】CLI. C. 874448。

1. 一审判决应对涉案财物进行审查，并与定罪量刑同步处理。法官不得拒绝裁判是现代司法的基本原则，在一个刑事案件中，裁判既包括对人是否构成犯罪、如何定罪量刑的判断，也包括对物如何处理的裁决。近些年来，财产权利日渐被提到与人身权利同样的高度，财产处理不当同样会构成对被告人权利的侵害。所以，一个完整的刑事审判程序要同时对人身、财产权利作出处理，处理刑事涉案财物应遵循与定罪量刑相同的证据规则，在财产方面证据不足的，应作有利于被告人的认定。

《刑事诉讼法》第 245 条第 3 款明确规定："人民法院作出的判决，应当对查封、扣押、冻结的财物及其孳息作出处理。"《刑事诉讼法解释》第 444 条第 1 款规定："对查封、扣押、冻结的财物及其孳息，应当在判决书中写明名称、金额、数量、存放地点及其处理方式等。涉案财物较多，不宜在判决主文中详细列明的，可以附清单。"因此，一审法院应当对查封、扣押、冻结的财物及其孳息进行审查，并在判决书中载明处理决定。判决书应当载明具体财产的处置方式，涉案财物较多、不宜在判决主文中详细列明的，可以以附清单的方式逐一列明，但该规定是对于判决书主文行文需要的特别规定，并未准许只进行概述或不详细列明。

2. 二审期间发现一审未对涉案财物作出处理的，可以发回重审。对提起公诉的被告人和罪名，一审判决应当依法裁判，遗漏被告人、罪名视为漏判。查封、扣押、冻结并随案移送的财物，属于公诉的重要内容，一审判决对涉案财物不进行实体处理同样属于漏判。

实践中，判决遗漏被告人、罪名的情况很少发生，一旦发生则属于重大审判事故，法院发现后会及时主动纠正，法律并不需要专门规定如何处理。但如前所述，由于思想认识等问题，实践中法院有意无意遗漏财产处理的情形较多，对此法院的主动纠正意识不强，因此有必要专门作出规定。《刑事诉讼法解释》第 446 条第 1 款规定："第二审期间，发现第一审判决未对随案移送的涉案财物及其孳息作出处理的，可以裁定撤销原判，发回原审人民法院重新审判，由原审人民法院依法对涉案财物及其孳息一并作出处理。"根据上述司法解释的规定，二审期间发现一审判决未对涉案财物作出处理的，可以裁定撤销原判、发回重审。但二审法院是否可以在查清事实后直接改判，对此司法解释并未说明。"可以"发回重审，似乎意味着也"可以"在查清事实后改判，但判决遗漏起诉事项属于严重违反诉讼程序，所以一般应当裁定发回重审。

3. 判决生效后发现未对涉案财物作出处理的，由原审法院另行作出处理。《刑事诉讼法解释》第446条第2款规定："判决生效后，发现原判未对随案移送的涉案财物及其孳息作出处理的，由原审人民法院依法对涉案财物及其孳息另行作出处理。"司法解释做此规定，是因为判决已经生效，出于维护刑事判决稳定性的需要，并未强制要求启动再审程序。司法解释认为，另行处理同样可以达到目的，但司法解释并未进一步规定另行处理的程序，导致另行处理游离于刑事诉讼程序。

三、刑事涉案财物另行甄别处理实践中的问题

涉案财物随案移送但一审判决未进行实体处理的，除了二审期间发现可以裁定撤销原判、发回重审外，均需由一审法院另行甄别处理，但实践中的处理往往难令被告人、提出实体权利主张的案外人、被害人满意。

1. 甄别机构不统一。根据《刑事诉讼法解释》第446条第2款的规定，判决生效后，发现原判未对随案移送的涉案财物及其孳息作出处理的，由原审人民法院依法另行作出处理。该规定针对的是随案移送的财物，对于未随案移送的财物法院则无权处置，如有些判决载明的，由侦查机关、扣押机关依法处理。但如涉案财物已经随案移送，法院再判决由其他机关处理则涉嫌违法。

实践中，对于已经随案移送的涉案财物，也并不全都由一审法院甄别处理。法院合议庭不是一个固定机构，合议庭在案件审结后即失去其组合功能，后续财产处理或由原办案人承担，或由法院另行指定的人员承担。有些重大、复杂的刑事案件有专案组、善后处理小组，涉案财产也会由专案组、善后处理小组继续甄别处理。政法委、公安机关、检察院、法院及政府相关部门均可能系专案组、善后处理小组的组成部门，一般来说财产调查由侦查机关或政府其他部门负责，处理意见由组成部门共同研究决定。财产甄别的成果体现在程序上，就是由法院出具最终的书面处理意见，但该处理意见往往未必就是法院（合议庭）的主导性意见。这一处理方式还存在一个问题，即在侦查机关已经侦查终结的情况下，再进行调查取证没有法律依据。

2. 处理程序相对封闭。在刑事审判程序中，涉案财物的处理按照审判程序的规定进行。但在案件审结后的财产另行处理程序中，法院既不可能为此再专门开庭审理，也没有法律规定可以再开庭审理。所以另行甄别往往以庭外调查的方式进行，法院主要进行材料审查，被告人为财产甄别另行委托辩护人的，会听取辩护人的意见。至于甄别程序的合议庭组成人员、适用程序、回避权、辩护权等事项，由于缺乏相应规定相关方的权利较难得到保障。

3. 被告人、提出实体权利主张的案外人、被害人难以有效参与。《刑事诉讼法解释》第 279 条第 1 款、第 2 款规定："法庭审理过程中，应当对查封、扣押、冻结财物及其孳息的权属、来源等情况……进行调查，由公诉人说明情况、出示证据、提出处理建议，并听取被告人、辩护人等诉讼参与人的意见。案外人对查封、扣押、冻结的财物及其孳息提出权属异议的，人民法院应当听取案外人的意见；必要时，可以通知案外人出庭。"根据上述规定，在庭审调查阶段，被告人、辩护人可以对涉案财产发表意见；提出权属异议的案外人可以向法院提交书面意见，或按法院要求出庭发表意见。但在财产另行甄别处理程序中，由于不再开庭审理，被告人既无法与公诉机关当面质证，也无法有针对性地进行辩论，被告人、提出实体权利主张的案外人、被害人均无法及时有效发表意见，相关权利人之间更不可能进行对质，严重影响了相关财产认定的准确性。

4. 没有明确的处理期限。在法院审判程序之外，另行甄别处理程序是一个神秘而又独立的存在。审判始终是法院的主业，由于问题复杂、矛盾较多且法律没有规定处理期限，后续财产处理往往被放在相对次要的位置，甄别工作完全根据上级要求和法院工作进度进行，因此最终处理可能会遥遥无期。在被告人、提出实体权利主张的案外人、被害人漫长的等待时间里，相关财产权属始终处于不确定状态。

5. 最终处理结果的表现形式不一，权利人的法定救济权利可能被非法剥夺。法院依法作出裁判之后，对财产部分的另行甄别处理可能会另行作出刑事裁定。但实践中，有的法院虽然作出刑事裁定，但并不办理送达手续、不告知相关方上诉权利，刑事裁定仅作为涉案财产执行的依据，导致被告人、提出实体权利主张的案外人、被害人不能依法及时获得救济。更有甚者，有的法院可能连刑事裁定都不作出，一纸附卷的情况说明就成为财产执行的依据，严重侵害了相关权利人的财产权益和法定救济权利。

四、刑事涉案财物另行甄别处理的程序规制

为充分保护相关权利人的财产权益，本书认为应当重新审视涉案财物处理问题，将另行甄别处理纳入制度规定，并待时机成熟时立法进行规范。

1. 另行甄别的法定机构是审判机关。《刑事诉讼法》第245条第3款规定，判决应当对查封、扣押、冻结的财物及其孳息作出处理。因此，处理随案移送的涉案财物，属于审判机关的法定职责。《刑事诉讼法解释》第446条第2款明确规定，另行甄别处理由原审法院负责。更准确地说，应由原审法院作出一审判决的合议庭继续负责，其他单位、部门无论以什么方式参与，都应围绕审判机关的需要，为查证事实提供协助。另行甄别处理过程中，发现原侦查机关、公诉机关未能尽到调查职责的，原审法院可以要求其补充调查。

2. 另行甄别处理应参照刑事诉讼庭审程序进行。另行甄别处理不是另外创设的程序，在《刑事诉讼法》及相关司法解释尚没有明确规定的情况下，另行甄别处理应参照刑事诉讼程序进行。根据《刑事诉讼法解释》第279条关于一审庭审的规定，公诉机关对涉案财物负有举证义务，法庭审查过程中应充分听取被告人、提出实体权利主张的案外人的意见。另行甄别处理虽然并无规定必须开庭，但另行甄别处理本质上系对法庭遗漏的财产调查的补救性措施，实际上相当于对财产部分的再审审理，因此应当按照庭审调查的程序进行，允许被告人、提出实体权利主张的案外人、被害人委托律师参与诉讼，准许公诉机关、相关权利人针对涉案财产逐一举证、质证、辩论，尤其是争议较大、相关权利人主张强烈的案件。但对于个别争议不大、被告人认可的财产，也可采取庭外征求意见、听证等方式进行调查，在此基础上作出处理决定。

法院在刑事案件审结后，如果仅以善后处理的方式另行甄别财产，既无法准确体现审判机关的工作，也不能将另行甄别处理有效纳入监督范围。根据最高人民法院应将所有案件纳入监管的要求，不妨将另行甄别处理案件作为一个新的案件进行立案，并参考刑事再审案件的办案周期进行处理。

3. 判决另行甄别处理不属于财产移送执行事项。根据《刑事裁判涉财产

部分执行规定》第6条的规定，刑事裁判涉财产部分的裁判内容，应当明确、具体。判决另行甄别处理是对涉案财物暂不进行实体处理，而待以后调查处理，因此判决另行甄别处理未达到判项明确、具体的要求，不属于能够移送执行的事项。因此，对判决另行甄别处理后的财产继续进行查封、冻结等，应当由继续甄别处理的部门负责，实践中审判机关也可能请求侦查机关、执行机构协助，但相关决定应当由审判机关作出。

4. 涉案财产仅作为财产线索移送执行的，执行机构应依执行规定处理。在有些刑事案件中，财产是否为赃款赃物可能确实难以查清，不宜直接判决追缴、没收某项具体财产。对此，我们应当明确，对涉案财物的甄别处理属于审判权的范畴，刑事裁判未对查封、扣押、冻结的财物作出处理决定的，执行机构无权将之视为或推定为赃款赃物。审判机关将有关财产仅作为财产线索移送的，执行机构应当接受，并按一般财产执行；执行过程中，财产强制措施期限届满的，执行机构应及时采取继续查封、冻结等强制措施。

五、刑事涉案财物另行甄别处理的法律救济

由于目前法律关于另行甄别处理的规定相对空白，如何对相关财产进行法律救济这一问题较为棘手，实践中应根据现有规定的精神，依法采取有针对性的措施。

1. 对甄别程序的异议。另行甄别处理作为刑事庭审调查的补救性措施，应当参照庭审财产调查程序执行。由于另行甄别处理不属于法律规定的案件审理程序，被告人、提出实体权利主张的案外人、被害人应当积极主动与审判机关沟通，了解另行甄别处理程序，并及时提出相关意见、建议。

2. 对甄别结果的异议。另行甄别处理是对涉案财产进行司法认定，对不服甄别处理决定的，应当准许有关权利人通过法定程序进行救济。因此，法院对另行甄别处理的财产，最佳的处理形式就是作出刑事裁定。被告人认为程序违法，或对裁定结果不服的，可以提出上诉。但对于提出实体权利主张的案外人、被害人来说，由于法律未赋予其对刑事裁定的上诉权，其只可以申请检察机关抗诉。有关权利人对已经生效的刑事裁定不服的，可以申请法院再审或请求检察机关抗诉。但是，如果甄别结果未以刑事裁定的形式作出，或刑事裁定未依法送达，又或未准许上诉，则系变相地剥夺被告人的抗诉权、

上诉权，属于严重程序违法，可向有关机关投诉或请求法律监督。

3. 对甄别期限的异议。实践中，另行甄别处理持续多年是一个较为突出的问题。另行甄别处理应当遵循一般刑事案件的办案周期，对于证据不足、在期限内无法作出裁判的，应当作出有利于被告人、其他权利人的认定。判决另行甄别处理后，审判机关一直不予甄别处理或长时间未能作出甄别处理结论的，被告人、提出实体权利主张的案外人、被害人有权提出控告、申诉，或申请检察机关进行法律监督。

4. 对甄别期间财产强制措施的异议。另行甄别处理期间，被告人、提出实体权利主张的案外人、被害人对财产强制措施有异议的，应向负责甄别处理的刑事审判庭提出。但若继续查封、冻结决定系由侦查机关、执行机构等作出，应向财产强制措施作出机关提出。另行甄别处理期间，审判机关会在听取各方意见后作出处理决定，但一般不会单独处理针对财产强制措施的异议。

5. 对先行处置涉案财物的异议。另行甄别处理期间，有些涉案财产因不宜保管、保管费用较高而导致实际价值不断降低，法院可能会作出先行处理的决定。对此，应当明确的是：第一，根据法律规定，对不宜保管、价值容易贬损的财产，公安机关、检察院、法院经履行相应审批程序，均有权先行处置。第二，先行处置错误导致财产损失的，处置机关应当承担赔偿责任。第三，法院先行处置前，应对财产权属进行调查，被告人、提出实体权利主张的案外人可以提出相关意见。实践中，适用先行处置较为谨慎，在甄别处理决定作出前，除非审判机关专门要求，执行机构一般不愿承担财产先行处置的风险。

另行甄别处理主要涉及法院审判机关、执行机构，也可能涉及侦查、公诉机关。由于法律规定的缺失，保护相关财产权益需要更高的技巧。上述论证分析是一般情形下的应然措施，实践中应根据具体情况采取不同策略，为实现相关权利人的权益最大化，需要与有关部门、权益相对人不断沟通、商谈，甚至作出必要的让步。

专题十二　非法集资犯罪应判决继续追缴违法所得

——非法集资犯罪退赔、追缴的是与非

非法集资犯罪属于涉众型犯罪，主要涉及集资诈骗罪、非法吸收公众存款罪两个罪名。在非法集资犯罪中，追缴到的款项一般不能完全弥补集资参与人的损失。那么，对于刑事判决作出时尚未追回的部分，是否可以判决退赔？如何追回损失？追回的损失如何处理？

一、非法集资犯罪不宜判决退赔

长期以来，实务界一般认为，非法吸收公众存款罪侵害的主要是金融管理秩序，不能认为有被害人；集资诈骗罪除侵害金融管理秩序外，还侵害了参与集资人员的合法财产权益，因此集资诈骗罪是有明确被害人的，且被害人可以推选代表参与庭审。基于上述认识，对于非法吸收公众存款案件，实践中虽然判决会将公安机关追缴到的款项按比例返还参与集资人员，但对判决前未能追缴到的部分，一般不会判决退赔；集资诈骗案件则与此不同，对判决前未能追缴到位的部分，一般认为可以判决退赔。对集资诈骗罪案件，有的法院为了避免后续执行之累，会告知参与集资人员再无退赔款项，且在判决书中并不表述退赔事项。

近年来，有关部门逐步认识到，在非法集资活动中参与集资人员自身有不可回避的责任，所遭受的损失应当由其自行承担，并将参与非法集资的人员定义为集资参与人。《非法集资刑事案件意见》明确提出，集资参与

人是指向非法集资活动投入资金的单位和个人，为非法集资活动提供帮助并获取经济利益的单位和个人除外。《防范和处置非法集资条例》第 25 条第 3 款则进一步明确："因参与非法集资受到的损失，由集资参与人自行承担。"

由于上述认识和法律规定的变化，在非法集资犯罪案件中，再无被害人这一称谓。在刑事诉讼活动中，责令退赔的给付对象是被害人，无被害人则无退赔。因此在上述规定颁布实施后，对非法集资犯罪案件再判决退赔没有法律依据。而且，恢复被犯罪侵害的社会秩序是打击犯罪的目的之一，非法集资无论定性为集资诈骗罪还是非法吸收公众存款罪，被告人获得的非法收益均应无条件返还给集资参与人，不能因罪名不同而区分判决退赔、返还，不判决退赔并不代表不予追缴损失。

二、非法集资犯罪应判决追缴

《刑法》第 64 条规定，犯罪分子违法所得的一切财物，应当予以追缴或者责令退赔。本书认为，对非法集资犯罪案件的违法所得，侦查机关应当依法全面追缴；对判决时未能追缴到位的部分，应当判决继续追缴。

1. 追缴应以实际所得为限。根据《刑法》第 64 条的规定，应当予以追缴或者责令退赔的是"犯罪分子违法所得的一切财物"，无论是追缴还是退赔，都应以违法所得为限。追缴是司法机关对违法所得采取的强制追回措施，而不是对被告人承担责任的划分。在共同犯罪案件中，依法应当追缴的是具体被告人实际获取到的收益，对被告人甲获取的收益不能向被告人乙追缴。因此，在非法集资犯罪案件审理中，对于因被告人众多或在异地而分案处理的，动辄判处由部分被告人承担全案退赔责任，与《刑法》规定的精神不符。对此，《非法集资刑事案件意见》在"九、关于涉案财物追缴处置问题"部分再次明确追缴、退赔限于违法所得，"对审判时尚未追缴到案或者尚未足额退赔的违法所得，人民法院应当判决继续追缴或者责令退赔"。

2. 追缴包括向被告人追缴，也包括向第三人追缴。《刑法》第 64 条规定"犯罪分子违法所得的一切财物"应予追缴，无论被告人将违法所得用于消费、挥霍、投资，还是将其非法转移给第三人，依法均应予以追缴。根据

《刑事裁判涉财产部分执行规定》第 11 条的规定，刑事裁判认定为赃款赃物的涉案财物用于清偿债务、转让或者设置其他权利负担并具有下列情形之一的，应予追缴：（1）第三人明知是涉案财物而接受；（2）第三人无偿或者以明显低于市场的价格取得涉案财物；（3）第三人通过非法债务清偿或者违法犯罪活动取得涉案财物；（4）第三人通过其他恶意方式取得涉案财物。这一规定解决了有些案件只起诉部分违法犯罪人时的追缴问题，对于非法集资犯罪未达到追诉数额标准或虽达到追诉数额标准，但根据相关情节依法不予起诉的，其行为并不因未被追诉而丧失违法性，其违法所得依法应予追缴。恶意取得涉案财物并逃避追缴的，依法应当承担掩饰、隐瞒违法犯罪所得、违法犯罪所得收益的法律责任。

3. 违法所得应当依法全面追缴。《防范和处置非法集资条例》第 25 条第 2 款、第 3 款明确规定："任何单位和个人不得从非法集资中获取经济利益。因参与非法集资受到的损失，由集资参与人自行承担。"第一，禁止通过犯罪非法获益是基本原则，有人受损就一定有人因此获益，对每一个集资参与人投入、收回的资金应当进行核算，对超出投资本金以外的收入依法应予追缴，除了被告人消费、挥霍的以外，一个案件被追缴后的收支情况应当总体平衡。第二，集资参与人参加的是非法集资，因其参与活动的非法性，对不能追回的集资损失应当自行承担。实践中，从既得利益者手中追缴面临很多困难，但我国严厉打击非法集资活动已持续多年，非法集资的非法性已经深入人心，不能因一部分人的阻拦而损害另一部分人的利益。

4. 判决继续追缴符合法律规定。追缴违法所得强调恢复因犯罪被侵害的法益，其首要目的是禁止被告人通过犯罪非法获益。追缴重在对行为人违法所得的剥夺，是对财产的程序性控制措施，追缴本身不涉及款项的具体用途；但退赔针对的是有明确被害人的案件，判决将违法所得退赔给被害人，既是程序上对违法所得的剥夺，也是对违法所得的实体处理。《刑事诉讼法解释》第 445 条第 1 款、第 2 款规定："查封、扣押、冻结的财物及其孳息，经审查，确属违法所得或者依法应当追缴的其他涉案财物的，应当判决返还被害人，或者没收上缴国库，但法律另有规定的除外。对判决时尚未追缴到案或者尚未足额退赔的违法所得，应当判决继续追缴或者责令退赔。"因此，"继续追缴"与"责令退赔"是并列关系，对宣判时仍未能追缴到案的部分，判决继续追缴符合法律规定。

三、非法集资犯罪追缴所得依法应予清退

1. 继续追缴一般应移送执行。根据《刑事诉讼法解释》第521条的规定，刑事裁判涉财产部分执行包括追缴。生效刑事裁判文书判决、裁定继续追缴的，除由政府有关部门、侦查部门追缴的外，一般应当移送执行。需要说明的是，生效裁判文书应当明确向谁追缴、追缴多少，以及追缴所得如何处理等。追缴在本质上是追缴赃款赃物，违法所得已经被使用、消耗、转移导致不能追回的，被执行人应当以其等值合法财产替代履行。

2. 追缴所得应作为清退资金来源。根据《防范和处置非法集资条例》第26条的规定，清退集资资金来源包括：（1）非法集资资金余额；（2）非法集资资金的收益或者转换的其他资产及其收益；（3）非法集资人及其股东、实际控制人、董事、监事、高级管理人员和其他相关人员从非法集资中获得的经济利益；（4）非法集资人隐匿、转移的非法集资资金或者相关资产；（5）在非法集资中获得的广告费、代言费、代理费、好处费、返点费、佣金、提成等经济利益；（6）可以作为清退集资资金的其他资产。因此，无论是判决前追缴到位的财产，还是判决后继续追缴到的财产，应一律作为清退资金来源，按集资参与人的损失比例进行清退。

3. 清退工作宜由处置非法集资牵头部门统一组织实施。《非法集资刑事案件意见》认为："人民法院对涉案财物依法作出判决后，有关地方和部门应当在处置非法集资职能部门统筹协调下，切实履行协作义务，综合运用多种手段，做好涉案财物清运、财产变现、资金归集、资金清退等工作，确保最大限度减少实际损失。"根据《防范和处置非法集资条例》的规定，县级以上地方人民政府应当明确防范和处置非法集资工作机制的牵头部门（处置非法集资牵头部门）。对于非法集资行为，处置非法集资牵头部门有权采取下列措施：调查取证，责令停止非法活动，查封营业场所，查封、扣押资产，责令追回、变价出售资产，决定限制出境，警告，罚款等。《防范和处置非法集资条例》第25条第1款规定："非法集资人、非法集资协助人应当向集资参与人清退集资资金。清退过程应当接受处置非法集资牵头部门监督。"第23条规定，处置非法集资牵头部门发现涉嫌犯罪的，应当按照规定及时将案件移

送公安机关，并配合做好相关工作。根据上述规定，处置非法集资牵头部门有权监督集资资金清退过程，非法集资涉嫌犯罪移送处理的，处置非法集资牵头部门仍有义务配合相关工作，其应当按各参与部门的职责分工组织实施、监督清退工作。

专题十三　认定走私犯罪、有组织犯罪违法所得应区分合法部分与非法部分

——刑事违法所得追缴、没收的限度

对犯罪分子的违法所得，世界各国普遍规定予以追缴、没收，禁止罪犯通过犯罪行为获取非法利益。《刑法》第64条明确规定，犯罪分子违法所得的一切财物，应当予以追缴或者责令退赔。实践中，司法机关在追缴、没收财物时，往往对违法所得、合法所得不加区分、一律没收，严重侵害了被告人的合法财产权益。实践中，经常为人所诟病的是，由于有所谓的法律背书，司法机关往往对走私犯罪查封的货物一律予以追缴、没收，对有组织犯罪的组织成员的财产一律予以追缴、没收。对此，本部分从分析违法所得追缴、没收的性质入手，以走私犯罪、有组织犯罪涉案财物为例，对刑事违法所得追缴、没收的限度展开分析。

一、违法所得追缴、没收的法律基础

1. 追缴、没收涉案财产均因其具有非法性。根据刑法理论和《刑法》的规定，可供追缴、没收的涉案财物包括三类：违禁品、供犯罪所用本人财物、违法所得。（1）违禁品是指法律禁止私自制造、运输、买卖、持有的物品。违禁品在源头上即不合法，由于法律不允许私人持有，故应予以没收，对此基本没有争议。（2）供犯罪所用本人财物主要指犯罪工具，系犯罪分子为完成犯罪所投入的财物。供犯罪所用本人财物原系个人合法所有，但由于被用于犯罪，导致其合法性受到“污染”。国家为打击刑事犯罪、切断再

犯罪的可能，故规定予以没收，但实践中存在没收的合理性问题。（3）违法所得系指犯罪分子通过违法犯罪获取的财物及其收益。由于手段的违法性，导致因此取得的财物及其收益不被法律所承认。上述各类涉案财物，无一不是由于不具备或丧失合法性，而被法律所否认。因此，法律规定应予追缴、没收的涉案财物，不可能是合法财物或合法财物所得收益。

2. 追缴、没收违法所得不能及于合法所得及其收益。顾名思义，违法所得只能是通过违法手段所得到的财物，应予追缴、没收或用于责令退赔的也只能是违法所得及其收益。对于犯罪分子将违法所得直接用于投资产生的利息、股息、红利、租金收入等，将其予以追缴、没收没有争议。但被告人如果将违法所得与合法所得一同用于投资，或在经营过程中新投入财产并形成新的资产，则应当区别对待，不能一概予以追缴、没收，对此应依法区分非法部分与合法部分的比例，只追缴、没收被告人以违法所得投入的部分及其对应的收益。《刑事诉讼法解释》第 443 条第 2 款规定："被告人将依法应当追缴的涉案财物与其他合法财产共同用于投资或者置业的，对因此形成的财产中与涉案财物对应的份额及其收益，应当追缴。"

二、追缴、没收走私涉案货物的合法性分析

实践中，海关缉私部门对所有查获的货物往往均予以没收，其法律依据主要是《海关法》和 2002 年《最高人民法院、最高人民检察院、海关总署关于办理走私刑事案件适用法律若干问题的意见》。

1. 追缴、没收走私涉案货物的法律规定分析。《海关法》第 82 条规定，走私"尚不构成犯罪的，由海关没收走私货物、物品及违法所得"，"构成犯罪的，依法追究刑事责任"。《最高人民法院、最高人民检察院、海关总署关于办理走私刑事案件适用法律若干问题的意见》第 23 条规定，"在办理走私犯罪案件过程中，对发现的走私货物、物品、走私违法所得以及属于走私犯罪分子所有的犯罪工具，走私犯罪侦查机关应当及时追缴，依法予以查扣、冻结"，"海关根据人民法院的判决和海关法的有关规定予以处理，上缴中央国库"。

本书认为，上述规定中追缴、没收的涉案货物、物品虽然与违法所得、犯罪工具并列，但只是出于叙述方便和不遗漏的需要，其本质上应当属于违

法所得、犯罪工具、违禁品的一种，这样才具备追缴、没收的正当的法律基础，而绝非在刑法理论和《刑法》规定之外创设新的追缴、没收种类。在一个正常的法治社会里，查封、扣押合法财产是不可想象的，对于个人、单位合法持有的物品，如果物品来源合法，使用过程中其合法性又没有因非法使用而受到“污染”，就不应遭受任何的查封、扣押。对于上述规定，应当明确的是：（1）《海关法》虽然规定对不构成犯罪的，由海关没收走私货物、物品及违法所得，但对于构成犯罪的要求依法追究刑事责任。（2）《最高人民法院、最高人民检察院、海关总署关于办理走私刑事案件适用法律若干问题的意见》规定，对发现的走私货物、物品，走私犯罪侦查机关“应当及时追缴，依法予以查扣、冻结”，并“根据人民法院的判决和海关法的有关规定予以处理”，但对追缴到案的涉案财物如何处理属于法院裁判权的范畴，海关缉私部门无权擅自处置。（3）法院审理刑事案件应当依据《刑法》的规定，对随案移送的涉案货物依法作出裁判。对于涉案货物、物品应当区分属于违法所得、犯罪工具还是违禁品，追缴、没收应当合法、合理，罪罚相当。

2. 报关走私的涉案货物有其合法成分。普通货物、物品走私根据是否报关，可区分为不经合法设立的海关渠道的闯关、绕关走私和经合法设立的海关渠道的欺骗报关、夹带货物走私等。我们应当充分注意到，《最高人民法院、最高人民检察院、海关总署关于办理走私刑事案件适用法律若干问题的意见》制定于2002年，20年前强行闯关、武装走私还时有发生，但如今国家进出口形势已经发生了翻天覆地的变化，利用不同贸易方式，货物种类、数量之间的税率差异等少缴税的走私情形多了起来。在走私普通货物过程中，行为人往往利用国家政策、监管漏洞，进出口货物中往往既有合法报关、合法缴税的部分，又有以伪报品名、数量、贸易方式等偷逃税款的部分，国家损失的是应缴未缴的税款。从行为人投入的资金金额上来说，一般其投入的金额会远远大于其所偷逃的税款，其中行为人为谋取正常商业利润而投入的财物的产出，与偷逃税款的非法所得是混杂在一起的。根据《刑事诉讼法解释》第443条的规定，依法应当追缴的涉案财物与其他合法财产共同用于投资或者置业的，只应追缴“因此形成的财产中与涉案财物对应的份额及其收益”。对此，应区分货物的合法部分与非法部分，货物依法报关的部分对应份额系合法所得，不应予以追缴、没收；货物未依法报关的部分对应份额系非法所得，依法应予追缴、没收。

有人认为，行为人进出口经营的目的系偷逃税款，涉案货物系由所投入的财物形成，应当作为犯罪工具予以没收。本书认为该观点失之偏颇。（1）走私国家禁止进出口的物品，或者通过闯关、绕关走私等方式偷逃全部应缴税款的，对此追缴、没收全部涉案货物，并不明显违反相关法律规定。（2）对于经合法设立的海关渠道走私，偷逃部分税款的，由于行为人混杂使用合法手段与非法手段，只要其资金来源合法，就不能说其投入的资金系专门或主要用于走私犯罪。（3）无论是哪种情形下的追缴、没收，都应充分考虑追缴、没收的合理性。追缴、没收财产是对财产所有权的剥夺，是严重的财产惩罚性措施，应当遵循罪责刑相适应等刑法基本原则。追缴、没收供犯罪所用本人财物应当罪罚相当、比例相当，即作出没收惩罚应与其所犯罪行的严重程度相当，所扣押货物的价值应与其所偷逃税款的价值相当。根据相关法律和国家保护民营经济发展的政策，对查封、扣押货物的价值超出偷逃税款的部分，可申请解除查封、扣押。

3. 认定违法所得可参考偷逃税款金额。除国家禁止进出口的货物、物品依法应予全部没收外，对于走私的普通货物、物品，只能没收违法所得及其收益，以及供犯罪所用的本人物品。严格来说，被告人违法所得金额与被害人损失金额并不能画等号，由于被告人取得、变现财物可能产生损耗，一般来说违法所得金额小于或等于被害人的损失金额。对造成国家税款损失的走私案件来说，被告人走私就是为了偷逃国家税款，其违法所得就是国家所损失的税款，因此二者金额大致可认为相等。尤其是在违法所得与合法投入混杂的情况下，一味追究违法所得可能难以查清，对此税款损失可作为计算违法所得的主要依据。

三、有组织犯罪涉案财物应根据是否有非法性进行认定

《反有组织犯罪法》第 41 条规定，“查封、扣押、冻结、处置涉案财物，应当严格依照法定条件和程序进行，依法保护公民和组织的合法财产权益，严格区分违法所得与合法财产、本人财产与其家属的财产，减少对企业正常经营活动的不利影响”。

1. 关于有组织犯罪涉案财物追缴、没收的法律规定。《最高人民法院、最

高人民检察院、公安部、司法部关于办理黑恶势力刑事案件中财产处置若干问题的意见》第15条规定："涉案财产符合下列情形之一的，应当依法追缴、没收：（1）黑恶势力组织及其成员通过违法犯罪活动或者其他不正当手段聚敛的财产及其孳息、收益；（2）黑恶势力组织成员通过个人实施违法犯罪活动聚敛的财产及其孳息、收益；（3）其他单位、组织、个人为支持该黑恶势力组织活动资助或者主动提供的财产；（4）黑恶势力组织及其成员通过合法的生产、经营活动获取的财产或者组织成员个人、家庭合法财产中，实际用于支持该组织活动的部分；（5）黑恶势力组织成员非法持有的违禁品以及供犯罪所用的本人财物；（6）其他单位、组织、个人利用黑恶势力组织及其成员违法犯罪活动获取的财产及其孳息、收益；（7）其他应当追缴、没收的财产。"

上述七项与《反有组织犯罪法》第45条、第46条规定的应予追缴、没收的财产范围基本一致。从上述规定可以看出，应当依法追缴、没收的涉案财产可分为三类：（1）通过违法犯罪活动或者其他不正当手段聚敛的财产及其孳息、收益，包括黑恶势力组织及其成员共同犯罪、个人犯罪所得收益及其孳息、收益和被转移至其他单位、组织、个人的犯罪所得及其孳息、收益。不论如何，由于手段的违法性所取得的财物为法律所否定，该部分财产系违法所得。（2）合法财产中用于支持该黑恶势力组织活动的财产，包括其他单位、组织、个人资助或主动提供的财产和黑恶势力组织及其成员合法财产中被实际用于支持该组织活动的部分。该部分财产原系合法财产，但由于被用于支持黑恶势力组织活动导致其合法性被"污染"。该部分财产系为黑恶势力组织活动提供的资产、资金，与供犯罪所用本人财物的性质相同。（3）黑恶势力组织成员非法持有的违禁品以及供犯罪所用的本人财物。该部分财产主要是法律不允许个人持有的违禁品和供犯罪使用的工具等。所谓"其他应当追缴、没收的财产"属于兜底条款，追缴、没收财产时应当比照前述条款规定的条件和严重程度，从财产来源是否合法、财产使用是否合法、是否导致合法财产不当损失等方面进行认定，不能肆意适用该兜底条款。综上，可供追缴、没收的财产或系来源不合法，或系使用不合法，或系法律规定为不合法（违禁品），均没有超出《刑法》第64条规定的应予追缴、没收的范畴。因此，财产的非法性是有组织犯罪涉案财产追缴、没收的依据和前提。

2. 违法所得应当区分合法部分与非法部分。刑罚应当与犯罪事实、情节相适应，应依法追缴、没收违法所得及其收益部分，但也应依法保护合法财产及其收益部分。因此，本书坚持下列几个观点：（1）认定违法所得的主要依据是财产来源不合法或经营手段非法。财产来源不合法系指投入生产经营的财产本身系非法取得，由此产生的孳息和收益应予追缴、没收；经营手段非法系指经营方式违反法律强制性规定、主要依靠违法犯罪手段进行敛财等。经营项目并未被法律禁止、经营过程中并未使用违法犯罪手段的，应当依法保护企业的正常财产权益。企业生产经营项目合法，偶有偷逃税款、贿赂公职人员、煽动群体上访甚至暴力犯罪的，对此可依照相关法律规定进行处置，但由于企业以合法生产经营为业，而不应随意认定企业经营所得为非法所得。（2）对违法所得可以追缴、没收等值合法财产，财产混合的只可追缴、没收违法财产对应的部分。《反有组织犯罪法》第45条第2款规定："依法应当追缴、没收的涉案财产无法找到、灭失或者与其他合法财产混合且不可分割的，可以追缴、没收其他等值财产或者混合财产中的等值部分。"财产混合后又被投入合法生产经营的，对混合财产中非法财产部分产生的收益自然可以追缴、没收，但是应当依法保护企业的独立法人地位，可以冻结、处置与非法财产相对应的股份，但不能直接查封、扣押、冻结企业全部财产。实践中，对涉案财物可通过审计、鉴定等方式进行量化分析，在此基础上测算合法财产、非法财产分别占全部财产的比例，从而计算出应当追缴、没收的违法所得金额。（3）依法保护黑恶势力组织成员的家庭成员的合法财产利益。黑恶势力组织成员在加入组织前后获得的个人合法收入、其不涉案家庭成员的个人合法收入依法应当与涉案违法所得区分开来，个人、家庭合法财产只有实际用于支持该组织活动的才可被查封、扣押、追缴、没收。而且，查封、扣押、冻结须有证据证明相关财产被实际用于支持该组织活动，侦查机关不能仅凭怀疑、可疑就随意对个人、家庭所有财产采取强制措施。庭审时，对相关财产是否实际用于支持该组织活动，公诉机关负有举证责任。（4）"高度可能"属于违法所得须有证据证明。《反有组织犯罪法》第45条第3款规定："被告人实施黑社会性质组织犯罪的定罪量刑事实已经查清，有证据证明其在犯罪期间获得的财产高度可能属于黑社会性质组织犯罪的违法所得及其孳息、收益，被告人不能说明财产合法来源的，应当依法予以追缴、没收。"公诉机关举证是刑事诉讼的基本原则，上述规定中的“高度可能”须由公诉机关进行举证，举证须证实相关财产属于违法所得具有高度概然性，而不仅仅是具有可能性。而且，当被告人说明了财产的合法来源时，只要这种说明是有可能存在、发生的，公诉机关就应对被告人的说法进行查证，否定被告人（及其家人、利害关系人）的说法须有证据。被告人对其财产来源合法可以举证，但举证不是其法定义务，在这一过程中公诉机关始终负有举证责任，并不因此将举证责任转移给被告人。

3. 供犯罪所用本人财物应系专门或主要供犯罪所用。供犯罪所用本人财物经常指犯罪工具，在黑恶势力犯罪中还包括为黑恶势力组织活动提供的资产、资金等。对此，最高人民法院指导性案例认为，对《刑法》第 64 条规定的应当予以没收的“供犯罪所用的本人财物”，应结合财物与犯罪的关联程度、是否损害他人合法民事权利等因素，综合衡量财物价值与犯罪情节的相当性作出认定：（1）供犯罪所用财物应是与犯罪有经常性或密切性联系，对犯罪实施具有重要作用的财物；（2）没收的财物应为本人所有且予以没收对第三人的合法权利不会构成损害；（3）应坚持相当性原则衡量拟没收财物的价值是否与犯罪的危害性相当。[①] 因此，对于被告人虽在实施犯罪时使用，但与犯罪关联不大，被告人仅偶尔使用或主要用于日常生活的财物，不应认定为供犯罪所用财物。

最后需要强调的是，追缴、没收的目的是禁止被告人通过违法犯罪获取非法利益，并剥夺其可能用于再犯罪的工具、资金，可供追缴、没收的只能是非法财产。在追缴、没收过程中，不论追缴、没收的是违法所得还是供犯罪所用本人财物，均应充分保护不涉案的夫妻另一方的合法财产利益和基本生活需要，以及第三人的合法抵押权、质押权等优先财产权益。

---

① 参见王琪轩：《郗菲菲、李超、蒋超超、林恺盗窃案——“供犯罪所用的本人财物”的司法认定》，载《刑事审判参考》总第 120 集，法律出版社 2020 年版。

实务篇

专题十四　大宗货物价值易贬损的，可在争议解决前先行处置

——某集团公司合同诈骗罪涉案大宗货物执行案

案例提示

侦查机关查封、扣押大宗货物后在港口存放保管，但港口并非专门仓储机构，货物存储费用相对较高且费用每天都在增加，符合价值易贬损财产可以先行处置的要求。因此，在大宗货物存在财产强制措施、优先权认定、存储费用等有争议的情况下，可先行处置再通过法定程序解决。

一、基本案情

被告单位D公司因犯合同诈骗罪等，生效刑事判决认定：1997年至2013年，陈某注册成立被告单位D公司，并以D公司为基础公司逐步形成以其为实际控制人，由境内外69家公司共同组成的“D系公司”集团体系，“D系公司”另外还投资、入股了19家公司。刑事判决判处查封、扣押在案的货物等予以拍卖，所得款依照相关规定处置后按比例退赔被害单位。判决所附清单列明：涉案货物包括存放于Q港、H港、Z港、P港、Y港、S港公司的电解铜、氧化铝、铝锭共61船。公安机关在侦查阶段依法查封了上述涉案大宗货物。

2019年2月22日，刑事裁判涉财产部分依法移送执行。

二、执行情况

（一）财产调查

1. 货物基本情况。涉案大宗货物均登记于被告单位D公司及判决认定的其他“D系公司”名下，案发后被公安机关查封、扣押于各港口公司，61船电解铜、氧化铝、铝锭均已到港多年。三种货物均系生产原料，其中电解铜、铝锭系大块金属物质，虽系露天存放，但货物品质基本没有变化；氧化铝系细粉状金属颗粒，港口公司围挡后以专用篷布覆盖，因沿海潮湿下层有少量结块，品质略微下降，但不影响正常使用。经了解，货物被查封、扣押以来，市场行情基本稳定，货物自身价值并未贬损，甚至有小幅上涨。

2. 货物权利状况。涉案大宗货物均系侦查机关查封。其中，存放于Q港、H港、Z港、Y港公司的货物系本案侦查机关首先查封，根据民事财产执行规定，执行法院有权处置；存放于P港公司的部分货物系本案侦查机关首先查封，部分货物系被其他法院首先民事查封，执行法院对首先查封部分货物有处置权；存放于S港公司的货物系被其他法院首先民事查封，本案执行法院暂无处置权。

3. 欠付费用情况。涉案大宗货物欠付费用主要是货物存储费和保管费，其中，保管费在性质上属于仓储费用，具有留置权的性质。由于港口公司主要功能是为货物周转提供便利，并非专门的仓储机构，故普遍规定货物存放时间越长，单价费用越高。涉案有些货物签订了持续有效的保管合同，有些货物签订的合同已经过期，各港口公司在货物被刑事扣押在港的情况下，均没有提起诉讼主张相关费用。但根据各港口公布的计费标准测算，涉案大宗货物欠付总费用达数亿元。

（二）分析研判

针对上述调查情况，综合考虑各被害单位、港口存储单位的处置要求，执行法院经研判认为：涉案货物应当尽快处置，处置时可分不同情形适当打包，存储费用后付并提存部分处置所得款。

1. 货物尽快处置。涉案大宗货物市场行情虽然变动不大，但货物保管费用每天都在增长，货物每多存放一天，费用将增加20余万元。而且查封货物长期占用港口周转场地，所以各被害单位、港口公司均迫切希望处置货物。因此，执行法院认为涉案货物只要不处置就会不断贬损价值，及时处置符合法律关于先行处置的要求，在存储费用相关争议解决前，可以对货物依法处置。执行法院遂裁定依法拍卖涉案大宗货物，并通知各港口公司无条件配合执行，否则将依法追究法律责任。

2. 存储费用后付，提存部分处置所得款。经估算，涉案全部货物价值约为20亿元，若按各港口公司主张的存储费用计算，境内外各被害单位很难承受，可能引起较大国际影响和负面舆情。各港口公司虽认为对其代为保管的货物具有留置权，但由于本案是刑事案件，故均不敢擅自处置涉案货物，也都没有提起民事诉讼。但存储费用依法应当经法律程序确定，解决程序复杂、耗时较长。为了不影响货物评估拍卖工作，执行法院决定存储费用后付、拍卖成交后提存足以支付相关费用的案款，各港口公司知悉相关流程后均打消了顾虑。

3. 货物分情形适当打包。涉案大宗货物包括电解铜、氧化铝、铝锭三类，且分散于沿海各港口，执行法院决定根据货物单证情况分三批打包处置。第一批，对已全部或部分取得单证材料的货物，按照货物种类、港口地域打九个包启动评估拍卖，其中货物单据不完整的要求评估机构进行品质鉴定。第二批，对经向海关专门调取而取得单证材料的11船保税货物，根据货物种类打三个包启动评估拍卖。第三批，对经工作仍无法取得货物单证材料的5船氧化铝，打一个包启动评估拍卖，并要求评估机构进行货物品质鉴定。

4. 货物质押认定申请的处理。执行期间，部分被害单位、利害关系人提出部分货物系其质押物。对此，执行法院会商认为，涉案货物大多存在多轮质押，但本案系以重复质押、虚假质押为典型特点的诈骗犯罪，被告人以虚假质押作为犯罪方式，不可能所有质押均为有效质押，民事登记质押权的法律效力需要经过审查认定；质押权的法律效力属于审判权认定的范畴，法院根据查明的事实只认定3船货物为合法质押，有异议的被害单位、利害关系人可以向刑事审判部门提出。

（三）处置流程

1. 裁定评估拍卖。执行裁定载明案件基本事实，尤其是被告单位 D 公司系基础公司，其实际投资控制境内外 69 家公司、参股 19 家公司的事实，根据生效刑事判决判项和《刑事裁判涉财产部分执行规定》第 5 条之规定，法院对侦查机关首先查封的货物有权处置。

2. 确定货物参考价。《法院确定财产处置参考价规定》第 2 条规定："人民法院确定财产处置参考价，可以采取当事人议价、定向询价、网络询价、委托评估等方式。"由于涉案大宗货物市场存量有限，均不具备询价条件，且刑事案件在客观上也不具备当事人议价的条件，所以参考价确定只能采取委托评估的方式。其中货物单据缺乏的，允许评估公司先交独立机构进行货物成分含量鉴定。关于评估费用，则一改民事案件预先垫付的方式，说明本案系刑事案件评估费用后付，并根据《法院确定财产处置参考价规定》第 32 条第 1 款的规定，财产处置未成交的只支付合理的实际支出，由此督促评估机构更为合理审慎作出评估报告。

3. 专业报纸公告。根据《法院执行拍卖、变卖财产规定》第 9 条关于"拍卖财产具有专业属性的，应当同时在专业性报纸上进行公告"的要求，评估报告除依法送达被执行人、在网络拍卖平台发布先期公告外，同时在《人民法院报》《中国有色金属报》发布拍卖公告，披露货物基本信息、税费缴纳、提货方式及有无单据等关键事实。

4. 拍卖成交。为提高货物成交率，法院工作人员还曾一度化作带货达人，在淘宝网视频直播带货。由于前期准备充分，市场对拍卖货物反应积极，所有货物均一拍成交，其中多批货物超过评估参考价。因大量货物集中交易并以高价成交，一度带动了国内大宗货物市场活跃度。

5. 货物交付。大宗货物交付与其他普通货物相比更为复杂，要由港口公司与买受人协商交货方式，既需留足买受人确定运输方式、缴清各种费用的时间，又要充分考虑港口公司的出货程序和处理能力，为此法院确定了十个工作日的免费提货期间。在交货过程中，针对买受人反映的港口公司迟滞交货等问题，法院向港口公司阐明协助交货的义务和法律责任，并密切关注、督促交货进展，最终均顺利交货。

（四）存储费用处理

执行法院系依职权进行货物拍卖，在货物处置后的存储费用问题上，相关各方发生了分歧。其中有观点认为，对于公安机关查封前的部分，按照商业合同从拍卖款中支付；对于公安机关查封后的部分，按照公安部、最高人民检察院的相关规定依法向保管单位支付。其理由是：公安部发布的《公安机关涉案财物管理若干规定》第 7 条规定，“公安机关对涉案财物进行保管、鉴定、估价、公告等，不得向当事人收取费用”，最高人民检察院发布的《人民检察院刑事诉讼涉案财物管理规定》第 36 条也有类似规定；同时期 K 法院在执行一起重大刑事涉财案件时，区分案发前、案发后至公安机关查封前、公安机关查封后三个阶段，分别支付大宗货物保管费用。后经研究认为，货物具有天然的留置权属性，货物提取人不支付费用的，仓储单位有权留置货物，所以存储费用从拍卖所得中支付更符合法律逻辑，这一点也基本为各被害单位所接受，而巨额存储费用由政府买单是财政无法承受的。

所以，问题的关键是存储费用过高、与货物价值不相称，尤其是部分货物价值较低、拍卖所得不足以支付其存储费用。为解决这一问题，执行法院着力推动涉案港口单位降低费用。鉴于涉案大宗货物绝大多数存放于 Q 港，其他港口公司均在观望 Q 港公司的态度，因此 Q 港公司成为工作的重点。产生巨额存储费用的原因是多方面的，执行法院能做的是努力促使达成一个各方都能接受的价格。在执行法院数次沟通、协调及有关部门共同参与的基础上，Q 港公司的仓储费用大大降低。

之后，执行法院着力处理 P 港、Z 港公司的仓储费用问题。经对港口申报单价核实发现，Y 港公司收费标准为 0.4 元/（吨·天），Q 港公司降低后的仓储费用单价约为 0.4 元/（吨·天）；P 港公司货物基准费用单价为 0.4 元/（吨·天），但费率递增后最高达到 1.2 元/（吨·天）；Z 港货物基准费用单价为 1 元/（吨·天），费率递增后最高可达 5 元/（吨·天）。为此，执行法院要求 P 港、Z 港公司降低收费标准，但两家公司均不予接受。后执行法院依法制定了《执行财产分配方案》，认为本案应统一仓储费用标准，对 Z 港公司、P 港公司参照 Y 港公司 0.4 元/（吨·天）的仓储费用标准进行调整。《执行财产分配方案》送达后，P 港公司未提出异议；Z 港公司虽提出异议并提起异议之诉，但被法院裁定驳回。

（五）非刑事首先查封的处理

执行法院财产调查发现，公安机关查封并存放于P港的小部分铝锭系W法院民事首先查封。鉴于涉案铝锭均系保税货物，存放于海关专门监管区域，全部货物不易区分，且大部分货物系公安机关首先查封，故涉案货物应一体处置。因涉案货物在性质上属于易贬损货物，执行法院向W法院告知：W法院在P港查封的铝锭均是本案刑事涉案财产，执行法院将依法全部拍卖，所得款项优先用于退赔被害人损失。后涉案铝锭被依法拍卖成交，但P港公司认为最高人民法院在货物处置期间对W法院的民事查封进行了续封，其在取得相关指示前不能擅自交付。

执行法院遂向W法院发函，说明货物拍卖情况并阐明相关意见，但W法院未回复意见。执行法院经研究认为，刑事案件有权优先处置，涉案货物属于易贬损货物且不易区分，本案处置前已函告W法院，相关问题报请最高人民法院解决。但报请处理程序非常复杂，且相关问题又非执行部门所能解决，货物拍卖成交后交付迫在眉睫，为此执行法院先后两次赴最高人民法院相关业务庭汇报。最高人民法院表示所涉民事案件在短期内无法解决，并对执行法院面临的困境表示理解，后最高人民法院出具了委托提存手续，并专门向P港公司函告其民事查封效力消灭。

法院经调查还发现，公安机关查封并存放于S港公司的电解铜系同时被其他民事法院多轮查封，且首先查封的省外T法院已经启动货物评估拍卖程序。执行法院紧急派员赴T法院协商，告知涉案电解铜系刑事涉案财产。后涉案电解铜拍卖成交，执行法院依法报请上级法院协调处理。

三、案例评析

综上，价值约20亿元的涉案大宗货物处置，前后历时2年之久，最终顺利处置。这归功于有关部门的协调、支持和相关港口公司的配合，执行法院在依法执行的前提下，为了维护被害人的合法财产权益，努力平衡港口公司、评估公司、质押权人、被告单位等各方利益，没有因法律规定缺乏、模糊而不予执行，为解决现实问题探索出了诸多可行做法，为刑事涉案大宗货物执行提供了宝贵经验。

但需要指出的是，本案在执行过程中被害人参与不足。本案涉及 20 余家境内外被害单位，除部分被害人与执行法院积极联系、及时了解执行进展外，多数被害单位对执行情况缺乏应有的重视和参与，甚至存在发放案款联系不到被害人的情形。对此，本书认为：一方面，法院应对被害人参与持开放、支持态度。在很多方面如有被害人参与，工作会更容易推进。相反，如果缺乏被害人参与，则意味着法院要承担更大的责任和风险。针对涉案被害人众多、意见较难统一的问题，可以参考《刑事诉讼法解释》第 224 条“被害人可以推选若干代表人参加庭审”的规定，推举被害人代表参与法院执行。另一方面，被害人参与执行大有可为。刑事涉案财产执行需要借鉴民事执行的相关规定，被害人对涉案财产有着单独的利益诉求，其积极参与不但可以及时了解、监督案件执行进程，对处置中的问题发表意见、协助处置，有利于尽快挽回损失；而且对于执行启动、参考价确定、评估机构选择、拍卖降价幅度、分配顺序等环节的参与，可以实现财产最优变现价值，有利于争取最大退赔收益。

专题十五 股票强制出售应允许被执行人自行择点卖出

——某食品公司走私普通货物罪罚金执行案

案例提示

在公开市场发行、交易的股票，影响市场行情的因素较多，价格波动较大，执行机构多不具备股票专业知识。股票处置过程中，在确保股票出售所得款可控的前提下，执行法院应当允许被执行人自行选择点位卖出，实现股票收益价值的最大化。在执行中兼顾国家利益与被执行人利益，符合《最高人民法院关于在执行工作中进一步强化善意文明执行理念的意见》的要求。

一、基本案情

2012 年 9 月至 2016 年 2 月，被告人张某某为给被告单位某食品公司牟取非法利益，指使李某 1 与外商联系，由外商提供或由李某 1 制作虚假合同、发票等单据，以某食品公司等 12 家公司作为经营单位，采用低报价格的方式，从青岛、烟台、大连、天津海关报关进口 204 票冻鱿鱼、冻鲽鱼、冻鲷鱼等冻水产品，偷逃应缴税额 1672 万元。案发后，侦查机关依法扣押被告单位某食品公司 520.5 万元，冻结张某某名下农业银行账户资金 222，862.22 元，招商证券账户及资金 24，464.03 元，经与其关联的个人农业银行账户及由某食品公司控制使用的鞠某、范某某账户转入该证券账户的 3190 万元。

法院认为，被告单位某食品公司以低报价格方式走私进口冻鱿鱼等水产品，偷逃应缴税额情节特别严重，其行为构成走私普通货物罪。依法冻结的张某某账户资金来源于某食品公司实际控制使用的个人账户，依法应认定为被告单位资金。法院依法判决：（1）被告单位某食品公司犯走私普通货物罪，判处罚金1700万元；（2）扣押的某食品公司520.5万元、冻结的张某某在农业银行的账户资金222,862.22元、张某某在招商证券的账户资金24,464.03元及孳息依法没收，冻结的张某某在招商证券开设的证券账户依法处理。

2018年1月30日，刑事裁判涉财产部分移送执行，审判部门要求将张某某证券账户变现所得款优先用于弥补税款损失及缴纳罚金。

二、执行情况

1. 财产调查。本案侦查阶段冻结了被执行人某食品公司实际控制人张某某的个人证券账户，经生效刑事判决认定涉案证券账户内资金实为某食品公司资金。法院执行期间，前往被冻结账户的证券营业部调查发现，该证券账户内的主要股票因故临时停牌，暂时无法交易，其他能够交易的证券价值远不能弥补税款损失及缴纳罚金。与此同时，被执行人某食品公司向法院提出待复牌后由其自行选择点位卖出，并提交了股票开盘后20个工作日配合积极转款、申请法院延期扣划证券账户资金的书面申请。

2. 股票可售性冻结。法院对案件进行了分析研判，认为股票买卖有其专业运作规律，执行人员并不具备证券专业知识，若将股票强制卖出，虽然符合相关法律规定，也可能偶然卖出高价、顺利执行结案，但很可能会严重损害被执行人的财产利益。为了确保国有资产不受损失，并在法律允许的范围内保障被执行人的最大利益，执行人员向股票所涉公司行业专家、证券专业机构咨询后，对涉案账户主要股票的市场价值进行了估算，发现涉案证券账户主要是某化学代码股票，停牌之前的价值估算达数千万元，参照股票公司的经营状况及停牌原因，股票复牌后的价值只多不少，若能将股票选择恰当的点位卖出，税款与罚金可以一次性执行到位。于是，执行法院前往涉案证券账户开户地，与证券公司及所关联的银行咨询，对接股票交易流程、资金进出流程，确认证券卖出资金可以安全控制后，采取了下列措施：一是冻结证券账户及其关联的银行账户，采取双重措施限制证券交易资金流出，确保法院能够控制股票卖出款项。二是允许涉案股票卖出，但禁止证券账户股票买入，既准许被执行人自行择点出售，也防止其再擅自买入股票。三是限定股票自行卖出期间，限令被执行人紧盯股票复牌时间，在复牌后20日内完成所有股票交易。

3. 被执行人自行变卖股票。涉案股票在停牌半年之久后复牌，因停牌、复牌原因利好，股票在复牌后即全面飙红。某食品公司根据对股票的分析，伺机选择高点位自行将股票卖出，证券账户内资金总额达到了4000余万元。执行法院遂向证券公司出具法律手续，扣划了证券账户内资金2852万元，同时将证券账户及其关联的银行账户解除冻结。执行到位款项用于补缴税款1152万元、缴纳罚金1700万元，实现了涉案财产处置的价值最大化，保障了被执行人的合法财产权益。

三、案例评析

强化善意文明执行理念，在依法保障胜诉当事人合法权益的同时，最大限度减少对被执行人权益的影响，实现法律效果与社会效果有机统一，是维护社会公平正义、促进社会和谐稳定的必然要求，是完善产权保护制度、建立健全市场化法治化国际化营商环境和推动高质量发展的应有之义，对全面推进依法治国、推进国家治理体系和治理能力现代化具有重要意义。为此，最高人民法院于2019年12月制定下发了《关于在执行工作中进一步强化善意文明执行理念的意见》，明确提出对公开市场发行的股票可采取可售性冻结措施。保全冻结上市公司股票后，被保全人申请将冻结措施变更为可售性冻结的，应当准许，但应当提前将被保全人在证券公司的资金账户在明确具体的数额范围内予以冻结。在执行过程中，被执行人申请通过二级市场交易方式自行变卖股票清偿债务的，人民法院可以按照前述规定办理，但应当要求其在10个交易日内变卖完毕；特殊情形下，可以适当延长。

刑事裁判涉财产部分执行应在维护刑事司法权威、确保国家利益不受损失的情况下，按照最高人民法院强化善意文明执行理念的意见要求，兼顾被执行人的合法利益诉求。刑事裁判涉财产部分的执行不同于普通的民事执行案件，对涉案财物处置的恰当与否将直接影响国家利益的实现，影响刑事裁判涉财产部分的惩戒力度，影响被害人、被执行人多方合法权益的保障。对于股票这类受市场行情影响较大、价格波动较大的无形资产，若卖出的点位不恰当将导致变价款数额较低，降低股票本身应有的财产价值。考虑到需要一定股票市场行情的专业性知识储备，法院在对股票进行处置时可以采取灵活变通的方式，根据案情需要允许当事人自行选择点位卖出，但应限制交易的资金流出。在保障变现资金处于法院控制状态的前提下，适时采取优化处置措施是贯彻创新执行方式、善意文明执行理念的体现。涉案财产的恰当处置，是实现各方利益的基础，在处置股票类财产时应综合考虑股票行情、市场环境、持股公司的经营状况，审慎选择时间点进行交易，避免固化地向证券部门发出扣划通知，减少股票变现的损失，兼顾、平衡多方利益。

专题十六　股权处置年度派发红股的，应依法审查确定红股权属

——某公司骗取票据承兑、金融票证罪银行股权处置案

案例提示

处置涉案银行股权，应符合金融监管部门关于股权交易数量、银行股东资质等要求。银行派发的红股在本质上属于因本股产生的收益，派发红股发生于本股所有权转移年度之间的，应审查本股所有权转移是否包含了拍卖成交、抵债之前的收益。对依法不能认定随同本股受让全部红股的，应当根据本股所有权转移的时间计算随同受让的红股数量。

一、基本案情

被告单位DK有限公司犯骗取票据承兑、金融票证罪等，公安机关在侦查阶段冻结了被告单位DK有限公司持有的Q银行股份有限公司股权，并依法送达Q省市场监督管理局、Q银行股份有限公司。经审理后，法院作出一审判决：依法拍卖DK有限公司持有的Q银行股份有限公司涉案3.17%股权，拍卖所得按比例退赔被害单位。

上述刑事判决发生法律效力后，涉财产部分移送执行。

二、执行情况

（一）股权调查

经调查，所涉股权系被本院其他民事案件首先冻结，股权数量为5900万元，股权已登记质押给R银行股份有限公司四方分行。Q银行股份有限公司经营正常，股权未上市，每年能够正常分红，能够配合股权处置。执行法院向Q银行股份有限公司及其上级主管部门征求意见，该公司及上级主管部门回复称买受人应符合国家关于金融机构股东资质的要求，因涉案股权所占比例较小，金融监管部门对涉案股权交易不作限制，处置股份有限公司股权无优先购买规定。

由于涉案股权的质押权人R银行股份有限公司四方分行同时系本案被害单位之一，根据本案的犯罪性质，质押权有无效的可能。为此，执行法院进行了审查，确认刑事判决认定的犯罪事实不涉及涉案银行股权，刑事判决没有否定R银行股份有限公司四方分行的质押效力；R银行股份有限公司四方分行经法院民事判决确认质押权，并已进入执行程序。为顺利推进股权处置工作，执行法院征求了R银行股份有限公司四方分行的意见，该行表示：涉案股权如经二次拍卖、变卖而流拍，同意以流拍价进行抵债，并愿意缴纳因股权处置产生的评估费、拍卖费、公告费等有关费用。

（二）股权拍卖

1. 裁定拍卖。在上述调查基础上，法院依法作出拍卖裁定。裁定载明法院民事首先冻结、本案侦查机关冻结并由法院继续冻结的事实，指明法院直接裁定处置侦查机关冻结财产的法律依据；并特别指出，法院决定由本案统一处置上述涉案股权。

2. 评估拍卖。因被执行人的有关负责人员或被羁押，或潜逃境外，本案不具备议价条件，目前询价机构也不支持对股权进行询价，因此涉案股权以随机方式摇号确定评估机构委托评估。经评估，涉案股权市场参考价值为14,573万元。2020年11月1日，法院依法在网络司法拍卖平台公开拍卖，涉案股权因无人竞买而流拍，流拍价10,915万元。

3. 抵债。R 银行股份有限公司四方分行以其有优先受偿权且其不具有法人资格为由，申请以流拍价 10,915 万元抵债给 R 银行股份有限公司。

执行法院经查，上述涉案股权登记质押权人为 R 银行股份有限公司四方分行。法院三个民事判决判令被告 DK 有限公司分别偿还 R 银行股份有限公司四方分行 4437 万元、4930 万元、7395 万元及逾期利息，R 银行股份有限公司四方分行有权以上述涉案股权在最高债权余额 10,915 万元范围内就上述给付义务优先受偿。因债务人未偿付到期债务，R 银行股份有限公司四方分行向法院申请强制执行。根据《刑事裁判涉财产部分执行规定》第 13 条规定的清偿顺序，债权人对执行标的享有优先受偿权且主张优先受偿的，应在退赔刑事案件被害人的损失之前受偿。因涉案股权流拍价未超出法院生效民事判决认定且未受偿的优先债权金额，且 R 银行股份有限公司四方分行系法人分支机构，其申请以流拍价 10,915 万元抵债给所属法人符合法律规定。法院依法裁定如下：（1）将 DK 有限公司持有的 Q 银行股份有限公司 5900 万元股权以流拍价 10,915 万元交付给 R 银行股份有限公司抵付债务；财产所有权自本裁定送达时起转移。（2）对上述涉案股权的冻结、质押因本次所有权转移而消灭。

（三）股权交付

2020 年 12 月 9 日，R 银行股份有限公司在缴纳评估拍卖费用后，执行法院依法送达了抵债裁定。

R 银行股份有限公司在办理股权过户手续过程中，Q 银行股份有限公司提出执行异议称：涉案股权应为 5900 万股，法院应予纠正；DK 有限公司持有的该行 2020 年度分红，拟交其他债权人抵偿债务。执行法院回函明确告知：（1）Q 银行股份有限公司所提不构成执行异议，我院不作为异议处理；（2）Q 省市场监督管理局档案查询显示 DK 有限公司持有 Q 银行股份有限公司股权，实缴出资额 5900 万元，上述 DK 有限公司持有的全部股权应交付给 R 银行股份有限公司所有，Q 银行股份有限公司应积极协助办理相关手续，如拒不协助或抗拒、消极对待执行，法院将依法采取罚款、拘留等法律措施，并将有关情况通报该行上级监管部门；（3）我院裁定将 DK 有限公司持有的 Q 银行股份有限公司股权交 R 银行股份有限公司所有，系基于 R 银行股份有限公司所设股权质押，根据《刑事裁判涉财产部分执行规定》第13条之规定，涉案财产处置所得应优先用于优先权人，因本案系刑事案件，被害人损失远未得到赔偿，故DK有限公司股权产生的其他权益、孳息等仍应首先用于退赔被害人损失；（4）鉴于R银行股份有限公司已从涉案股权处置足额受偿，对于DK有限公司所持股权产生的2020年度分红，应当依法交我院处理。

（四）股权转移年度的分红处理

执行法院通知Q银行股份有限公司协助提取DK有限公司在该行2020年度的股份分红权益及孳息，后Q银行股份有限公司复函称，根据该行股东大会审议通过的《Q银行2020年利润分配方案》，涉案5900万股股权2020年派送红股295万股、现金股利73.75万元。

2021年6月30日，R银行股份有限公司向法院申请退还2020年12月9日后Q银行股份有限公司向股东分配的2020年度利润。经查，法院股权抵债裁定送达R银行股份有限公司的时间为2020年12月9日，自该裁定送达之日起涉案5900万股股权的所有权转移至R银行股份有限公司，故在此之后的分红权益应归R银行股份有限公司所有，该行申请符合法律规定。经计算，涉案5900万股股权2020年共派送红股295万股、现金股利73.75万元，其中红股185,382股、现金股利46,345元应归R银行股份有限公司所有，其余红股2,764,618股、现金股利691,155元系为DK有限公司分红权益。法院依法裁定如下：（1）DK有限公司所持Q银行股份有限公司5900万股股权的2020年度派送红股185,382股、现金股利46,345元归R银行股份有限公司所有；（2）依法提取DK有限公司所持Q银行股份有限公司5900万股股权的2020年度派送现金股利691,155元；（3）依法冻结DK有限公司所持Q银行股份有限公司5900万股股权的2020年度派送红股2,764,618股；（4）依法拍卖、变卖DK有限公司所持Q银行股份有限公司5900万股股权的2020年度派送红股2,764,618股。

同时，执行法院向Q银行股份有限公司发出协助执行通知书，要求协助提取涉案股权2020年度派送现金股利691,155元，鉴于涉案股权2020年度派送红股2,764,618股的股权登记事项尚未完成，Q银行股份有限公司应采取措施确保法院因涉案股权冻结而产生的上述红股的首先冻结地位，并依法院法律文书协助登记。后Q银行股份有限公司再次向执行法院提出异议，法院严正告知：其所提不构成执行异议，对法院协助执行通知书应无条件协助执行，有关问题可以函请明确，但无权提出异议；否则将依法处理，并视情形采取制裁措施。

之后，执行法院根据对涉案5900万元股权的评估报告，依法确定涉案股权2020年度派送红股2,764,618股的参考价值为6,828,606.46元，并依法再次挂网拍卖。

三、案例评析

根据法律规定，股权冻结的效力及于股权收益，因股权产生股息、分红的，股息、分红款视为股权孳息，应随同涉案股权依法处理。《法院强制执行股权规定》第9条规定："人民法院冻结被执行人基于股权享有的股息、红利等收益，应当向股权所在公司送达裁定书，并要求其在该收益到期时通知人民法院。人民法院对到期的股息、红利等收益，可以书面通知股权所在公司向申请执行人或者人民法院履行。股息、红利等收益被冻结后，股权所在公司擅自向被执行人支付或者变相支付的，不影响人民法院要求股权所在公司支付该收益。"企业派发的红股在本质上属于因本股产生的收益，应根据孳息规定依法及时处理。派发红股系发生于本股所有权转移年度之间的，应根据拍卖公告、债务履行情况等审查本股所有权转移是否包含了拍卖成交、抵债之前的收益。对依法不能认定买受人随同本股受让全部红股的，应当根据本股所有权转移的时间，计算受让人随同本股转移受让的红股数量，并就不属于受让人所有的红股部分继续组织拍卖。

专题十七　股权评估价值为负数，但有处置所得剩余的可以拍卖

——某公司骗取票据承兑、金融票证罪股权处置案

案例提示

股权拍卖应当以有益拍卖为原则，股权应当明显具有财产价值，法院可根据具体情况以适当高于执行费用的金额确定起拍价。在刑事涉案股权处置中，可要求申请处置人承担股权处置费用。股权评估价值为负数，但在依法处置后仍有拍卖所得剩余的，不构成无益拍卖。

一、基本案情

被告单位 DK 有限公司犯骗取票据承兑、金融票证罪等，公安机关在侦查阶段冻结了被告单位 DK 有限公司持有的和林铝业股份有限公司 23.11% 股权。经审理后，法院作出一审判决：依法拍卖 DK 有限公司持有的和林铝业股份有限公司 23.11% 股权，拍卖所得按比例退赔被害单位。

上述刑事判决发生法律效力后，涉财产部分移送执行。

二、执行情况

1. 股权调查。经调查，所涉股权系被本案侦查机关首先冻结，执行期间法院依法进行了继续冻结，股权数量为 12,249.827 万元，股权未设登记质

押。因 DK 有限公司涉其他民事案件，涉案股权另被法院和其他数十家法院轮候冻结。和林铝业股份有限公司因连年亏损，债务负担沉重，已歇业停产，整体资产估值预计为负资产。

和林铝业股份有限公司仅两名股东，其中一股东某能源集团有限公司系央企。和林铝业股份有限公司称，由于产能落后及受市场环境影响，公司被列为国务院国资委挂牌督导的特困企业，并对大股东有考核要求，需尽快完成企业关闭撤销工作。但由于 DK 有限公司涉刑事案件股权被冻结，和林铝业股份有限公司既无法召开股东会议，也无法进行资产处理，影响了国家对相关产业的整体布局。为此，大股东某能源集团有限公司同意通过竞拍方式取得上述涉案股权，并承诺承担涉案股权产生的评估、拍卖、公告等相关费用，请求法院尽快依法处置。

2. 裁定拍卖。在上述调查基础上，法院依法作出拍卖裁定。因本案不具备议价条件，询价系统不支持对股权进行询价，法院决定以随机摇号方式确定评估机构。经评估，涉案股权市场参考价值为 -25,602 万元。评估报告依法送达后，在法定期限内无人提出异议。由于申请处置人自愿承担公告费、评估费等处置费用，因股权处置产生的税费、办理权证所需费用等可由买受人负担，本案拍卖不会再产生其他费用。经考虑申请处置人的意见，法院分析研判后，决定以 2 万元作为起拍价挂网拍卖。

3. 拍卖成交。2020 年 11 月 2 日，经多轮竞拍，买受人某能源集团有限公司以人民币 2.3 万元拍得涉案股权。法院依法裁定：（1）DK 有限公司持有的和林铝业股份有限公司 12，249.827 万元股权（23.11%）归买受人某能源集团有限公司所有。（2）上述股权的所有权自本裁定送达买受人时转移；买受人可持本裁定到相关登记机构办理产权过户手续。

三、案例评析

根据《刑事裁判涉财产部分执行规定》的规定，刑事涉案财产处置除应遵循刑法、刑事诉讼法及相关司法解释外，没有规定的参照民事执行的相关规定执行。《法院强制执行股权规定》对股权执行作了较为系统的规定。根据法律规定，涉案股权拍卖成交或者抵债后，其财产所有权自拍卖成交或者抵债裁定送达买受人或者承受人时起转移，但股权变更需要批准的应先取得批准手续。《法院强制执行股权规定》第 15 条规定：股权变更应当由相关部门批准的，拍卖成交后，人民法院应当通知买受人持成交确认书向相关部门申请办理股权变更批准手续；买受人取得批准手续的，人民法院作出拍卖成交裁定书。

股权拍卖应当以有益拍卖为原则，虽然刑事涉案股权应根据判决要求进行处置，但处置所得价款将被用于没收或退赔，股权应当具有明显的财产价值，而不能为了处置而处置。《法院强制执行股权规定》第 12 条第 2 款也有相应规定："评估机构根据现有材料无法出具评估报告的，经申请执行人书面申请，人民法院可以根据具体情况以适当高于执行费用的金额确定起拍价，但是股权所在公司经营严重异常，股权明显没有价值的除外。"上述条款规定，人民法院可以根据具体情况以适当高于执行费用的金额确定起拍价。在刑事涉案股权处置中，为遏制请求权滥用，可比照民事案件申请执行人的相关规定，要求申请处置人承担股权处置费用。本案涉案企业经营异常、企业整体评估价值为负数，但申请处置人自愿承担所有处置费用，股权在依法处置后仍有拍卖所得可用于退赔，因此并不构成无益拍卖。

专题十八　涉案车辆无人竞买的，可准许第三人以流拍价购买

——某公司单位行贿罪车辆处置案

案例提示

涉案车辆非本案首先查封的，处置前应商请首先查封单位移送处置权。刑事涉案车辆经依法拍卖、变卖无人竞买的，如优先债权人、被害人均不接受抵债或无法抵债，可以准许第三人以流拍价购买，并视为第三人认可拍卖公告事项。

一、基本案情

被告单位 DC 矿业有限公司犯单位行贿罪等，公安机关在侦查阶段查封了被告单位 DC 矿业有限公司名下车牌号为鲁 U××××4 的车等 36 辆车，涉案车辆均扣押于 D 港口仓库。法院经审理后判决：依法拍卖查封、扣押的 DC 矿业有限公司名下车辆，拍卖所得按比例退赔被害单位。

上述刑事判决发生法律效力后，涉财产部分移送执行。

二、执行情况

（一）车辆调查处置

经查，本案侦查机关青岛市公安局市南分局依法查封、扣押了 DC 矿业

有限公司名下车辆，其中在扣押鲁 U××××4 车时，只随车扣押了该车行驶证。执行期间，法院依法对涉案车辆进行了继续查封。

经到车管部门调查发现，涉案车辆未设抵押、质押，但被多个法院查封，其中内蒙古自治区呼和浩特市中级人民法院为首先查封。为处置涉案车辆，执行法院商请呼和浩特市中级人民法院移送涉案车辆处置权，说明本案系刑事案件，且涉案车辆已由本案侦查机关实际扣押在案，根据《刑事裁判涉财产部分执行规定》第 16 条、《最高人民法院关于人民法院办理财产保全案件若干问题的规定》第 21 条之规定，商请将鲁 U××××4 车移送执行。

（二）车辆评估拍卖

呼和浩特市中级人民法院复函同意移送处置权后，执行法院裁定依法拍卖青岛市公安局市南分局查封在案、扣押于 D 港口仓库的鲁 U××××4 车。裁定载明了涉案车辆系由本案侦查机关查封、扣押的事实，以及商请移送车辆处置权的事实经过。

因本案不具备议价条件，询价系统不支持车辆询价，法院决定以随机摇号方式确定评估机构。经委托评估，涉案车辆评估价值为 2.04 万元。执行法院决定依法挂网拍卖，首次拍卖在评估价基础上降低 30% 作为拍卖起拍价，流拍后再降低 20% 作为二次拍卖保留价。但涉案车辆经二次拍卖、变卖，均无人竞买。

2019 年 12 月 1 日，因涉案车辆流拍，参考民事执行流拍抵债的规定，执行法院书面询问各被害单位是否申请以车辆流拍价 11,424 元抵退赔款，期满未收到任一被害单位的申请，法院将根据规定作无底价拍卖。经询问，无一单位同意抵退赔款。

（三）第三人申请以流拍价购买流拍车辆

2020 年 1 月 9 日，第三人葛某提出以流拍价 11,424 元购买涉案车辆。对此，执行法院询问购买人的真实想法，葛某称涉案车辆变卖时其曾参与报名，但在报名后忘记点竞拍了，其现还想要这辆车，希望法院能开辟绿色通道。执行法院向葛某说明：因其曾在车辆变卖阶段参与报名，对于该车的瑕疵现状应当清楚，如该车因被扣押已连续三次未检验被锁定，违法违章情况不明，行驶里程不明，该车辆只有行驶证，其他随车物品（包括车钥匙）均缺失，法院只负责出具手续但不作过户的任何承诺，该车需要到D港口仓库自取，相关费用及其他责任自负、手续自行办理等。葛某表示对此法律后果清楚，愿意自行承担责任。

执行法院研究认为，《最高人民法院关于在执行工作中进一步强化善意文明执行理念的意见》规定："财产经拍卖后流拍且执行债权人不接受抵债，第三人申请以流拍价购买的，可以准许"。第一，从法律上来说，刑事退赔不同于民事债权，其是因遭受犯罪侵害后的国家强制救济，刑事被害人不能等同于民事债权人；第二，从实践的角度来看，对于被害人众多的案件，刑事执行案件并无明确执行债权人，以物抵债很难操作，本案经询问各被害人意见，无一有接收意愿；第三，从办案效果讲，准许第三人以流拍价购买，能够最大限度保护被害人利益。刑事法律、司法解释没有规定的可"参照"民事规定，准许第三人以流拍价购买流拍车辆符合本案执行目的。为给涉案车辆办理过户登记手续，执行法院根据《刑事裁判涉财产部分执行规定》第5条、2008年《法院执行查封、扣押、冻结财产规定》第31条裁定：（1）DC矿业有限公司名下鲁U××××4车归葛某所有。（2）上述车辆的所有权自本裁定送达买受人时转移；买受人可持本裁定书到登记机构办理相关产权过户手续。（3）上述车辆的查封、抵押因本案拍卖而消灭。

（四）车辆交付

因执行法院集中处理本案涉案车辆，所以事先曾函告车管部门：因涉案车辆自2014年起被公安机关陆续扣押，车辆在扣押期间不具备审车条件，致使车辆多已脱审，对拍卖、变卖成交车辆，我院派员解除车辆查封后，由买受人自行持法律文书办理手续；因该批涉案车辆情况特殊，扣押到的车辆附属物品较少，且买受人人数较多，请协调处理相关事宜。

为顺利交付葛某申请购买的车辆，执行法院出具了协助执行通知书：（1）将DC矿业有限公司名下鲁U××××4车过户给买受人葛某。（2）解除青岛市公安局市南分局对上述车辆的查封（青南公（专）封通字［2020］425号）、扣押，但不得改变本案对上述车辆的查封顺位。（3）因公安机关扣押上述车辆时未扣押到机动车登记证书，请予以协助办理补发手续。（4）因上述车辆于2014年起被青岛市公安局市南分局扣押而无法审车，请予以协助补办审车手续。（5）请协助办理上述车辆的提档、过户手续。

三、案例评析

涉案车辆处置前依法进行财产调查，是正确处置的前提。根据《刑事裁判涉财产部分执行规定》第5条的规定，涉案车辆系经案件侦查机关查封、扣押的，移送执行后法院可以直接裁定处置，但应当调查涉案车辆是否系侦查机关首先查封及查封是否连续，车辆已实际扣押且系正式查封是车辆能够处置的前提。《首先查封与优先债权法院处分查封财产批复》明确规定，“执行过程中，应当由首先查封、扣押、冻结（以下简称查封）法院负责处分查封财产”，“优先债权执行法院要求首先查封法院将查封财产移送执行的，应当出具商请移送执行函”。涉案车辆并非本案首先查封的，执行法院处置前应商请首先查封单位移送处置权。

根据《最高人民法院关于在执行工作中进一步强化善意文明执行理念的意见》的精神，刑事涉案车辆经依法拍卖、变卖但无人竞买的，如优先债权人、被害人均不接受抵债或无法抵债，可以准许第三人申请以流拍价购买，并视为第三人认可拍卖公告事项，但第三人购买应当在合理期间内。

专题十九　罚没财产依法拍卖流拍的，可由财政部门接收

——贾某1受贿罪涉案财产执行案

案例提示

处置判决罚没的财物，应遵循《罚没财物管理办法》的规定。根据《刑事裁判涉财产部分执行规定》第12条第2款的规定，涉案财产最后一次拍卖未能成交，需要上缴国库的，人民法院可征求财政机关意见，由财政部门接收或继续进行无保留价拍卖。

一、基本案情

2004年4月至2014年5月，被告人贾某1利用担任T市市长、S省交通厅厅长等职务上的便利，为S省某食品有限公司董事长贾某2、H市某木业有限公司实际控制人应某等六人在企业贷款、工程承揽、工作调动等方面提供帮助；利用其职权和地位形成的便利条件，通过其他国家工作人员职务上的行为，为S省某研发有限公司法定代表人李某2谋取不正当利益。2007年11月至2016年12月，先后非法收受或索要贾某2、应某等七人给予的财物折合共计2489万元。

法院认为，被告人贾某1身为国家工作人员，利用职务上的便利，为他人谋取利益，索取、非法收受他人财物；利用其职权和地位形成的便利条件，

通过其他国家工作人员职务上的行为，为他人谋取不正当利益，索取、收受他人财物，数额特别巨大，其行为构成受贿罪。贾某1有索贿情节，依法应从重处罚。鉴于贾某1到案后如实供述自己的罪行，主动交代了办案机关尚未掌握的大部分受贿犯罪事实，认罪悔罪，愿意积极退缴赃款，部分赃款赃物已追回，具有法定、酌定从轻处罚情节，依法对其从轻处罚。法院依法判决：（1）贾某1犯受贿罪，判处有期徒刑13年6个月，并处罚金200万元。（2）侦查机关扣押的车牌号为S×××××5的车、车牌号为S×××××C的车、车牌号为S×××××5的车依法没收，评估拍卖后所得价款上缴国库。（3）侦查机关查封的位于J市L区××路114号C号楼1－517、1－518、1－519、1－520、1－521的房屋依法评估拍卖，所得价款中的91.9%依法没收、上缴国库；剩余部分依法追缴，上缴国库。

2019年1月14日，刑事裁判涉财产部分移送执行。

二、执行情况

执行过程中，法院对涉案车辆依法评估拍卖，并依法追缴了贾某1名下被他人擅自领取的社保账户资金269,700元，查封了贾某1在J市的别墅一处，预查封了贾某1给特定关系人购买、贾某1家属正在诉讼要回的房产一处。后J市法院判决将贾某1给特定关系人购买的房产要回后，贾某1家属自行变卖并缴清了本案罚金。因此，本案执行的主要是位于J市L区的五处商业房产处置。

1. 财产调查评估。经调查，位于J市L区××路114号C号楼1－517、1－518、1－519、1－520、1－521的涉案房屋均为商业房产，为城市写字楼同一楼层相邻的一部分。涉案房屋所在的写字楼位置一般，房屋空置率较高，拍卖成交难度较大。经向物业了解，涉案房屋在案发前曾由被告人的特定关系人出租，案发后陆续空置，并欠交部分物业费用。执行法院在现场张贴了拍卖公告，并在涉案房屋门上加贴封条。法院决定启动评估拍卖程序后，经依法委托评估，涉案五套房屋总价分别为341.44万元、333.85万元、393.27万元、447.1万元、278.23万元。

2. 拍卖过程。因涉案房屋涉及国有资产，法院委托国有的产权交易中心拍卖，在历经四轮拍卖，起拍价降至评估价的40%后，仍然无人竞拍。2019

年10月12日，执行法院向财政部门发函，称涉案标的物处置所得款应上缴国库，为尽快推进涉案财物处置、保值变现国有财产，征询能否借鉴其他财产普遍在淘宝网、京东网处置的方式，挂淘宝网、京东网等平台拍卖、变卖。财政部门复函称，涉案房产不属于行政事业单位国有资产，要求按照有关司法规定进行拍卖，理由是刑事判决依法拍卖房产，所得款项才应予以没收、追缴，上缴国库。根据财政部门的意见，执行法院将涉案五套房屋依法挂京东网拍卖，并按照《法院网络司法拍卖规定》规定的降价幅度，首次拍卖在评估价基础上降低30%作为起拍价。因竞价期间无人竞拍，法院启动第二次拍卖，并对前次拍卖的起拍价再降低20%作为起拍价。但经二次网络拍卖、变卖，涉案五套房屋仍流拍，流拍价分别为191.207万元、186.956万元、220.2312万元、250.38万元、155.809万元。

3. 通知财政部门接收。根据《刑事裁判涉财产部分执行规定》第12条的规定，涉案财物最后一次拍卖未能成交，需要上缴国库的，应当通知财政机关以拍卖保留价接收或者征询无保留价拍卖的意见。经查，2017年9月当地财政部门曾在某涉案财物处置案中，向法院出具函复意见：对你院依规定最后一次拍卖未能成交的涉案财产，其中具有变价处理价值的，同意由你院继续作变价处理，可以进行无保留价拍卖；对其中达到报废条件的，予以报废处理；对你院今后遇发生的类似涉案财产处置事项，可参照上述方式执行。据此，涉案财产可以直接进行无底价拍卖，而不必再征询财政部门的意见，但根据拍卖流程设置需要，无底价拍卖也应确定一个保留价，根据本案情况可对涉案房产以评估价的20%取整数确定拍卖保留价。由于本案涉及国有资产处置，涉案房产价值较大，进行无底价拍卖可能会以较低价格成交，造成资产损失，且执行法院无底价拍卖无先例可循，遂决定再次征询财政部门意见。2020年4月1日，执行法院发函建议由财政部门以二次网络拍卖的保留价予以接收；并要求财政部门明确，如不同意以该保留价接收，是否同意法院进行无保留价拍卖。财政部门收函后，与执行法院进行了多次沟通，申明财政部门直接处置的难度，询问由其下属的国有独资公司代其接收的可行性。2020年5月，财政部门正式函复：由某资产管理有限责任公司统一接收可供市场化运营的行政事业性资产，鉴于你院通过多种渠道、多次挂牌拍卖涉案房产均未成交，为妥善解决房产处置问题，防止国有资产流失，建议将涉案房产移交我局所属国有独资企业某资产管理有限责任公司。

4. 流拍财产交财政部门下属的国有独资公司接收。执行法院认为，财政部门的上述意见实质上是要求将涉案财产交付给法律规定以外的第三人，根据《刑事裁判涉财产部分执行规定》第12条的规定，需要上缴国库的涉案财物法院应通知财政部门接收。该规定并未授权由财政部门以外的第三人接收，拍卖财产向第三人交付容易引起交易税费流失、税费分担等问题，现行法律不允许向买受人、抵债人、法定接收人以外的第三人交付处置财产。为此，执行法院要求财政部门进一步明确向某资产管理有限责任公司交付视为向该局交付，相关税费问题由某资产管理有限责任公司自行负责。2020年6月，财政部门函告执行法院，明确称：根据市政府授权，由某资产管理有限责任公司代表我局具体负责涉案房产接收工作，房产过户过程中产生的税费由某资产管理有限责任公司承担。对上述财政部门的意见，执行法院研究认为，财政部门与其下属公司是两个法律主体，下属国有公司不能代表国家，但可以通知各相关部门交由某资产管理有限责任公司接收。2020年6月23日，执行法院通知财政部门、某资产管理有限责任公司及涉案房产相关权利人、协助义务人，告知下列事项：（1）位于J市L区××路114号C号楼1－517、1－518、1－519、1－520、1－521的房屋由某资产管理有限责任公司以1004.5832万元接收。（2）某资产管理有限责任公司自行接收上述涉案房产，自行办理房产接收后续事宜，自行承担相应税费。（3）房产占有人应立即无条件腾空涉案房屋，协助义务人应无条件配合、协助接收，违者依法追究法律责任。

三、案例评析

本案是对判决罚没房产的处置，涉案房产经数次拍卖均流拍，依法应由财政部门接收或以无底价进行拍卖。财政部门指定由其下属国有公司接收，涉及房产转交易产生的税费问题，但考虑财政部门直接接收难以处置，执行法院为了解决问题，决定以通知的方式准许财政部门的下属国有独资公司接收。

为防止国有资产流失，国家规定对判决罚没财物的处置，应遵循与普通财物处置不同的规则。由于淘宝网、京东网均不具备国有资产拍卖资质，法院对判决罚没的涉案财物，一般通过各省市国有产权交易平台进行拍卖。《罚没财物管理办法》第16条提出了公开拍卖要求，其中第1项规定，拍卖活动可以采取现场拍卖方式，鼓励有条件的部门和地区通过互联网和公共资源交易平台进行公开拍卖。该规定出台后，拍卖平台的选择更加多样，包括现场拍卖、互联网拍卖、公共资源交易平台拍卖，但将罚没财物直接放于京东网、淘宝网上拍卖，在具体操作上是由法院直接决定还是会同财政部门决定，仍需进一步研究。

上述办法第16条第5项规定公开拍卖发生流拍情形的，再次拍卖的保留价不得低于前次拍卖保留价的80%。发生3次（含）以上流拍情形的，经执法机关商同级财政部门确定后，可以通过互联网平台采取无底价拍卖或者转为其他处置方式。结合《刑事裁判涉财产部分执行规定》第12条第2款的规定，对罚没财物须经3次拍卖，建议首次拍卖以评估价作保留价，之后每次拍卖降低20%，经3次拍卖仍流拍的必须征求同级财政部门意见决定。那么，无底价的底价是指0元，还是确定一个相对较低的价格？实践中一般选择后者。对无底价的具体价格，一般应经集体研究后报请执行局长决定。

专题二十　涉案房产处置、返还应综合平衡相关权利人意见

——单某、项某诈骗罪涉案房产执行案

案例提示

在涉案财产的处置过程中，对处置所得款有权受偿的权利人可以对处置事项发表意见，执行法院在法律规定的范围内应当尊重权利人的意见。涉案房产返还被害人的，应当综合考虑房产占用人有无其他可供居住的房产、能否为其联系提供房屋或房屋租金等，并采取柔性执法方式。

一、基本案情

被告人单某、项某犯诈骗罪，法院依法判处被告人单某、项某无期徒刑，剥夺政治权利终身，并处没收个人全部财产。本案侦查过程中，公安机关查封了被告人单某在W房地产有限公司购买的房产一宗，项某从T置业有限公司购买的位于Q市L东路16号19座2单元2401户的房产一套。经查，从被告人项某处查封的房产系以赃款购买的。上述事实有公安机关出具的扣押物品单、文件清单、冻结存款通知书、购房合同、发票等证据佐证；同时，在法院的刑事判决书中对上述事实亦进行了认定。依法另行裁定如下：（1）查封的被告人单某在W房地产有限公司购买的房产依法进行拍卖，并将被告人单某缴纳的房款300万元及增值部分依法没收，余款发还W房地产有限公

司。（2）查封的被告人项某从T置业有限公司购买的位于Q市L东路16号19座2单元2401户的房产一套依法发还被害人某热力有限公司。

上述刑事判决、裁定发生法律效力后①，涉案财产部分于2020年7月7日移送执行。

二、执行情况

1. 涉案8套房产的处置。经调查发现，单某在W房地产有限公司购买的位于Q市H商城的8套房产还未交齐购房款即刑事案发，刑事案发时仍登记于W房地产有限公司名下。涉案房产均为商业办公房屋，房屋已建成多年，符合交付条件，其中106户暂被他人占用，涉案8套房产拖欠物业费、房屋维修费共计160,516元。

因近些年房产市场火爆，涉案房产已大幅升值，W房地产有限公司对拍卖房产无异议，但请求按比例受偿单某欠付的购房款。由于处置所得款项应首先用于支付单某欠W房地产有限公司的购房款，余款上缴国库，因此涉案房产不属于罚没财产，且因被执行人在监狱服刑，本案不具备议价条件。根据《法院确定财产处置参考价规定》的要求，执行法院决定对涉案8套房产依法询价。经询价，3家询价机构出具的房屋单价平均为1.08万元/平方米，W房地产有限公司对此价格提出异议，其认为涉案房屋的市场单价应在1.3万元/平方米。经综合考虑W房地产有限公司的意见，执行法院决定挂网拍卖的起拍价在评估价以下、1.3万元/平方米×70%以上确定；如不同意上述意见，法院将依法委托评估，由此产生的评估费用依法从拍卖所得款中优先支付。因W房地产有限公司对此不再有异议，涉案8套房产依法挂网拍卖，经二次拍卖、变卖，均因无人竞买而流拍。

2. 涉案房产发还被害人。经调查，位于Q市L东路16号19座2单元2401户的房产系项某以赃款从T置业有限公司购买的，项某因诈骗罪被判处无期徒刑后，该房产一直由其妻子、儿子居住。项某的妻子以摆地摊为生，项某的儿子现上小学，名下无其他房产可供居住。在执行法院张贴了责令限期迁出的通知后，项某妻子与法院取得了联系，称其知道自己系违法占用，

① 该案先判决，又专门作了一个裁定。

愿意尽早搬出，但其在本市无其他房产可居住，正在向政府申请廉租房，请求法院宽限几个月。执行法院在征求被害人意见后，同意暂缓执行 3 个月。

为将涉案房产交还被害人，执行法院先后采取了三项措施：第一，发出协助执行通知，将涉案房屋过户给被害人某热力有限公司；某热力有限公司自行缴纳因所有权转移产生的税费、自行到登记机构办理产权过户登记手续。第二，对被占用房产采取限制生活措施。因项某妻子期满未主动搬离，执行法院发出强制迁出公告，并鉴于孩子已经放寒假，先行采取限水、限电措施，向涉案房产所在地的供水、供电公司发出协助执行通知书，要求其在规定时间内对涉案房屋采取停水、停电措施。第三，建议被害人代为租住房屋或提供房屋租金。本案被执行人的妻子系违法占用，但其目前确无其他房屋可供居住，因此法院建议被害人为项某妻儿租赁孩子学区内的房屋，或提供租赁费由其自行租房。经双方协商，被害人同意为项某妻子一次性提供 3 个月的房屋租赁费、搬家费。

在执行法院的威慑和被害人提供补偿的双重作用下，项某的妻子主动搬离了占据多年的房屋，涉案房屋顺利交还被害人，后执行法院通知相关公司恢复供水、供电。

3. 没收个人全部财产及犯罪所得。执行法院经网络查控、现场查控，扣划单某银行存款 179,329. 19 元，并依法没收上缴财政，未发现单某、项某名下有其他个人财产。

三、案例评析

1. 在涉案财产的处置过程中，对拍卖款项有受偿权的权利人可以对处置事项发表意见。《刑事诉讼法解释》第 532 条规定："刑事裁判涉财产部分、附带民事裁判的执行，刑事诉讼法及有关刑事司法解释没有规定的，参照适用民事执行的有关规定。"对刑事涉案财产进行处置的，应参照适用民事执行关于财产处置参考价、网络司法拍卖的相关规定。《法院确定财产处置参考价规定》第 2 条规定："人民法院确定财产处置参考价，可以采取当事人议价、定向询价、网络询价、委托评估等方式。"上述当事人议价、定向询价、网络询价、委托评估是层层递进关系，通过前一方式无法达成统一意见或无法采取前一方式确定参考价格的，方可采取后一方式。刑事案件的被执行人被羁押、不具备议价条件的，可直接采取询价或委托评估方式。被执行人以赃款购买房产等财产但未付清全部购买款项，刑事判决涉及拍卖涉案房产的，除原权利人明确知道被执行人系以赃款购买的以外，其有权要求按未付款项占全部应付款项的比例，从拍卖所得款中按比例受偿。

《法院网络司法拍卖规定》第 10 条规定：“网络司法拍卖应当确定保留价，拍卖保留价即为起拍价。起拍价由人民法院参照评估价确定；未作评估的，参照市价确定，并征询当事人意见。起拍价不得低于评估价或者市价的百分之七十。”因此，对涉案财产处置所得款有权受偿的权利人，可以对财产处置参考价的确定方式、询价评估价格、拍卖平台的选择、拍卖降价幅度等财产处置事项发表意见。执行法院有权确定起拍价，只要在法律规定的首次拍卖降价 30%、二次拍卖再降价 20% 的范围内均无不可，但在确定起拍价时应当参照民事执行的规定，就降价幅度征询相关权利人的意见，在不影响拍卖的情况下，应尽量尊重合法、合理的意见。

2. 对房屋居住权这一基本权利的保护符合社会公共利益和人类共同的价值取向。居住权作为对他人所有的住房及其附属设施进行占有、使用的权利，是一种对基本居住进行保障的制度设计。根据《法院执行异议和复议规定》第 20 条的规定，对唯一住房进行执行须符合下列条件之一：（1）对被执行人有扶养义务的人名下有其他能够维持生活必需的居住房屋；（2）执行依据生效后，被执行人为逃避债务转让其名下其他房屋；（3）申请执行人按照当地廉租住房保障面积标准为被执行人及所扶养家属提供居住房屋，或者同意参照当地房屋租赁市场平均租金标准从该房屋的变价款中扣除 5 ~ 8 年租金。刑事判决判处被告人将以赃款购买的房产返还被害人的，与普通民事案件唯一房产的执行不同，被执行人及其共同居住人应立即、无条件返还，这是一个前提。但在实际执行中也应充分考虑被执行人及其同住人的房产状况，如果房产占用人在本县市无其他可供居住房产，应参照《法院执行异议和复议规定》第 20 条的规定，帮其联系政府廉租房等暂时性居住房屋，或为其提供适当的房屋租金。当然，由于房屋本身系违法占用，因此满足暂时性基本居住需求即可，而不必再参照民事执行中扣除 5 ~ 8 年租金的规定。

《最高人民法院关于在执行工作中进一步强化善意文明执行理念的意见》指出，要充分认识善意文明执行的重要意义，准确把握善意文明执行精神实质。突出执行工作的强制性，持续加大执行力度，及时保障胜诉当事人实现合法权益，依然是执行工作的工作重心和主线。但同时要注意到，执行工作对各方当事人影响重大，人民法院在执行过程中也要强化善意文明执行理念，严格规范公正保障各方当事人合法权益；要坚持比例原则，找准双方利益平衡点，避免过度执行；要提高政治站位，着眼于党和国家发展战略全局，提升把握司法政策的能力和水平，实现依法履职与服务大局、促进发展相统一。对于判决返还被害人房产的执行，执行法院不宜直接强制房产占有人搬出，导致被执行人及其同住亲属露宿街头，并且应尽量不影响未成年学生上学。实践中，一方面可以采取限水、限电等柔性执法措施，另一方面应为房产占有人提供基本居住房屋或为其租赁房屋创造条件，实现法律效果与社会效果的有机统一。

专题二十一 执行中应当平等保护房产共有人、被害人的权益

——朱某诈骗罪退赔执行案

案例提示

刑事裁判涉财产部分判决执行被执行人的房产的，应当平等保护被害人、被执行人及其共同居住人的合法权益。被害人有权就执行标的选择、参考价确定、起拍价格等事项发表意见。应依法保障房产共同所有人的财产份额，房产共同所有人有权就拍卖事项发表意见，在不损害被害人利益的情况下，可优先执行被执行人及其共同居住人暂未用于生活居住的房产。

一、基本案情

被告人朱某与被害人刘某 1 系初中同学，2012 年 7 月至 2015 年 1 月，被告人朱某称其能办理采砂证，协调给建筑工程提供材料、承揽工程项目及竞标矿山项目等事项，让刘某 1、刘某 2 出资用于运作及经营。在此期间，刘某 1、刘某 2 向被告人朱某的银行账户打款 1886 万元，被告人朱某收到该钱款后，并未用于其所称的业务，将其中近 1700 万元用于股市炒股，造成绝大部分损失，余款用于消费、偿还个人欠款，仅返还被害人 40 万元。案发后，朱某与刘某 1 达成协议，朱某将其与刘某 1 共同购买的起亚车给刘某 1 使用，以抵销其欠刘某 1 的涉案款 20 万元；公安机关冻结了朱某在中泰证券 L 市通达路证

券营业部的股票账户。2016 年 10 月 30 日，朱某接到民警的电话通知后，主动到指定的公安机关投案并如实供述了主要犯罪事实。

法院认为，被告人朱某虚构事实，骗取了数额特别巨大的钱款后，对被害人隐瞒了其将钱款投入股市炒股的真相，给被害人造成重大经济损失，其行为符合刑法关于诈骗罪的构成要件，依法应以诈骗罪定罪处罚。法院依法判决：（1）朱某犯诈骗罪，判处有期徒刑 15 年，并处罚金 50 万元；（2）侦查机关冻结的被告人朱某的股市财产依法发还被害人刘某 1、刘某 2；（3）责令被告人朱某退赔被害人刘某 1、刘某 2 造成的实际损失。

2018 年 1 月 30 日，刑事裁判涉财产部分移送执行。

二、执行情况

1. 变卖涉案股票。涉案股市财产系在公开市场交易的股票，案发后侦查机关对证券账户依法进行了冻结。被害人刘某 1、刘某 2 原系夫妻，因本案被骗 1800 余万元，夫妻二人矛盾日深，夫妻关系破裂、最终离婚。因此，判决要求将被执行人朱某的股市财产依法发还被害人刘某 1、刘某 2，但实践中却面临无法分割发还的问题，执行法院决定将证券执行改为变卖股票、分配所得款项。在征询刘某 1、刘某 2 的意见后，法院作出执行裁定，并通知中泰证券 L 市通达路证券营业部协助将朱某名下全部股票以市场价在 30 个交易日通过证券交易卖出。经处置变现，扣划所得价款 109,903.23 元。

2. 扣划银行存款。执行法院经网络查控，发现被执行人朱某名下有银行存款 65,617.11 元，遂依法进行了扣划。后朱某的丈夫范某某对扣划 65,000 元提出执行异议，其认为该 65,000 元是其个人工资收入，与朱某犯罪所得无关，其只是通过朱某银行账户给女儿缴纳学费、生活费，其在朱某诈骗案中也是被害人，因朱某诈骗导致家庭多年积蓄耗尽，案发时唯一的女儿正在读高三，受朱某影响成绩急剧下降，好不容易才考上大学，其正在考虑与朱某离婚。但法院在进行异议审查后认为，朱某名下的存款应推定为其个人财产，法院执行扣划并无不当，而且朱某、范某某系夫妻关系，二人名下的财产依法均由夫妻共有，法院也有权对范某某名下的财产采取强制措施，因此法院裁决驳回范某某的异议请求。

3. 拍卖房产。在本案移送执行前，侦查机关还查封了被执行人朱某名下位于L市H区长安花园4号楼-123、2-202的房屋，审判部门将其作为财产线索移送执行机构。由于财产处置所得案款应首先用于退赔，本案立案执行后，执行法院参照民事执行的要求，询问被害人关于对查封房产处置的意见，刘某1申请对涉案房产进行拍卖，刘某2不反对法院处置被执行人房产。法院遂裁定拍卖被执行人朱某名下位于L市H区长安花园4号楼-123、2-202的房屋。案外人范某某收到执行裁定书后，以涉案房屋系其与朱某共有、且自己与犯罪无关为由对执行标的提出异议。但经异议审查，法院裁定驳回了范某某的异议请求。

范某某提出，法院裁定拍卖的房屋正由其家庭共同居住，请求拍卖其另一套在H市L区的房屋，其可以放弃其应得的一半财产权利。对于范某某的请求，法院核实后对其在H市L区的另一套房产进行了查封。经调查，被执行人朱某夫妻名下共有房屋两套，其中位于H市L区的房屋的面积为94.58平方米，车库的面积为22.73平方米，于2006年建成，无抵押且无其他查封，现出租即将到期；位于L市H区的房屋的面积为146.44平方米，车库的面积为20.55平方米，于2016年建成，现由范某某及其女儿居住。执行法院通过专业机构对上述两套房产的市场价值进行了估算，位于L区的旧房价值约61万元，位于H区的新房价值约110万元。执行法院认为，执行应当遵循效率与公平并重的原则，应当综合各方面因素确定执行标的，对房屋共有人范某某的居住权益应予以适当保护，其提出更换拍卖L区房屋的要求合情、合理，且不因此减损被害人的利益，在房屋共有人承诺放弃其应分得的一半财产的基础上，可以更换执行标的。为此，执行法院征求了被害人刘某1、刘某2的意见，二人均表示无异议，称拍卖房屋只是为了给朱某一个惩罚，并不是为了让其一无所有、露宿街头。

鉴于朱某诈骗行为已经给刘某1、刘某2造成巨额财产损失，在范某某的请求下，执行法院组织被害人刘某1、刘某2与被执行人朱某、共有人范某某就拍卖房屋进行议价，最终达成了以61万元作为房屋参考价的一致意见，节省了数万元的评估费用。据此，法院决定不再拍卖位于L市H区的房屋，改为拍卖被执行人朱某名下位于H市L区的房屋，并以双方议价的61万元作为首次拍卖的起拍价。经法院依法挂网拍卖，首次拍卖无人竞拍，第二次降价20%继续拍卖，经多轮竞价后终以59万元拍卖成交，成交价接近议定的61

万元。实践充分证明了执行工作取得房屋共有人支持的重要性，在本案中，房屋顺利拍卖成交，并且拍卖所得本应扣缴交易税费数万元，但范某某认为房屋符合免税条件，其与税务部门交涉后，税务部门确定不再扣缴交易税款。

4. 案款分配。本案刑事裁判涉财产部分的执行，既包括罚金 50 万元，又包括对被害人刘某 1、刘某 2 的退赔损失。根据《刑事裁判涉财产部分执行规定》第 13 条的规定，被执行人财产不足以支付的，应先用于退赔被害人的损失后执行罚金。本案给刘某 1、刘某 2 造成的实际损失达 1800 余万元，本案执行各类款项所得的 765,520.34 元应首先赔偿给被害人刘某 1、刘某 2，二人各分得 382,760.17 元。

三、案例评析

这是一个熟人之间的诈骗案件，也是一个令人唏嘘的刑事退赔故事。被害人与被告人是多年同学兼好友，案发前被告人朱某在金融机构工作，被害人系商界成功人士。被告人朱某将被害人的财产骗来用于投资，但因亏损无法偿还而身陷囹圄，自己也蒙受了巨额财产损失。被害人刘某 1 表示，其因为这个案件损失巨大，家庭因此破裂，其坚持处置被告人房屋是为了给对方一个惩罚，退赔款项对其来说杯水车薪，其收到后将全部捐出用于社会公益。被害人刘某 2 在刑事退赔执行中一直不积极，就相关事项不愿配合，表示被告人朱某也是被他人骗了，一再询问法院能否放弃退赔，其将分得的退赔款归还范某某，用于朱某、范某某女儿上学之用。

根据法律规定，刑事裁判涉财产部分执行事项既有罚金又有责令退赔的，执行款项优先用于退赔被害人损失。《刑事裁判涉财产部分执行规定》第 13 条规定，被执行人在执行中同时承担刑事责任、民事责任，其财产不足以支付的，按照下列顺序执行：（1）人身损害赔偿中的医疗费用；（2）退赔被害人的损失；（3）其他民事债务；（4）罚金；（5）没收财产。债权人对执行标的依法享有优先受偿权，其主张优先受偿的，人民法院应当在上述第 1 项规定的医疗费用受偿后，予以支持。因此，对涉案房屋拍卖所得款、扣划的银行存款，应全部用于退赔。在房产处置过程中，由于执行结果影响被害人的切身利益，法院应将其视同申请执行人，充分尊重其在拍卖标的选择、财产参考价确定方式、拍卖事项等方面的意见。

在房产执行过程中，应注意对被执行人及其共同居住人的权利的保护。一是拍卖房屋若系被执行人、承租人为生活需要所居住的房屋，共同居住人一般均共同居住多年，则在法律允许的范围内应保护其合法居住权。二是拍卖共有房产时，应依法保障共有人的优先购买权，并确保房产共有人的分配份额。三是房屋共有人系拍卖房产的利害关系人，应允许其对执行标的、财产参考价确定、起拍价格等发表意见。本案房产执行中，共同居住人范某某提出更换拍卖目前家庭不居住的房屋，为此承诺放弃其应分得的一半份额，并认为以议价价格起拍符合市场预期，其要求符合法理、情理，依法应予支持。

专题二十二　第三人账户被冻结的执行异议审查与财产另行甄别

——路某合同诈骗罪涉案银行账户执行案

案例提示

侦查机关采取查封、扣押、冻结措施的，执行部门有权继续查封、扣押、冻结。对于执行部门对第三人财产采取的财产强制措施，第三人有权提出异议，并按执行异议审查、复议程序处理。一审刑事判决依法应当对移送的财产作出处理，判决生效后发现未对涉案财物作出处理的，一审法院应当依法另行甄别处理。

一、基本案情

被告人路某于2003年12月注册成立C市某钢管有限公司，后将该钢管有限公司用于租赁的钢管等卖掉，于2010年投资成立G市某花岗岩开采有限公司，因开采矿山连年亏损，于2015年停止了采矿业务。在此期间，路某陆续以他人名义向银行贷款、借款，欠下巨额债务。2017年年初，被告人路某与他人合作进行燃料油买卖，赚取差价，并根据约定成立C市某新能源科技有限公司，路某等人共操作完成3笔油品买卖业务。

2017年4月5日，C市某新能源科技有限公司与Q市某石油化工公司签订了3万吨原油的购销合同，合同金额为9840万元。当日，C市某新能源科技有限公司又与被害人某化工有限公司签订了3万吨燃料油的购销合同，合同金额为10,050万元，两份合同均约定于2017年6月30日前提货。被告人路某预谋用收取的货款偿还其个人债务，并于2017年6月安排C市某钢管有限公司会计向其提供的债权人账户转入小额资金，以确认账户能够正常使用。2017年6月27日上午，油品需求方、被害人某化工有限公司按约定将货款5066万元汇入C市某新能源科技有限公司账户。路某得知汇款信息后，即通过银行转账方式将其中的5000万元转入其实际控制的C市某钢管有限公司账户，并在被害人某化工有限公司人员询问时，谎称货款向供应方支付时出现错误。当天上午，路某指示会计通过网银转账用上述5000万元偿还了银行贷款和其个人借款，后关闭手机、更换住处逃匿。2017年10月1日，路某被抓获。

法院认为，被告人路某以非法占有为目的，在履行合同过程中，将合同相对方支付的货款5000万元截留，用于归还其个人欠款后逃匿，其行为构成合同诈骗罪。对被害人所提被告人使用赃款偿还案外人的款项应被追缴发还被害人的代理意见，经查，《最高人民法院、最高人民检察院关于办理诈骗刑事案件具体应用法律若干问题的解释》第10条对被告人将诈骗财物用于清偿债务应否追缴作了明确的规定，但现有证据无法认定案外人对取得的诈骗财物是善意还是恶意，故侦查机关查封、冻结的款项可待依法甄别后进行处置。法院依法判决：（1）被告人路某犯合同诈骗罪，判处无期徒刑，并处罚金100万元；（2）责令被告人路某退赔某化工有限公司5000万元；（3）查封、冻结的涉案财产依法处置。

本案侦查阶段，公安机关查封、冻结了路某及他本人名下的大量房产、土地、矿产及银行账户。2019年11月13日，刑事裁判涉财产部分移送执行。

二、执行依据与异议审查处理

经调查，本案公安机关查封、冻结并移送执行的财产的具体情况如下：（1）位于L县的商铺14处，面积为50～90平方米，登记为路某与其妻子吴某某共有。（2）位于C市金城镇的地下室1处，登记为路某单独所有，该地下室设有抵押，由C法院首先查封。（3）位于C市的某钢管有限公司名下的土地一宗，该公司早已不再经营。涉案土地上建有四栋楼房，房产为小产权且多年前即已出售给他人，现成为建材市场、百货商店、饭馆，被数百家个体户用于经营及居住。（4）G市某花岗岩开采有限公司名下的花岗岩矿，目前已经废弃。（5）第三人名下的银行账户24个，其中账户余额1000元以上的有5个，包括S省某农商银行股份有限公司存于J银行的3200万元。

（一）执行依据问题

经立案审查，移送执行材料存在的问题有：（1）移送执行表及提供的财产线索均缺乏移送部门公章。移送执行表中列了本案的申请执行人，但根据规定刑事裁判涉财产部分执行案件应移送执行，不能基于申请人的申请执行。（2）移送处置财产应附送相关财产权属资料、查封和抵押等材料，并查明已采取的财产强制措施届满的日期，但本案随案未附送任何材料。采取财产强制措施即将到期的，应在到期前及时续封、续冻后再行移送，目前所采取的财产强制措施情况不明。（3）《刑事裁判涉财产部分执行规定》第4条规定，移送前应当对被执行人的财产状况进行调查，本案未提供被执行人的财产调查材料。（4）本案执行依据要求对涉案财产依法处置，但并未说明依法如何处置、处置款如何处理。综上，执行机构认为，本案执行依据不符合移送执行要求，相关财产无法执行，审判部门应出具新的执行依据或作出补充说明。

（二）继续查封、冻结问题

本案移送执行时，侦查机关对相关财产采取的查封、冻结措施即将或已经届满。根据执行调查的情况，依法应当对被执行人路某与其妻子名下的商铺、地下室进行查封或继续查封。根据审判部门出具的补充意见，C市某钢管有限公司、G市某花岗岩开采有限公司系由被执行人路某实际控制的，对其名下土地、矿产依法应当继续查封。

对于吴某某、刘某等案外人名下的财产，判决并未说明相关账户与本案的关联性，未对查封、冻结的案外人财产作出处理。根据相关法律规定，执行期间不能随意处置案外人的财产。后审判部门作出补充说明，称被告人曾用其他案外人的银行账户转移赃款，需要冻结相关账户并对财产性质依法甄别后再行处置。根据审判部门的上述意见，执行机构对全部案外人名下的财产进行了继续冻结。

（三）第三人账户被冻结的异议审查处理

对于公安机关冻结的S省某农商银行股份有限公司的3200万元，被害人某化工有限公司认为系赃款，要求公安机关继续追赃，并请求继续冻结、依法扣划并发还被害单位。

1. 执行异议审查。S省某农商银行股份有限公司对账户冻结提出异议，认为法院生效判决未认定涉案账户款项为赃款，冻结账户是违法的，要求依法解除冻结。理由是：（1）被冻结资金并非路某合同诈骗案中的赃款，而系异议人的自有资金，与路某的犯罪事实无任何关联。（2）异议人基于合法程序放贷，手续完备，事先并未与行为人恶意串通，路某是正当归还其先前在异议人处的贷款，异议人在接收路某还款时不知其犯诈骗罪、该所还款项系赃款的事实，系善意不知情的第三人，因而异议人收取路某用于还贷的款项是正当、合法的。根据《刑事裁判涉财产部分执行规定》第11条第2款的规定，第三人善意取得涉案财物的，执行程序中不予追缴。（3）法院应依法从法律上界定和分清“货币—人民币”属性，特别是以网络转账形式支付的货币的性质属于“不特定物”，即使法院经甄别认为还贷的钱有可能是赃款，异议人根据法律规定也是法律上的“债权人”，该属于不特定物的货币也应适用“善意第三人”取得制度，而不应被追缴。（4）刑事审判部门应当对被冻结资金是否属于涉案赃款、是否应被追缴等进行实质审查，依法应当进行听证。

被害人某化工有限公司答辩称：（1）执行机构依据刑事审判部门提供的执行依据进行继续冻结，符合法律规定。（2）货币作为种类物，并不因用途而特定化。在异议人未能配合的情况下，只能冻结异议人在本案中被冻结的账户。若异议人愿意将路某偿还贷款的账户（账户内应含有涉案赃款）提供给执行法院，答辩人就同意变更冻结账户。（3）异议人向路某发放的贷款是设有房产及土地抵押的，但该房产及土地的评估价值远低于异议人提供的贷款金额，故不存在手续完备一说。（4）路某向异议人“偿还的5笔贷款”中，有4笔尚未到期，仅有1笔系逾期。在未到还款扣款日时，剩余全部贷款即偿还至还款账户并直接予以扣划，异议人未能证明其善意性。（5）刑事审判部门已经说明对冻结账户依法甄别后再行处理，异议人应当等待审判部门的甄别结果，或依据《刑事裁判涉财产部分执行规定》第15条的规定提起审判监督程序。

被执行人路某未答辩。

执行法院异议审查部门认为，执行实施部门作出的继续冻结裁定系对侦查部门冻结的延续，因本案执行实施部门尚未对涉案财物作出相关处理，对异议人的异议请求不予支持。因此，依据2021年《民事诉讼法》第232条的规定，驳回了S省某农商银行股份有限公司的异议请求。

2. 执行异议复议。S省某农商银行股份有限公司不服异议审查结果，向上一级人民法院申请复议，请求撤销执行异议审查裁定，指令重新审查。理由是：（1）执行法院应依法对涉案财物是否属于赃款予以审查，而不能直接以执行实施部门尚未对涉案财产作出相关处理为由驳回申请人的异议，异议审查裁定明显是消极推诿，严重损害申请人的合法理由。（2）执行法院应对继续冻结行为的合法性负责，在涉案财产违法性未定之情况下，认为对该账户的继续冻结是对公安冻结行为的延续，同样也是推脱行为。（3）涉案账户内的资金属于申请人的合法财产，不应被违法冻结。相关账户开设于2012年，属于金融机构清算交收账户，该账户内被冻结的3200万元是用于保障客户以J银行第三方存管资金通道进行证券交易时的实时资金划转的，与路某诈骗案中的涉案资金没有任何关联。即便路某将涉案赃款用于归还先前贷款，申请人对于涉案财物的来源和性质并不知情，也无法进行审查，申请人的放款和收款程序均正当合法，且申请人事先并未与路某有任何的恶意串通，提前接收还款符合国家金融监督管理总局的规定和关于善意取得的规定，公安机关的冻结行为违反了《公安机关办理刑事案件适用查封、冻结措施有关规定》中“与案件无关的财物不得查封、冻结”之规定，属于违法冻结。

执行复议部门认为，本案审查的焦点是是否应当支持S省某农商银行股份有限公司解除对涉案账户的冻结的请求。本案执行实施部门在执行过程中已经就冻结案外人账户问题征询了刑事审判部门的意见，在刑事审判部门明确表示需依法对涉案账户进行继续冻结的情况下，执行实施部门对该账户按照《刑事裁判涉财产部分执行规定》第5条的规定继续冻结并无不当，S省某农商银行股份有限公司请求解除对涉案账户的冻结没有法律依据。综上，S省某农商银行股份有限公司的复议理由不成立，裁定驳回其复议申请。

之后，S省某农商银行股份有限公司向刑事审判部门提出财产甄别申请。

（四）执行结案

对于被执行人路某所有、共有或其实际控制的财产，执行法院向被害人说明了相关情况，被害人要求对路某名下的财产暂不执行。执行法院认为，移送处置的财产应当明确、具体，处置案外人名下的财产应有明确的执行依据。因本案大量查封、冻结了第三人名下的财产，须待刑事审判部门的甄别结果。2020 年 7 月 22 日，执行法院以被执行人的财产暂时不能处置为由，裁定终结该院（2018）某××刑初××号刑事判决书涉财产部分的执行程序。

三、案例评析

移送执行的内容应当有可执行性，且材料齐全。移送执行的事项，应当是发生法律效力的刑事裁判书的主文确定的财产性判项。移送执行的目的是处置变现，根据《刑事裁判涉财产部分执行规定》第 6 条的规定，刑事裁判涉财产部分的裁判内容应明确、具体。因此，审判部门应当移送完整的财产资料，移送前财产强制措施即将到期的，应当先行继续查封、冻结后再移送。《刑事裁判涉财产部分执行规定》第 7 条规定，刑事审判部门应当及时移送立案部门审查立案。对于审判部门移送的材料，立案部门应当进行审查，认为属于移送范围且移送材料齐全的，应当在 7 日内立案，并移送执行机构。

执行过程中，利害关系人可以对执行行为提出异议。根据《刑事裁判涉财产部分执行规定》第 14 条的规定，执行过程中，当事人、利害关系人认为执行行为违反法律规定，或者案外人对执行标的主张足以阻止执行的实体权利，向执行法院提出书面异议的，执行法院应当依照《民事诉讼法》第 236 条的规定处理（通过执行异议审查程序处理）。对执行行为是否违法的审查，涉及对执行手段是否合法、合理的评判，本案 S 省某农商银行股份有限公司对冻结措施提出的异议，系认为执行行为违法，应当按上述规定处理。但侦查机关采取的财产继续查封、扣押、冻结等强制措施，是对先前查封、扣押、冻结行为的延续，依法具有合法性。查封、扣押、冻结属于对财产的临时性控制措施，其与扣划、拍卖、变卖等财产的具体处置措施不同，并不涉及财产的最终处理，进行财产控制是为了满足最终处理财产的需要，财产的实体性处理需要审判部门依法作出认定。

实践中，法院审判部门对涉案财产暂时不作实体处理或判决另行甄别处理是为了防止刑事诉讼过于拖沓，但对财产长期进行限制、久拖不决，侵犯了案外人的合法财产权利。刑事审判程序要同时对人身、财产权利作出处理，涉案财物的处理应遵循与定罪量刑相同的证据规则。（1）一审判决应当对查封、扣押、冻结的财物及其孳息进行审查并作出处理决定。《刑事诉讼法》第245条第3款规定，人民法院作出的判决，应当对查封、扣押、冻结的财物及其孳息作出处理。（2）二审期间发现一审未对涉案财物作出处理的，可以发回重审。《刑事诉讼法解释》第446条第1款规定，第二审期间，发现第一审判决未对随案移送的涉案财物及其孳息作出处理的，可以裁定撤销原判，发回原审人民法院重新审判。（3）根据《刑事诉讼法解释》第446条第2款的规定，判决生效后发现原判未对涉案财物作出处理的，由原审法院另行作出处理。但是，司法解释并未进而规定如何另行作出处理。

专题二十三　民事执行财产上有刑事查封的协调处理

——刘某兄弟集资诈骗罪涉案房产执行案

案例提示

民事执行财产上有刑事查封、冻结的，民事首先查封、冻结法院在处置财产前，可商请刑事财产执行法院对财产处置的意见。财产完成处置后，应按《刑事裁判涉财产部分执行规定》第13条规定的顺序进行分配，民事处置法院应在扣除因处置产生的费用，支付人身损害赔偿医疗费用、优先受偿权金额后，将余款交刑事执行法院用于退赔。

一、基本案情

被告人刘某1、刘某2系兄弟俩。自2007年起，二人以非法占有为目的，虚构资金用途，以投资风力发电项目及公司缺少资金等为由，以高息为诱饵，向郑某、田某、李某等200余名不特定的社会公众非法集资，共计人民币5.7余亿元。其中，多数款项用于偿还前期集资人的本金及利息，投资风力发电项目约5700余万元，另外一小部分集资款用于投资中草药、房地产等项目，致使被害人2.3余亿元的资金未能得到偿还。

被告人刘某1、刘某2于2006年借款2800万元用于给Q市某投资集团有限公司增加注册资本，于2010年借款8000万元用于Q市风电开发有限公司注册资本的验资，欺骗公司登记主管部门取得公司登记。

法院认为，被告人刘某1、刘某2以非法占有为目的，使用诈骗方法非法集资，数额特别巨大，其行为均构成集资诈骗罪；采用欺诈手段虚报注册资本，欺骗公司登记主管部门，取得公司登记，虚报注册资本数额巨大，其行为均构成虚报注册资本罪。在共同犯罪过程中，被告人刘某1的作用相对较小，可对其从轻处罚。二被告人到案后如实供述自己的犯罪事实并获得部分被害人的谅解，量刑时可酌情予以考虑。法院依法判决如下：被告人刘某1犯集资诈骗罪，判处有期徒刑15年，并处罚金人民币50万元；犯虚报注册资本罪，判处有期徒刑2年，并处罚金人民币150万元；决定执行有期徒刑16年，并处罚金人民币200万元。被告人刘某2犯集资诈骗罪，判处无期徒刑，剥夺政治权利终身，并处没收个人全部财产；犯虚报注册资本罪，判处有期徒刑2年6个月，并处罚金人民币200万元；决定执行无期徒刑，剥夺政治权利终身，并处没收个人全部财产。

2018年12月5日，刑事裁判涉财产部分移送执行。

二、执行处置权移送处理

本案执行期间，Y省S市中级人民法院向刑事财产执行法院发函，商请移送Q市某酒店管理有限公司位于Q市B区河洛路57号丙、57号丙-1、57号丙-2的房产。理由是相关房产上设有抵押权，该院系抵押权所在法院且案件已进入执行程序，执行中发现涉案房产上有刑事查封，根据《首先查封与优先债权法院处分查封财产批复》的规定，商请移送房产处置权。经了解，Y省S市中级人民法院依法本应直接处置，但由于涉案财产上有刑事查封，不动产登记部门明确告知如无刑事办案机关同意，其不能协助办理过户登记手续。

刑事财产执行法院经调查发现，被执行人刘某1系Q市某酒店管理有限公司的法定代表人，位于Q市B区河洛路57~59号的商品房系刘某1以该公司名义以4277万元购买的。本案侦查机关查封了上述房产，检察机关在审查起诉期间进行了继续查封，但系轮候查封。Y省S市中级人民法院商请移送的房产，系上述本案查封房产的一部分。由于本案刑事判决未对涉案房产作出处理，涉案房产上设有抵押权且本案系轮候查封，移送执行后无处置计划。

刑事财产执行法院研究认为：第一，涉案房产系由本案侦查机关、检察机关查封的，刑事案件移送至法院后，处置决定权即相应转移至法院。由于本案刑事裁判涉财产部分移送执行，执行机构有权处理相关财产性事项。第二，Y省S市中级人民法院执行案件中的债权人对涉案房产享有顺位在先的担保物权，《刑事裁判涉财产部分执行规定》第16条规定，办理刑事裁判涉财产部分执行案件，《刑法》、《刑事诉讼法》及有关司法解释没有相应规定的，可参照适用民事执行的有关规定。因此，根据《首先查封与优先债权法院处分查封财产批复》的规定，同意将上述查封财产移送执行，对该财产的评估、拍卖、续封、解封和变价等后续工作，交由Y省S市中级人民法院办理，执行法院不再负责。第三，Y省S市中级人民法院在后续执行程序中，应按照《刑事裁判涉财产部分执行规定》的要求，在房产拍卖款中扣除抵押权后将剩余款项全部提取至执行法院的指定账户，用于刑事案件退赔，并及时函告拍卖相关材料、执行结果。

刑事财产执行法院复函后，Y省S市中级人民法院对涉案财产依法启动评估，经二次拍卖流拍后，债权人申请以流拍价进行抵债，Y省S市中级人民法院裁定准许抵债。之后，Y省S市中级人民法院请求刑事财产执行法院向不动产登记部门说明情况，并提供了执行依据、评估报告、拍卖手续、抵债裁定等相关材料。据此，刑事财产执行法院确认涉案房产流拍价格不足以偿付抵押权金额，已无剩余款项可用于刑事退赔，遂向不动产登记部门函告：Y省S市中级人民法院来函商请将Q市某酒店管理有限公司位于Q市B区河洛路57号丙、57号丙－1、57号丙－2的房产移送执行，执行法院研究后同意将上述财产移送至该法院执行，对该财产的评估、拍卖、续封、解封和变价等后续工作均由该法院负责；本案侦查期间，Q市公安机关、检察机关查封了上述涉案房产［案号分别是：Q市公安局B区分局Q公B协字（2012）××号通知书、Q市B区人民检察院QB检刑检协封（2017）××号通知书］，上述查封与本案系同一案件。根据《刑事裁判涉财产部分执行规定》第5条之规定，请你单位依法办理。

根据刑事财产执行法院出具的材料，Y省S市中级人民法院办理了涉案房产的过户登记手续。

三、案例评析

《刑事裁判涉财产部分执行规定》第16条规定："人民法院办理刑事裁判涉财产部分执行案件，刑法、刑事诉讼法及有关司法解释没有相应规定的，参照适用民事执行的有关规定。"这是刑事涉案财产处置须参照适用民事执行相关规定的法律依据。从民事上来说，在先的查封、冻结才能产生有效的查封、冻结效力，只有首先查封法院有对查封财产的处分权；轮候查封是按顺序等待查封，并不产生查封的法律效力，只有首先查封解除后，排列在先的轮候查封才能转为正式查封。《首先查封与优先债权法院处分查封财产批复》明确规定，"执行过程中，应当由首先查封、扣押、冻结（以下简称查封）法院负责处分查封财产"，优先债权法院要求财产处置的，应当出具商请移送执行函。在刑事涉案财产处置过程中，应当遵循现有的民事法律秩序，自觉维护民事查封、冻结的法律效力。

与刑事执行法院拟处置非首先查封、冻结财产应按规定商请民事首先查封、冻结法院一样，民事强制措施的首封法院为避免协助义务机关以有刑事查封为由不配合、导致拍卖成交后不能过户，宜在处置前函告（商请）刑事执行法院同意、认可。财产处置完毕后，处置所得款项不足以退赔被害人全部损失的，处置法院应在扣除评估拍卖费用及优先受偿权益后，将余款交刑事执行法院用于退赔被害人损失，并向刑事执行法院提供相关法律文书、证据材料及核算依据。

拥有处置权只代表享有程序上的处置启动权，谁来处置并不代表谁就能够对财产进行优先分配，分配顺序才涉及对权利人的利益分配。可以转让、指定处置权，分配顺序则是法定的。被执行人的财产不足以受偿的，无论谁来处置都要依照法律规定的分配顺序处理。《刑事裁判涉财产部分执行规定》第13条规定："被执行人在执行中同时承担刑事责任、民事责任，其财产不足以支付的，按照下列顺序执行：（一）人身损害赔偿中的医疗费用；（二）退赔被害人的损失；（三）其他民事债务；（四）罚金；（五）没收财产。债权人对执行标的依法享有优先受偿权，其主张优先受偿的，人民法院应当在前款第（一）项规定的医疗费用受偿后，予以支持。"上述规定的第2款清楚表明，对在涉案财产上设立的合法的民事抵押权、质押权等优先权利，依法应当在人身损害赔偿中的医疗费用后、刑事退赔被害人的损失之前实现，这体现了法律对于合法民事秩序的一体保护。上述规定并没有规定“优先受偿权”的类型，本书认为，凡是在涉案财产上依法登记设立的房产抵押权、机器设备抵押权、股权质押权和法定的货物留置权、建设工程施工优先权等都属于“优先受偿权”的范围，上述优先权利要求有法院的生效判决予以确认。

专题二十四　民事债权人参与刑事案款分配，可提起分配异议之诉

——某集团公司合同诈骗罪案款处置案

案例提示

对刑事涉案财物处置所得案款，多个民事债权人申请参与分配的，执行法院可以参照民事执行的相关规定制作财产分配方案。对分配方案有异议的，可以提出书面异议。其他债权人、被执行人对异议提出反对意见的，异议人有权以提出反对意见的人为被告提起诉讼。

一、基本案情

被告单位 D 公司因犯合同诈骗罪等，生效刑事判决认定：1997 年至 2013 年，陈某注册成立被告单位 D 公司，并以 D 公司为基础公司逐步形成以其为实际控制人，由境内外 69 家公司共同组成的“D 系公司”集团体系，“D 系公司”另外还投资、入股了 19 家公司。刑事判决判处查封、扣押在案的货物等予以拍卖，所得款依照相关规定处置后按比例退赔被害单位。判决所附清单列明：涉案货物包括存放于 Q 港、H 港、Z 港、P 港、Y 港、S 港公司的电解铜、氧化铝、铝锭共 61 船。公安机关在侦查阶段依法查封了上述涉案大宗货物。

2019 年 2 月 22 日，刑事裁判涉财产部分依法移送执行。

二、执行财产分配方案异议处理

执行期间，法院依法强制拍卖存放于各港口的涉案铝锭、氧化铝、电解铜并成交56船（项），实际执行到位22亿元。

（一）制定分配方案

因有各港口货物港存费用未付，法院征询了各被害单位意见，并作出了《执行财产分配方案》。对相关款项的分配分析如下：

1. Q港口公司。执行期间，法院依法处置侦查机关查封并存放于Q港的氧化铝、铝锭、电解铜，经依法拍卖成交并全部提货。Q港口公司表示：涉案货物欠付库场使用费（堆存保管费），2014年以前按照港口作业合同约定的计费标准计算，2015年后按照港口对外公示价格1.0元/（吨·天）计算，2016年后按对外公示价格1.2元/（吨·天）计算；库场使用费依照国家规定属于实行市场调节定价的收费项目，只要收费单位对收费项目和标准依法进行了公示就属于合法收费，该公司就涉案货物与涉案公司签订的港口作业合同均约定合同有效期为1年，超期港口有权提高库场使用费；港口是进出口货物流动的枢纽，其库场发挥着重要的货物中转功能，流动性是码头临时仓储区别于社会性仓储单位的重要特点，为保证港口货物正常周转，督促货主尽快提货，对于超过约定堆存期限的货物提高库场使用费是各大港口普遍采取的收费方式，涉案货物因被查封一直占用相关仓库，给公司造成了巨大损失，考虑作为国企的社会担当及平衡各方利益等特殊因素，在相关利益方同意协商解决的前提下，公司愿自行承受大部分损失；如各相关利益方不接受以上方案，公司将提起诉讼，按照生效判决确定的港口费用金额依法优先受偿、不再减免。

2. H港口公司。执行期间，法院依法处置侦查机关查封并存放于H港的铝锭，经依法拍卖成交并全部提货。H港口公司提交的外贸进口货物港口作业合同证实，涉案铝锭库场储存按库内0.33元/（吨·天）、库外0.22元/（吨·天）收费；货物免堆期满后30天内不提清港存货物，因港口公司生产需要进行转栈作业的，应支付货物转栈费用；合同有效期至进口货物全部提请时止。

3. Z 港口公司。执行期间，法院依法处置侦查机关查封并存放于 Z 港的电解铜，经依法拍卖成交并全部提货。Z 港口公司申报货物港存费用含税 13,022,288.46元，包括仓储费用含税 12,589,594.46 元，清关垫付港口费及代理包干费等 432,694 元。其中，库场使用费（堆存费）11,156,790.12 元，搬捣费 649,579.34 元，出入库费 70,606.45 元。为证实其主张，该公司提交了该公司与保税物流园区 Z 仓储物流有限公司签订的仓储保管合同，证实涉案电解铜仓储费（库场使用费、堆存费）为 1 元/（吨·天），3 个月后每超过 1 个月增收 0.1 元/（吨·天），5 元封顶；超期搬捣费为 20 元/吨，每 3 个月搬捣 1 次。合同有效期自 2013 年 11 月 1 日至 2015 年 10 月 30 日，合同到期后可自动顺延。

4. P 港口公司。执行期间，法院依法处置侦查机关查封并存放于 P 港的铝锭，经依法拍卖成交并全部提货。P 港口公司提交的公司文件等证实，保税仓库（堆场）免堆期为 180 天，超过 180 天不满 1 年的货物的堆存费按 0.4 元/（吨·天）收取，超过 1 年不满 2 年的提高至 150%，超过 2 年的提高至 200%；自 2015 年 5 月起，超过 2 年的则提高至 300%。

5. Y 港口公司。执行期间，法院依法处置侦查机关查封并存放于 Y 港的铝锭，经依法拍卖成交并全部提货。Y 港口公司提交的保税费率公示表证实，涉案保税货物出入库管理费公示价格为 6 元/（吨·天），仓储费公示价格按库外 0.4 元/（吨·天）收取。

法院认为，上述各港口单位均依法申报了费用，并提交了相关证据材料，对合理的费用请求应予以支持。但 Z 港口公司、P 港口公司申报费用标准过高，为公平起见，对仓储费（库场使用费、堆存费）参照 Y 港口公司 0.4 元/（吨·天）的标准进行调整。综上，各方主体受偿如下：（1）支付 Q 港口公司港存费用××万元；（2）支付 H 港口公司港存费用××万元；（3）支付 Z 港口公司港存费用 162.64203 万元；（4）支付 P 港口公司港存费用××万元；（5）支付 Y 港口公司港存费用××万元。

（二）分配方案异议

上述执行财产分配方案依法送达涉案各被害单位、各港口公司后，在法定期限内 P 港口公司、Z 港口公司和境内外被害单位 YH 公司、ZD 银行均提出书面异议。

对P港口公司、Z港口公司所提异议，境内外被害单位YH公司、ZD银行等八家单位均表示反对。对YH公司、ZD银行所提异议，各港口公司均表示反对。

针对上述反对意见，法院依照《最高人民法院关于适用〈中华人民共和国民事诉讼法〉的解释》之规定，通知异议人可以自收到通知之日起15日内，以提出反对意见的债权人为被告提起诉讼；异议人逾期未提起诉讼的，将按照原分配方案进行分配。

（三）分配异议之诉

在法定期限内，Z港口公司以提出反对意见的八家被害单位为被告提起诉讼。Z港口公司请求：（1）撤销执行财产分配方案，并重新作出分配方案；（2）确认Z港口公司垫付清关费用、被拖欠保管费用合计13,022,288.46元，Z港口公司对拍卖涉案财物电解铜的价款享有优先受偿权；（3）诉讼费用由被告承担。

法院经审查认为，本案系因刑事裁判涉财产部分的执行而引起的。首先，从执行分配方案异议之诉的法律制度设置情况来看。2015年《最高人民法院关于适用〈中华人民共和国民事诉讼法〉的解释》第508条第1款规定："被执行人为公民或者其他组织，在执行程序开始后，被执行人的其他已经取得执行依据的债权人发现被执行人的财产不能清偿所有债权的，可以向人民法院申请参与分配。"第511条规定："多个债权人对执行财产申请参与分配的，执行法院应当制作财产分配方案，并送达各债权人和被执行人。债权人或者被执行人对分配方案有异议的，应当自收到分配方案之日起十五日内向执行法院提出书面异议。"第512条规定："债权人或者被执行人对分配方案提出书面异议的，执行法院应当通知未提出异议的债权人、被执行人。未提出异议的债权人、被执行人自收到通知之日起十五日内未提出反对意见的，执行法院依异议人的意见对分配方案审查修正后进行分配；提出反对意见的，应当通知异议人。异议人可以自收到通知之日起十五日内，以提出反对意见的债权人、被执行人为被告，向执行法院提起诉讼；异议人逾期未提起诉讼的，执行法院按照原分配方案进行分配。诉讼期间进行分配的，执行法院应当提存与争议债权数额相应的款项。”① 可见，执行分配方案异议之诉中参与分配的主体是“被执行人的其他已经取得执行依据的债权人”，而本案中，Z 港口公司并非法院刑事判决书中确定的刑事被害单位，该判决书中关于财产的处理也并未将其作为处理对象，故其并非“已经取得执行依据的债权人”。

从立法倾向来看，《刑事裁判涉财产部分执行规定》第 14 条第 1 款规定：“执行过程中，当事人、利害关系人认为执行行为违反法律规定，或者案外人对执行标的主张足以阻止执行的实体权利，向执行法院提出书面异议的，执行法院应当依照民事诉讼法第二百二十五条的规定处理。”2017 年《民事诉讼法》第 225 条规定：“当事人、利害关系人认为执行行为违反法律规定的，可以向负责执行的人民法院提出书面异议。当事人、利害关系人提出书面异议的，人民法院应当自收到书面异议之日起十五日内审查，理由成立的，裁定撤销或者改正；理由不成立的，裁定驳回。当事人、利害关系人对裁定不服的，可以自裁定送达之日起十日内向上一级人民法院申请复议。”② 刑事裁判涉财产部分执行中因无申请执行人，自然不能引发申请执行人异议之诉，上述司法解释又明确规定，刑事裁判涉财产部分执行不能引发案外人执行异议之诉的，当事人只能通过复议程序救济。可见，执行异议之诉程序主要系针对民事执行领域设置的一种司法救济途径，而本案系因刑事裁判涉财产部分执行而引发的。

综上所述，Z 港口公司提起执行分配方案异议之诉，主体不适格，程序不当，法院依法裁定驳回原告 Z 港口公司的起诉。

三、案例评析

本案系因不服案款分配而提出的异议，虽被成功导入了分配异议之诉，但遗憾的是并未能再进一步探索解决实体纠纷。《最高人民法院关于适用〈中华人民共和国民事诉讼法〉的解释》第 509 条规定，多个债权人对执行财产申请参与分配的，执行法院应当制作财产分配方案，但该解释第 506 条将申

---

① 上述 2015 年《最高人民法院关于适用〈中华人民共和国民事诉讼法〉的解释》第 508 条、第 511 条、第 512 条，2022 年分别修正为第 506 条、第 509 条、第 510 条。

② 2017 年《民事诉讼法》第 225 条，2023 年修正为第 236 条。

请参与分配的主体限定为“在执行程序开始后，被执行人的其他已经取得执行依据的债权人”。

分配异议之诉裁定驳回Z港口公司起诉的一个理由是：执行异议之诉程序主要系针对民事执行领域设置的一种司法救济途径，刑事裁判涉财产部分执行中无申请执行人，自然引发不了申请执行人异议之诉，《刑事裁判涉财产部分执行规定》明确规定当事人只能通过复议程序进行救济。本书认为，该理由值得商榷：第一，对刑事处置所得款进行分配而作出的《执行财产分配方案》本质上是对民事债权的分配，《刑事裁判涉财产部分执行规定》第16条明确规定，刑事裁判涉财产部分执行可参照适用民事执行的有关规定，因此赋予债权人（利害关系人）诉权系参照适用民事执行的规定。第二，根据2014年《刑事裁判涉财产部分执行规定》第14条的规定，当事人、利害关系人认为执行行为违反法律规定，或者案外人对执行标的主张足以阻止执行的实体权利，向执行法院提出书面异议的，可通过执行异议审查、复议程序处理，但该处理程序并不包括作出执行财产分配方案。第三，由于裁判权、执行权分离的要求和现行规定的缺陷，执行异议审查、复议程序不能处理实体权利主张问题，对该诉权的剥夺，则无异于将相关诉求置于无法被有效救济的法律困境。

专题二十五　案外人对判决财产提出的实体权利主张宜会商处理

——某公司信用证诈骗罪涉案房产执行异议案

案例提示

刑事裁判对案外人的房产作出处理后，案外人提出的实体权利主张足以排除执行的，根据规定应通过执行异议审查程序处理，但执行异议审查程序无权撤销或纠正生效的刑事判决，因此案外人的合法请求通过现行处理程序无法得到彻底解决。对此，应当从源头上重申涉案财产调查的性质，由刑事审判部门、执行机构会商后，尝试探索审判补充调查、执行作出裁定、异议审查处理的分工配合机制。

一、基本案情

被告单位 DZ 控股有限公司犯信用证诈骗罪等，法院判处：对查封在案的被告人郑某名下位于 A 市西山区东川路 1 号 5 号楼 802 户的房产予以拍卖，拍卖所得款依照相关规定处置后按比例退赔被害单位。

该判决发生法律效力后，涉财产部分移送执行。

执行期间，案外人丁某提出，其在公安机关查封之前已经与原房主（被告人）签订了购房合同并支付了购房款，后因刑事案件案发而未能办理产权变更登记，丁某提交了购房合同、转款凭证等证据，故申请解除查封、返还房产。案外人丁某对涉案房产执行提出异议，并多次寻求信访解决。

二、异议处理情况

经调查发现，案外人丁某一家一直在涉案房屋实际居住，其所提支付全部购房款的情况属实。丁某为此多次信访，执行机构除对涉案房产采取继续查封措施外，未采取其他财产处置措施。

法院执行机构、刑事审判庭都认为案外人的主张合法有理，应当按照善意取得的规定予以解决，但怎么解决却成为问题。根据《刑事裁判涉财产部分执行规定》第14条的规定，丁某对涉案标的提出的实体权利主张足以排除执行的，应通过执行异议审查、复议程序处理，但是异议审查、复议程序仅进行程序性审查，对执行标的并不进行实体处理。也就是说，执行机构无权改变刑事判决的内容；法律规定有权改变判决的审判部门却认为判决依法处置被告人名下的财产没有问题，案外人异议依法应当通过执行程序解决。所以执行机构、刑事审判庭都认为自己无法处理，由此，虽然案外人针对执行标的提出的实体权利主张足以排除执行，但相关救济程序却陷入困境。

为彻底解决丁某持续多年的信访，执行法院组织刑事审判部门、执行异议审查部门、执行实施部门、民事异议之诉审理部门、审判监督部门进行了研究，最终决定由刑事审判部门出具补充调查意见，由执行实施部门裁定不予执行，并解除对涉案房产的查封；如对执行实施部门的裁定有异议，再通过执行异议审查程序处理。后执行裁定作出后，被执行人、被害人均未提出异议。

三、案例评析

（一）问题产生的原因：现行法律规定的缺陷

目前，关于刑事涉财执行异议处理方面的规定，主要是《刑事裁判涉财产部分执行规定》的第14条、第15条，其中第14条涉及案外人对执行标的所提的实体权利主张的处理。根据该条规定所援引的2023年修正后的《民事诉讼法》第236条的规定，对于案外人针对执行标的所提的实体权利主张这一异议，应通过执行异议审查、复议程序处理。但这一规定并不能从实体上解决案外人对标的物的实体权利主张。

一方面，民事案件中的执行异议审查、复议针对的是执行裁定，通过审查可以撤销执行裁定，但不能撤销生效的民事判决；同样，执行审查也不可能“撤销或者改正”生效的刑事判决。根据现行法律规定和法院组织机构的设置，执行异议审查、复议由执行裁决机构负责，其权力在本质上属于执行权。既然刑事裁判文书确定了涉案财产的处置，案外人对涉案财产权属的主张实际上构成了对刑事裁判文书的否定。

另一方面，刑事补正裁定、审判监督程序不允许随意适用。案外人对执行标的的实体权利主张足以阻止执行的，根据法律规定当然可以通过刑事裁定进行补正，或通过审判监督程序予以纠正。但是，刑事裁判文书应当相对稳定，这决定了实践中也不可能大量适用补正裁定或提起审判监督程序。而且，刑事审判监督程序的提起非常严格，在刑事审判已经对涉案财物进行调查的情况下，启动审判监督程序的理由并不充分，不可能仅因个别财产异议而提起审判监督程序。

（二）对问题的分析：财产调查属于审判权

《刑事裁判涉财产部分执行规定》第 4 条规定：“人民法院刑事审判中可能判处被告人财产刑、责令退赔的，刑事审判部门应当依法对被告人的财产状况进行调查……”这一规定是一个理想化的制度设计，《刑事裁判涉财产部分执行规定》第 14 条关于案外人实体权利主张的处理规定，正是基于刑事审判程序已作充分调查、准确认定这一理想前提。虽然法律、司法解释已规定应当在审判阶段对涉案财产一并进行调查，但由于我国刑事诉讼长期以来有重定罪量刑、轻财产处置的传统，实践中仍存在审判程序不作财产调查、调查不充分，甚至调查认定错误等与现行司法解释规定不相适应的问题。刑事审判部门未能尽到财产调查职责，导致案外人对涉案财产提出权属异议的，法律、司法解释并没有给出恰当的解决路径。为解决案例所述这一法律困境，就必须从源头上重申涉案财产调查的性质。

第一，财产调查是刑事诉讼调查的重要内容。在刑事侦查、审查起诉阶段，应当对与案件有关的包括涉案财产在内的所有事实进行全面调查。《人民检察院刑事诉讼规则》第 330 条规定，人民检察院审查移送起诉的案件，应当查明：证明相关财产系违法所得的证据材料是否随案移送；涉案财物是否查封、扣押、冻结并妥善保管，清单是否齐备等。

第二，财产调查是刑事庭审调查的重要环节。对涉案财物的处理在本质上属于司法行为，财产调查属于基本事实认定的范畴，刑事审判应当在查明事实的基础上对财产权属作出认定，即财产性质属于审判程序应当查明的事实。财产调查、对涉案财产的处理在本质上是对财产性质的认定和处理，只能由审判机构来行使。2021 年修改的《刑事诉讼法解释》第 279 条规定：法庭审理过程中，应当对查封、扣押、冻结财物及其孳息的权属、来源等情况进行调查。在法庭调查阶段，应由公诉人举证说明涉案财产的权属、来源等情况，并就此听取被告人、辩护人等诉讼参与人的意见；案外人提出权属异议的，还应当听取案外人的意见，必要时案外人可以出庭。应当在法庭调查的基础上对涉案财产依法作出性质认定，并在裁判文书中载明财产处理方式。

第三，法律未赋予第三人对涉案财产裁判不服的上诉权。《刑事诉讼法解释》第 279 条规定，法院应当听取对涉案财产提出权属异议的案外人的意见，但对于案外人来说，其除了针对涉案财产被动接受公安、公诉机关的调查以及在法庭审理时提出意见外，并不享有被告人所拥有的辩护权、上诉权、申诉权，案件作出一审裁判后，案外人对一审裁判不服的，其无权提起二审程序。

（三）解决问题的路径：审判补充调查与执行程序处理

由于上述法律规定的缺陷，因此对涉案财产提出实体权利主张的案外人，在审判阶段可能不敢表达或者没有机会表达对涉案财产的意见；也由于历史原因，侦查、公诉、审判程序衔接不畅，庭审阶段对财产的调查流于形式，所以在一些案件中，涉案财产进入执行程序后无法有效转化。例如，案外人可针对执行标的主张足以阻止执行的实体权利。但对案外人财产权利的法律救济却陷入一个困境，即执行有权进行程序处理，却无法解决实际问题；审判有权进行实体处理，却缺乏相应处理程序。鉴于现行处理规定系基于刑事审判财产调查这一理想前提，为解决这一问题，建议引入刑事审判机构的补救性参与，在此基础上通过现行执行异议处理程序依法进行处理。

刑事审判补充调查是财产调查的补救性手段。将财产纳入庭审调查是现行法律、司法解释规定的庭审环节，甄别财产性质是刑事审判机构的法定职责。在刑事判决、裁定生效并移送执行后，刑事审判机构对案外人的相关主张、证据材料进行补充审查，是对庭审调查环节的补正，是对刑事庭审调查程序的延伸与补救，对案外人财产权利主张的当然回应，既保障了相关权利人的实体财产权利，又能确保生效刑事裁判文书的相对稳定。

补充调查是针对审判机构未尽到调查职责的财产处理采取的补救措施，其目的是在现行异议处理的框架内为执行异议审查提供依据。对涉案财产进行补充调查时，应充分听取案外人（异议人）及控辩双方的意见，并参考适用相关程序的合理规定，采取庭外听取意见的方式。具体来说，应根据现行异议处理程序的规定，构建起审判补充调查、执行作出裁定、异议审查处理的分工配合机制。

专题二十六　刑事与民事判决冲突的，应按执行依据执行

——某公司信用证诈骗罪案款处置案

案例提示

执行法院处置刑事涉案财物，发现刑事判决与民事判决冲突的，应当层报双方共同的上级法院处理。刑事优先于民事，执行机构应依法执行作为执行依据的法院刑事判决，但宜赋予申请人进行法律救济的权利。

一、基本案情

被告单位DZ控股有限公司犯信用证诈骗罪等，2018年11月28日，法院判决依法拍卖查封并存放于D港口的铝锭16船共计6.2万吨，拍卖所得款依照相关规定处置后按比例退赔被害单位。

判决发生法律效力后，刑事裁判涉财产部分依法移送执行。

执行过程中，对上述涉案货物依法评估拍卖，于2019年8月23日以5.96亿元拍卖成交12船，于2020年4月11日以1.3708亿元拍卖成交4船。S银行以生效民事判决确认其对D港口的涉案铝锭享有质押权为由，向法院申请从涉案铝锭拍卖款中优先受偿。执行法院以上级法院民事判决与该院刑事判决认定不一致为由，对上述拍卖成交款另行处理。

二、判决争议处理

（一）民事判决的主要内容

原告S银行与被告DZ控股有限公司、DC矿业公司、HR贸易公司等金融借款合同纠纷一案，由L省高级人民法院依法进行公开审理，被告DZ控股有限公司、DC矿业公司、HR贸易公司等经依法传唤无正当理由拒不到庭参加诉讼。2015年4月17日，L省高级人民法院作出一审民事判决。该判决认定：

1. 2013年12月15日，原告与被告DZ控股有限公司签订了综合授信合同，约定被告在合同约定的授信期限内可向原告申请最高授信额度15亿元，授信额度由DZ控股有限公司及其下属子公司包括DC矿业公司、HR贸易公司及DH金属有限公司使用。同日，原告S银行与被告DC矿业公司及D港口公司签订动产质押监管协议，约定被告愿以其合法所有的财产提供最高额质押担保，质押财产由D港口公司监管，担保的债权本金最高额为12亿元，担保范围包括债务本金、利息及各项费用。质押财产以动产质押清单或者协议约定方式确定。后被告向原告交付了质押物，原告、被告及D港口公司共同签订了动产质押清单，清单显示的质押财产为铝锭，重量为11.4万吨。

2014年1月3日，原告与被告DC矿业公司签订合同并发放贷款8200万元，贷款到期后，被告未按期还款；同年1月13日，原告与被告DC矿业公司签订合同并发放贷款1000万元，贷款到期后，被告未按期还款。同年1月16日，原告与被告DC矿业公司签订协议，由原告对为被告签发的4900万元的银行承兑汇票进行承兑，并约定原告垫付票款后有权将其转为逾期贷款，后原告依约承兑了汇票，并发生垫款24,393,435.21元；同年4月30日，原告与被告DC矿业公司签订协议，由原告对为被告签发的24,000万元的银行承兑汇票进行承兑，后原告依约承兑汇票并发生垫款119,952,516.67元；同年5月16日，原告与被告DC矿业公司签订协议，由原告对为被告签发的7700万元的银行承兑汇票进行承兑，后原告依约承兑汇票并发生垫款38,491,353.54元。

2013年12月25日，原告与被告DC矿业公司签订了国内信用证融资主协议，约定原告为被告开立信用证业务。2014 年 3 月，原告为被告开立了金额为 1 亿元的国内信用证，信用证到期后被告未依约还款，原告发生垫款 47,501,999.66 元；同年 5 月，原告为被告开立了金额为 6250 万元的国内信用证，原告发生垫款 5000 万元；同年 5 月，原告为被告开立了金额为 9000 万元的国内信用证，原告发生垫款 71,992,690.35 元。

2. 2012 年 11 月 19 日，原告与被告 DZ 控股有限公司签订了综合授信合同，约定被告在合同约定的授信期限内可向原告申请最高授信额度 15 亿元。同日，原告 S 银行与被告 DC 矿业公司及 D 港口公司签订动产质押监管协议。后被告向原告交付了质押物，原告、被告及 D 港口公司共同签订了动产质押清单，清单显示的质押财产为铝锭，重量为 11.4 万吨。同日，原告与被告 HR 贸易公司签订了贸易融资主协议，约定原告为被告开立信用证等业务。2013 年 12 月 19 日，原告为被告开立四份信用证，信用证到期后被告均未依约还款。其中，就金额为 98,028,800 元的信用证，原告对外垫款 71,348,846.18 元；就金额为 8816 万元的信用证，原告对外垫款 71,347,788.23 元；就金额为 97,993,200 元的信用证，原告对外垫款 78,703,165.46 元；就金额为 88,202,800 元的信用证，原告对外垫款 78,388,770.22 元。

法院认为：原告与各被告签订的综合授信合同、动产质押监管协议等协议，是当事人的真实意思表示，内容不违反法律、行政法规的禁止性规定，均为合法有效。原告依约发放贷款、垫付银行承兑汇票及信用证项下款项，被告未按约定偿还借款，构成违约，应承担相应的违约责任。遂依法判处：（1）被告 DZ 控股有限公司、被告 DC 矿业公司偿还原告 S 银行承兑汇票垫款本金 182,837,305.42 元及利息、借款本金 9200 万元及利息、信用证垫款本金 169,494,690.01 元及利息；（2）被告 DZ 控股有限公司、被告 HR 贸易公司偿还原告 S 银行信用证垫款本金 299,788,570.09 元及利息；（3）原告 S 银行对被告 DC 矿业公司提供质押项下的 11.4 万吨铝锭的拍卖、变卖所得价款在给付义务金额范围内优先受偿。

一审宣判后，原告 S 银行提起上诉。最高人民法院进行了公开审理，原审被告 DC 矿业公司经公告送达应诉通知后未参加二审公开开庭审理。2016 年 3 月 21 日，最高人民法院作出终审判决，维持上述 L 省高级人民法院作出的民事判决。

（二）刑事判决的主要内容

法院的刑事判决认定：2004 年 9 月，被告人陈某注册成立 DZ 控股有限公司，并以该公司为基础，由 DC 矿业公司、HR 贸易公司等组成公司集团体系。2012 年 11 月至 2014 年 5 月，DZ 公司集团在已明显不具备还款及履行合同能力的情况下，为继续获取资金，通过重复质押或将伪造的货权凭证质押于银行的方式，以购买氧化铝、铝锭等货物为由骗取了 13 家银行的信用证、贷款、承兑汇票，以欺骗手段取得银行承兑汇票、信用证，骗取银行资金共计 36 亿余元。其中，诈骗 S 银行的事实如下：

1. 2012 年 11 月 19 日，在被告人陈某的指使下，被告人杨某组织业务人员以被告单位 DZ 控股有限公司的名义与 D 港口公司、S 银行签订动产质押监管协议，约定 DZ 控股有限公司以 DC 矿业公司质押库存铝锭的方式获取 S 银行 15 亿元的授信额度，同时约定 DC 矿业公司、HR 贸易公司均可使用该授信额度。2013 年 11 月 19 日，杨某明知 DZ 公司集团的库存铝锭不足以办理质押融资，仍安排 DZ 控股有限公司办理 11.4 万吨铝锭的虚假质押手续。薛某在 S 银行核库时，对虚假库存予以确认。2013 年 11 月，HR 贸易公司以代理 DC 矿业公司购买铝锭为由，向 S 银行申请开立 4 份信用证共计 375,308,087.44 元，扣除保证金及利息，S 银行损失 297,660,122.09 元。

2. 2013 年 12 月 25 日，在被告人陈某的组织下，被告人陈某君、刘某仙私刻 D 港口公司印章、中转联运章，由被告人袁某模仿张某川签名并加盖私刻的 D 港口公司印章，假冒 D 港口公司的名义与 S 银行签订动产质押监管协议，并将伪造的 11.4 万吨铝锭的动产质押清单质押于 S 银行；被告人杨某明知 DZ 公司集团的库存铝锭不足以办理质押融资，仍安排 DZ 控股有限公司办理 11.4 万吨铝锭的虚假质押手续，以 DZ 控股有限公司的名义骗取 S 银行 15 亿元的授信额度，并约定 DC 矿业公司、HR 贸易公司均可使用该授信额度。S 银行对质押的 11.4 万吨铝锭多次派员进行核查，刘某仙明知动产质押清单的内容虚假，仍在银行工作人员核查时谎称质押的铝锭数量真实。薛某在 S 银行核库时，对虚假库存予以确认。2014 年 1 月至 5 月，DC 矿业公司以购买氧化铝、铝锭为由，骗取 S 银行的贷款和信用证资金，扣除保证金及利息后银行的贷款损失为 274,906,926.25 元，信用证资金损失为 171,949,912.57 元。

法院认为，被告单位DZ控股有限公司以非法占有为目的，采取重复质押或伪造货权凭证质押等方式，骗取银行信用证、承兑汇票，数额特别巨大，情节特别严重，其行为分别构成信用证诈骗罪，骗取票据承兑、金融票证罪。根据被告单位、各被告人的犯罪事实、性质、情节和社会危害程度，依法判处：（1）被告单位DZ控股有限公司犯信用证诈骗罪等，决定执行罚金30.12亿元；（2）查封、扣押在案的货物予以拍卖，所得款依照相关规定处置后按比例退赔被害单位。

（三）执行法院处理意见

经查，该院刑事判决所附清单载明，存放于D港的16船共计6.2万吨铝锭被依法拍卖，拍卖所得款依照相关规定处置后按比例退赔被害单位。上述判决查明：2012年11月至2014年5月，在DZ公司集团已明显不具备还款及履行合同能力的情况下，为继续获取资金，DZ公司集团通过重复质押或将伪造的货权凭证质押于银行的方式，以购买氧化铝、铝锭等货物为由骗取包括S银行在内的13家银行的信用证、贷款、承兑汇票，以欺骗手段取得银行承兑汇票、信用证，骗取银行资金共计36亿余元。其中，2013年11月19日，DZ控股有限公司以11.4万吨铝锭虚假质押，骗取S银行信用证资金，造成银行损失297,660,122.09元；2013年12月，DC矿业公司以11.4万吨铝锭虚假质押，骗取S银行的贷款和信用证资金，造成银行损失171,949,912.57元。因此，该案查封存放于D港的涉案铝锭系由公安机关查封的，并被该院依法判处拍卖用于退赔被害人，系该案刑事涉案财物，该院刑事判决已认定上述涉案铝锭为虚假质押，并因此将S银行列为刑事被害人，且该行已从本案执行款项中按比例取得分配款，故对其优先受偿请求不予支持。

综上，执行法院依法制定执行财产分配方案，确认各方主体受偿如下：……（7）对S银行的优先权请求不予支持。

执行财产分配方案送达后，S银行提出书面异议。

对于S银行所提异议，8家被害单位表示反对。法院将反对意见依法送达S银行，并告知：异议人可以自收到本通知之日起15日内，以提出反对意见的债权人为被告，向本院提起诉讼；异议人逾期未提起诉讼的，本院将按照原分配方案进行分配。

期限届满后，S 银行未提起诉讼，相关判决争议处理完毕。

三、案例评析

与民事审判所作的形式性审查不同，刑事审判对案件事实作实质审查，刑事证据标准要高于民事证据标准。因此，无论是实体认定还是诉讼程序，实践中刑事都应优先于民事。执行法院的执行依据是该院的刑事判决，依法按判决内容执行即可。但当该院的刑事判决与上级人民法院的民事判决相冲突时，执行刑事判决必然会构成对民事认定的优先权的否认，不但会影响当事人的根本财产利益，而且会损害相关法院的判决权威。根据规定，对冲突判决应当层报双方共同的上级法院处理，本案涉及民刑交叉问题，应当由最高人民法院相关业务庭会商决定。

具体到本案，涉案铝锭经本案侦查机关依法查封，并被刑事判决判处拍卖、退赔，系本案刑事涉案财物，执行法院有权无条件执行该院的刑事判决。在相关判决争议处理遥遥无期的情况下，将 S 银行的优先受偿请求纳入执行财产分配方案并赋予其相应的救济权利，系执行机构为尽快解决相关当事人实体诉求的有益探索。

专题二十七　执行期间发现判决可能有误的应当中止执行

——某公司信用证诈骗罪案款追缴案

案例提示

查明确系涉案违法所得，且第三人非善意取得的，法院应当依法追缴第三人占有的财物，追缴可以会同公安机关执行。执行期间发现判决、裁定有错误的，应当中止执行，并将发现的问题依法提交有关部门，以补正裁定的方式进行纠正或者通过审判监督程序进行处理。

一、基本案情

被告单位 M 公司犯信用证诈骗罪等，判决发生法律效力后，刑事裁判涉财产部分依法移送执行。根据生效刑事判决和审判部门移送执行要求，本案需要执行的事项包括：（1）被告单位 M 公司的罚金 1 亿元；（2）查封、扣押、冻结在案的股权、银行账户、现金等涉案财产，处置所得款按比例退赔被害单位。

执行期间，侦查机关要求执行法院会同追缴被告单位 M 公司对 H 公司的投资款 3250 万元。理由是：本案案发前，M 公司与案外人张某合资成立 H 公司，约定 M 公司投入资金 9000 万元；2015 年 8 月，张某为了公司项目解封需要，书面认可 M 公司尚有投资额 3750 万元未付，并向侦查机关承诺其分三期最晚于 2017 年 2 月付清，后张某汇付至侦查机关指定账户 500 万元，现仍有 3250 万元未付。

为解决案款追缴问题，执行法院询问了 H 公司的法定代表人张某。张某认为，H 公司在经营过程中产生亏损，M 公司应按股权比例 60% 分担 H 公司的亏损 1000 万元；如果法院裁定其个人承担还款义务，其个人愿意按照裁定内容还款，称最晚于 2020 年 2 月前分两次将应付款项缴至 H 公司的银行账户，为此张某提供了 H 公司的银行账户。执行法院研究认为，第一，张某认可 M 公司投入的资金余额为 3250 万元，并承诺其愿意归还剩余投资款项；第二，从投资时间看，张某系在明知本案刑事案发之后仍以公司名义对外进行投资的，投资损失应由其自行承担，本案应追缴 M 公司投入的资金余额 3250 万元。因此，法院依法裁定冻结张某提供的 H 公司的银行账户，并向张某送达协助执行通知书。

张某收到执行法律文书后，口头承诺尽快将款打入冻结账户。后 H 公司以侦查机关已冻结其股权为由，对其账户被冻结提出执行异议。

二、异议处理情况

执行法院调查发现：本案执行依据即刑事判决书所附股权清单第 31 项已载明将 M 公司持有的 H 公司 60% 的股权拍卖，且刑事判决书所附现金清单第 19 项载明确有 M 公司的资金 500 万元，上述股权处置所得款、现金按比例退赔被害单位。

针对调查的情况，执行法院认为：第一，刑事判决书已载明将相关股权予以拍卖，再冻结、扣划其公司银行账户款项构成重复执行。第二，刑事判决书中载明的现金 500 万元，是否就是 H 公司已缴至本案侦查机关指定账户的 500 万元有待查证，如是则与股权执行相冲突。第三，本案虽有 H 公司法定代表人张某的承诺，但刑事判决与在案证据、本案已采取的执行措施有冲突，可能涉及判决补正问题，执行期间不宜对判决以外的财产采取冻结、扣划措施，相关情况宜交由刑事审判部门研究处理，如审判部门坚持原意见则严格按判决书执行。因此，鉴于被冻结账户属于刑事判决以外的财产，执行法院裁定：解除对 H 公司银行账户的冻结。

三、案例评析

本案涉及是对涉案财产进行追缴还是处置涉案股权的问题。追缴的对象是“犯罪分子违法所得的一切财物”，违法所得除由被告人消耗、毁损外，还可能被隐匿、转移至第三人，因此查明确系涉案违法所得，且第三人非善意取得的，应当依法追缴第三人占有的财物。本案被告人以资金入股与第三人共同成立公司，公司具有独立法人人格，其合法财产依法应得到保护，但公司、第三人应当承担返还涉案资金的责任。根据案件具体情况，法院可以依法处置被告人持有的股权，或者由第三人直接返还钱款。

《刑事诉讼法》第 272 条规定：“没收财产的判决，无论附加适用或者独立适用，都由人民法院执行；在必要的时候，可以会同公安机关执行。”对刑事涉案财产的执行，在本质上是对侦查、公诉、审判职能的延续，刑事判决、裁定生效后拒不执行、拒不协助执行的，是对生效刑事判决权威的蔑视，依法应予严惩，构成犯罪的应以拒不执行判决、裁定罪依法追究其法律责任。判决没收、继续追缴的，应当由人民法院执行；判决后需要对财产继续侦查、甄别的，侦查机关负有继续查证、控制财产的责任。在没收、追缴违法所得的过程中，执行机构应与侦查部门密切配合、形成合力，必要时可以会同执行。

执行机构应当不折不扣地执行生效判决确定的内容，但执行期间发现判决、裁定可能有错误的，应当中止执行，并将发现的问题提交有关部门处理。根据相关法律规定，经审查可以补正的应当作出补正裁定，不能补正的可通过审判监督程序处理。但是，刑事审判应当给社会公众以合理预期，为充分维护法院权威，保持刑事裁判的稳定性，刑事裁判文书不应该被随意更改。因此，在法院已经作出生效判决后，补正裁定不应被随意适用，审判监督程序应当被谨慎提起。

附：相关法律、司法解释及规范性文件

中华人民共和国刑法（节选）

（1979 年 7 月 1 日第五届全国人民代表大会第二次会议通过　1997 年 3 月 14 日第八届全国人民代表大会第五次会议修订　根据 1998 年 12 月 29 日第九届全国人民代表大会常务委员会第六次会议通过的《全国人民代表大会常务委员会关于惩治骗购外汇、逃汇和非法买卖外汇犯罪的决定》、1999 年 12 月 25 日第九届全国人民代表大会常务委员会第十三次会议通过的《中华人民共和国刑法修正案》、2001 年 8 月 31 日第九届全国人民代表大会常务委员会第二十三次会议通过的《中华人民共和国刑法修正案（二）》、2001 年 12 月 29 日第九届全国人民代表大会常务委员会第二十五次会议通过的《中华人民共和国刑法修正案（三）》、2002 年 12 月 28 日第九届全国人民代表大会常务委员会第三十一次会议通过的《中华人民共和国刑法修正案（四）》、2005 年 2 月 28 日第十届全国人民代表大会常务委员会第十四次会议通过的《中华人民共和国刑法修正案（五）》、2006 年 6 月 29 日第十届全国人民代表大会常务委员会第二十二次会议通过的《中华人民共和国刑法修正案（六）》、2009 年 2 月 28 日第十一届全国人民代表大会常务委员会第七次会议通过的《中华人民共和国刑法修正案（七）》、2009 年 8 月 27 日第十一届全国人民代表大会常务委员会第十次会议通过的《全国人民代表大会常务委员会关于修改部分法律的决定》、2011 年 2 月 25 日第十一届全国人民代表大会常务委员会第十九次会议通过的《中华人民共和国刑法修正案（八）》、2015 年 8 月 29 日第十二届全国人民代表大会常务委员会第十六次会议通过的《中华人民共和国刑法修正案（九）》、2017 年 11 月 4 日第十二届全国人民代表大会常务委员会第三十次会议通过的《中华人民共和国刑法修正案（十）》、2020 年 12

月26日第十三届全国人民代表大会常务委员会第二十四次会议通过的《中华人民共和国刑法修正案（十一）》和2023年12月29日第十四届全国人民代表大会常务委员会第七次会议通过的《中华人民共和国刑法修正案（十二）》修正）

第三十四条 附加刑的种类如下：

（一）罚金；

（二）剥夺政治权利；

（三）没收财产。

附加刑也可以独立适用。

第三十六条 由于犯罪行为而使被害人遭受经济损失的，对犯罪分子除依法给予刑事处罚外，并应根据情况判处赔偿经济损失。

承担民事赔偿责任的犯罪分子，同时被判处罚金，其财产不足以全部支付的，或者被判处没收财产的，应当先承担对被害人的民事赔偿责任。

第三十七条 对于犯罪情节轻微不需要判处刑罚的，可以免予刑事处罚，但是可以根据案件的不同情况，予以训诫或者责令具结悔过、赔礼道歉、赔偿损失，或者由主管部门予以行政处罚或者行政处分。

第五十二条 判处罚金，应当根据犯罪情节决定罚金数额。

第五十三条 罚金在判决指定的期限内一次或者分期缴纳。期满不缴纳的，强制缴纳。对于不能全部缴纳罚金的，人民法院在任何时候发现被执行人有可以执行的财产，应当随时追缴。

由于遭遇不能抗拒的灾祸等原因缴纳确实有困难的，经人民法院裁定，可以延期缴纳、酌情减少或者免除。

第五十九条 没收财产是没收犯罪分子个人所有财产的一部或者全部。没收全部财产的，应当对犯罪分子个人及其扶养的家属保留必需的生活费用。

在判处没收财产的时候，不得没收属于犯罪分子家属所有或者应有的财产。

第六十条 没收财产以前犯罪分子所负的正当债务，需要以没收的财产偿还的，经债权人请求，应当偿还。

第六十一条 对于犯罪分子决定刑罚的时候，应当根据犯罪的事实、犯罪的性质、情节和对于社会的危害程度，依照本法的有关规定判处。

第六十二条 犯罪分子具有本法规定的从重处罚、从轻处罚情节的，应当在法定刑的限度以内判处刑罚。

第六十三条 犯罪分子具有本法规定的减轻处罚情节的，应当在法定刑以下判处刑罚；本法规定有数个量刑幅度的，应当在法定量刑幅度的下一个量刑幅度内判处刑罚。

犯罪分子虽然不具有本法规定的减轻处罚情节，但是根据案件的特殊情况，经最高人民法院核准，也可以在法定刑以下判处刑罚。

第六十四条 犯罪分子违法所得的一切财物，应当予以追缴或者责令退赔；对被害人的合法财产，应当及时返还；违禁品和供犯罪所用的本人财物，应当予以没收。没收的财物和罚金，一律上缴国库，不得挪用和自行处理。

第六十九条 判决宣告以前一人犯数罪的，除判处死刑和无期徒刑的以外，应当在总和刑期以下、数刑中最高刑期以上，酌情决定执行的刑期，但是管制最高不能超过三年，拘役最高不能超过一年，有期徒刑总和刑期不满三十五年的，最高不能超过二十年，总和刑期在三十五年以上的，最高不能超过二十五年。

数罪中有判处有期徒刑和拘役的，执行有期徒刑。数罪中有判处有期徒刑和管制，或者拘役和管制的，有期徒刑、拘役执行完毕后，管制仍须执行。

数罪中有判处附加刑的，附加刑仍须执行，其中附加刑种类相同的，合并执行，种类不同的，分别执行。

中华人民共和国刑事诉讼法（节选）

（1979 年 7 月 1 日第五届全国人民代表大会第二次会议通过　根据 1996 年 3 月 17 日第八届全国人民代表大会第四次会议《关于修改〈中华人民共和国刑事诉讼法〉的决定》第一次修正　根据 2012 年 3 月 14 日第十一届全国人民代表大会第五次会议《关于修改〈中华人民共和国刑事诉讼法〉的决定》第二次修正　根据 2018 年 10 月 26 日第十三届全国人民代表大会常务委员会第六次会议《关于修改〈中华人民共和国刑事诉讼法〉的决定》第三次修正）

第一百一十七条　当事人和辩护人、诉讼代理人、利害关系人对于司法机关及其工作人员有下列行为之一的，有权向该机关申诉或者控告：

（一）采取强制措施法定期限届满，不予以释放、解除或者变更的；

（二）应当退还取保候审保证金不退还的；

（三）对与案件无关的财物采取查封、扣押、冻结措施的；

（四）应当解除查封、扣押、冻结不解除的；

（五）贪污、挪用、私分、调换、违反规定使用查封、扣押、冻结的财物的。

受理申诉或者控告的机关应当及时处理。对处理不服的，可以向同级人民检察院申诉；人民检察院直接受理的案件，可以向上一级人民检察院申诉。人民检察院对申诉应当及时进行审查，情况属实的，通知有关机关予以纠正。

第一百四十一条　在侦查活动中发现的可用以证明犯罪嫌疑人有罪或者无罪的各种财物、文件，应当查封、扣押；与案件无关的财物、文件，不得查封、扣押。

对查封、扣押的财物、文件，要妥善保管或者封存，不得使用、调换或者损毁。

第一百四十二条　对查封、扣押的财物、文件，应当会同在场见证人和被查封、扣押财物、文件持有人查点清楚，当场开列清单一式二份，由侦查人员、见证人和持有人签名或者盖章，一份交给持有人，另一份附卷备查。

第一百四十三条 侦查人员认为需要扣押犯罪嫌疑人的邮件、电报的时候，经公安机关或者人民检察院批准，即可通知邮电机关将有关的邮件、电报检交扣押。

不需要继续扣押的时候，应即通知邮电机关。

第一百四十四条 人民检察院、公安机关根据侦查犯罪的需要，可以依照规定查询、冻结犯罪嫌疑人的存款、汇款、债券、股票、基金份额等财产。有关单位和个人应当配合。

犯罪嫌疑人的存款、汇款、债券、股票、基金份额等财产已被冻结的，不得重复冻结。

第一百四十五条 对查封、扣押的财物、文件、邮件、电报或者冻结的存款、汇款、债券、股票、基金份额等财产，经查明确实与案件无关的，应当在三日以内解除查封、扣押、冻结，予以退还。

第一百七十七条 犯罪嫌疑人没有犯罪事实，或者有本法第十六条规定的情形之一的，人民检察院应当作出不起诉决定。

对于犯罪情节轻微，依照刑法规定不需要判处刑罚或者免除刑罚的，人民检察院可以作出不起诉决定。

人民检察院决定不起诉的案件，应当同时对侦查中查封、扣押、冻结的财物解除查封、扣押、冻结。对被不起诉人需要给予行政处罚、处分或者需要没收其违法所得的，人民检察院应当提出检察意见，移送有关主管机关处理。有关主管机关应当将处理结果及时通知人民检察院。

第二百四十五条 公安机关、人民检察院和人民法院对查封、扣押、冻结的犯罪嫌疑人、被告人的财物及其孳息，应当妥善保管，以供核查，并制作清单，随案移送。任何单位和个人不得挪用或者自行处理。对被害人的合法财产，应当及时返还。对违禁品或者不宜长期保存的物品，应当依照国家有关规定处理。

对作为证据使用的实物应当随案移送，对不宜移送的，应当将其清单、照片或者其他证明文件随案移送。

人民法院作出的判决，应当对查封、扣押、冻结的财物及其孳息作出处理。

人民法院作出的判决生效以后，有关机关应当根据判决对查封、扣押、冻结的财物及其孳息进行处理。对查封、扣押、冻结的赃款赃物及其孳息，除依法返还被害人的以外，一律上缴国库。

司法工作人员贪污、挪用或者私自处理查封、扣押、冻结的财物及其孳息的，依法追究刑事责任；不构成犯罪的，给予处分。

第二百七十一条 被判处罚金的罪犯，期满不缴纳的，人民法院应当强制缴纳；如果由于遭遇不能抗拒的灾祸等原因缴纳确实有困难的，经人民法院裁定，可以延期缴纳、酌情减少或者免除。

第二百七十二条 没收财产的判决，无论附加适用或者独立适用，都由人民法院执行；在必要的时候，可以会同公安机关执行。

第二百九十八条 对于贪污贿赂犯罪、恐怖活动犯罪等重大犯罪案件，犯罪嫌疑人、被告人逃匿，在通缉一年后不能到案，或者犯罪嫌疑人、被告人死亡，依照刑法规定应当追缴其违法所得及其他涉案财产的，人民检察院可以向人民法院提出没收违法所得的申请。

公安机关认为有前款规定情形的，应当写出没收违法所得意见书，移送人民检察院。

没收违法所得的申请应当提供与犯罪事实、违法所得相关的证据材料，并列明财产的种类、数量、所在地及查封、扣押、冻结的情况。

人民法院在必要的时候，可以查封、扣押、冻结申请没收的财产。

第二百九十九条 没收违法所得的申请，由犯罪地或者犯罪嫌疑人、被告人居住地的中级人民法院组成合议庭进行审理。

人民法院受理没收违法所得的申请后，应当发出公告。公告期间为六个月。犯罪嫌疑人、被告人的近亲属和其他利害关系人有权申请参加诉讼，也可以委托诉讼代理人参加诉讼。

人民法院在公告期满后对没收违法所得的申请进行审理。利害关系人参加诉讼的，人民法院应当开庭审理。

第三百条 人民法院经审理，对经查证属于违法所得及其他涉案财产，除依法返还被害人的以外，应当裁定予以没收；对不属于应当追缴的财产的，应当裁定驳回申请，解除查封、扣押、冻结措施。

对于人民法院依照前款规定作出的裁定，犯罪嫌疑人、被告人的近亲属和其他利害关系人或者人民检察院可以提出上诉、抗诉。

第三百零一条 在审理过程中，在逃的犯罪嫌疑人、被告人自动投案或者被抓获的，人民法院应当终止审理。

没收犯罪嫌疑人、被告人财产确有错误的，应当予以返还、赔偿。

最高人民法院关于适用《中华人民共和国刑事诉讼法》的解释（节选）

（2020年12月7日最高人民法院审判委员会第1820次会议通过，自2021年3月1日起施行　法释〔2021〕1号）

第七十二条 应当运用证据证明的案件事实包括：

（一）被告人、被害人的身份；

（二）被指控的犯罪是否存在；

（三）被指控的犯罪是否为被告人所实施；

（四）被告人有无刑事责任能力，有无罪过，实施犯罪的动机、目的；

（五）实施犯罪的时间、地点、手段、后果以及案件起因等；

（六）是否系共同犯罪或者犯罪事实存在关联，以及被告人在犯罪中的地位、作用；

（七）被告人有无从重、从轻、减轻、免除处罚情节；

（八）有关涉案财物处理的事实；

（九）有关附带民事诉讼的事实；

（十）有关管辖、回避、延期审理等的程序事实；

（十一）与定罪量刑有关的其他事实。

认定被告人有罪和对被告人从重处罚，适用证据确实、充分的证明标准。

第一百七十六条 被告人非法占有、处置被害人财产的，应当依法予以追缴或者责令退赔。被害人提起附带民事诉讼的，人民法院不予受理。追缴、退赔的情况，可以作为量刑情节考虑。

第二百一十八条 对提起公诉的案件，人民法院应当在收到起诉书（一式八份，每增加一名被告人，增加起诉书五份）和案卷、证据后，审查以下内容：

（一）是否属于本院管辖；

（二）起诉书是否写明被告人的身份，是否受过或者正在接受刑事处罚、行政处罚、处分，被采取留置措施的情况，被采取强制措施的时间、种类、羁押地点，犯罪的时间、地点、手段、后果以及其他可能影响定罪量刑的情节；有多起犯罪事实的，是否在起诉书中将事实分别列明；

（三）是否移送证明指控犯罪事实及影响量刑的证据材料，包括采取技术调查、侦查措施的法律文书和所收集的证据材料；

（四）是否查封、扣押、冻结被告人的违法所得或者其他涉案财物，查封、扣押、冻结是否逾期；是否随案移送涉案财物、附涉案财物清单；是否列明涉案财物权属情况；是否就涉案财物处理提供相关证据材料；

（五）是否列明被害人的姓名、住址、联系方式；是否附有证人、鉴定人名单；是否申请法庭通知证人、鉴定人、有专门知识的人出庭，并列明有关人员的姓名、性别、年龄、职业、住址、联系方式；是否附有需要保护的证人、鉴定人、被害人名单；

（六）当事人已委托辩护人、诉讼代理人或者已接受法律援助的，是否列明辩护人、诉讼代理人的姓名、住址、联系方式；

（七）是否提起附带民事诉讼；提起附带民事诉讼的，是否列明附带民事诉讼当事人的姓名、住址、联系方式等，是否附有相关证据材料；

（八）监察调查、侦查、审查起诉程序的各种法律手续和诉讼文书是否齐全；

（九）被告人认罪认罚的，是否提出量刑建议、移送认罪认罚具结书等材料；

（十）有无刑事诉讼法第十六条第二项至第六项规定的不追究刑事责任的情形。

第二百二十八条 庭前会议可以就下列事项向控辩双方了解情况，听取意见：

（一）是否对案件管辖有异议；

（二）是否申请有关人员回避；

（三）是否申请不公开审理；

（四）是否申请排除非法证据；

（五）是否提供新的证据材料；

（六）是否申请重新鉴定或者勘验；

（七）是否申请收集、调取证明被告人无罪或者罪轻的证据材料；

（八）是否申请证人、鉴定人、有专门知识的人、调查人员、侦查人员或者其他人员出庭，是否对出庭人员名单有异议；

（九）是否对涉案财物的权属情况和人民检察院的处理建议有异议；

（十）与审判相关的其他问题。

庭前会议中，人民法院可以开展附带民事调解。

对第一款规定中可能导致庭审中断的程序性事项，人民法院可以在庭前会议后依法作出处理，并在庭审中说明处理决定和理由。控辩双方没有新的理由，在庭审中再次提出有关申请或者异议的，法庭可以在说明庭前会议情况和处理决定理由后，依法予以驳回。

庭前会议情况应当制作笔录，由参会人员核对后签名。

第二百七十九条 法庭审理过程中，应当对查封、扣押、冻结财物及其孳息的权属、来源等情况，是否属于违法所得或者依法应当追缴的其他涉案财物进行调查，由公诉人说明情况、出示证据、提出处理建议，并听取被告人、辩护人等诉讼参与人的意见。

案外人对查封、扣押、冻结的财物及其孳息提出权属异议的，人民法院应当听取案外人的意见；必要时，可以通知案外人出庭。

经审查，不能确认查封、扣押、冻结的财物及其孳息属于违法所得或者依法应当追缴的其他涉案财物的，不得没收。

第二百八十条 合议庭认为案件事实已经调查清楚的，应当由审判长宣布法庭调查结束，开始就定罪、量刑、涉案财物处理的事实、证据、适用法律等问题进行法庭辩论。

第二百九十四条 合议庭评议案件，应当根据已经查明的事实、证据和有关法律规定，在充分考虑控辩双方意见的基础上，确定被告人是否有罪、构成何罪，有无从重、从轻、减轻或者免除处罚情节，应否处以刑罚、判处何种刑罚，附带民事诉讼如何解决，查封、扣押、冻结的财物及其孳息如何处理等，并依法作出判决、裁定。

第二百九十五条 对第一审公诉案件，人民法院审理后，应当按照下列情形分别作出判决、裁定：

（一）起诉指控的事实清楚，证据确实、充分，依据法律认定指控被告人的罪名成立的，应当作出有罪判决；

（二）起诉指控的事实清楚，证据确实、充分，但指控的罪名不当的，应当依据法律和审理认定的事实作出有罪判决；

（三）案件事实清楚，证据确实、充分，依据法律认定被告人无罪的，应当判决宣告被告人无罪；

（四）证据不足，不能认定被告人有罪的，应当以证据不足、指控的犯罪不能成立，判决宣告被告人无罪；

（五）案件部分事实清楚，证据确实、充分的，应当作出有罪或者无罪的判决；对事实不清、证据不足部分，不予认定；

（六）被告人因未达到刑事责任年龄，不予刑事处罚的，应当判决宣告被告人不负刑事责任；

（七）被告人是精神病人，在不能辨认或者不能控制自己行为时造成危害结果，不予刑事处罚的，应当判决宣告被告人不负刑事责任；被告人符合强制医疗条件的，应当依照本解释第二十六章的规定进行审理并作出判决；

（八）犯罪已过追诉时效期限且不是必须追诉，或者经特赦令免除刑罚的，应当裁定终止审理；

（九）属于告诉才处理的案件，应当裁定终止审理，并告知被害人有权提起自诉；

（十）被告人死亡的，应当裁定终止审理；但有证据证明被告人无罪，经缺席审理确认无罪的，应当判决宣告被告人无罪。

对涉案财物，人民法院应当根据审理查明的情况，依照本解释第十八章的规定作出处理。

具有第一款第二项规定情形的，人民法院应当在判决前听取控辩双方的意见，保障被告人、辩护人充分行使辩护权。必要时，可以再次开庭，组织控辩双方围绕被告人的行为构成何罪及如何量刑进行辩论。

第三百四十一条 被告单位的违法所得及其他涉案财物，尚未被依法追缴或者查封、扣押、冻结的，人民法院应当决定追缴或者查封、扣押、冻结。

第三百四十二条 为保证判决的执行，人民法院可以先行查封、扣押、冻结被告单位的财产，或者由被告单位提出担保。

第三百四十三条 采取查封、扣押、冻结等措施，应当严格依照法定程序进行，最大限度降低对被告单位正常生产经营活动的影响。

第三百四十四条 审判期间，被告单位被吊销营业执照、宣告破产但尚未完成清算、注销登记的，应当继续审理；被告单位被撤销、注销的，对单位犯罪直接负责的主管人员和其他直接责任人员应当继续审理。

第三百四十五条 审判期间，被告单位合并、分立的，应当将原单位列为被告单位，并注明合并、分立情况。对被告单位所判处的罚金以其在新单位的财产及收益为限。

第三百九十一条 对上诉、抗诉案件，应当着重审查下列内容：

（一）第一审判决认定的事实是否清楚，证据是否确实、充分；

（二）第一审判决适用法律是否正确，量刑是否适当；

（三）在调查、侦查、审查起诉、第一审程序中，有无违反法定程序的情形；

（四）上诉、抗诉是否提出新的事实、证据；

（五）被告人的供述和辩解情况；

（六）辩护人的辩护意见及采纳情况；

（七）附带民事部分的判决、裁定是否合法、适当；

（八）对涉案财物的处理是否正确；

（九）第一审人民法院合议庭、审判委员会讨论的意见。

第四百三十七条 人民法院对查封、扣押、冻结的涉案财物及其孳息，应当妥善保管，并制作清单，附卷备查；对人民检察院随案移送的实物，应当根据清单核查后妥善保管。任何单位和个人不得挪用或者自行处理。

查封不动产、车辆、船舶、航空器等财物，应当扣押其权利证书，经拍照或者录像后原地封存，或者交持有人、被告人的近亲属保管，登记并写明财物的名称、型号、权属、地址等详细信息，并通知有关财物的登记、管理部门办理查封登记手续。

扣押物品，应当登记并写明物品名称、型号、规格、数量、重量、质量、成色、纯度、颜色、新旧程度、缺损特征和来源等。扣押货币、有价证券，应当登记并写明货币、有价证券的名称、数额、面额等，货币应当存入银行专门账户，并登记银行存款凭证的名称、内容。扣押文物、金银、珠宝、名贵字画等贵重物品以及违禁品，应当拍照，需要鉴定的，应当及时鉴定。对扣押的物品应当根据有关规定及时估价。

冻结存款、汇款、债券、股票、基金份额等财产，应当登记并写明编号、种类、面值、张数、金额等。

第四百三十八条 对被害人的合法财产，权属明确的，应当依法及时返还，但须经拍照、鉴定、估价，并在案卷中注明返还的理由，将原物照片、清单和被害人的领取手续附卷备查；权属不明的，应当在人民法院判决、裁定生效后，按比例返还被害人，但已获退赔的部分应予扣除。

第四百三十九条 审判期间，对不宜长期保存、易贬值或者市场价格波动大的财产，或者有效期即将届满的票据等，经权利人申请或者同意，并经院长批准，可以依法先行处置，所得款项由人民法院保管。

涉案财物先行处置应当依法、公开、公平。

第四百四十条 对作为证据使用的实物，应当随案移送。第一审判决、裁定宣告后，被告人上诉或者人民检察院抗诉的，第一审人民法院应当将上述证据移送第二审人民法院。

第四百四十一条 对实物未随案移送的，应当根据情况，分别审查以下内容：

（一）大宗的、不便搬运的物品，是否随案移送查封、扣押清单，并附原物照片和封存手续，注明存放地点等；

（二）易腐烂、霉变和不易保管的物品，查封、扣押机关变卖处理后，是否随案移送原物照片、清单、变价处理的凭证（复印件）等；

（三）枪支弹药、剧毒物品、易燃易爆物品以及其他违禁品、危险物品，查封、扣押机关根据有关规定处理后，是否随案移送原物照片和清单等。

上述未随案移送的实物，应当依法鉴定、估价的，还应当审查是否附有鉴定、估价意见。

对查封、扣押的货币、有价证券等，未移送实物的，应当审查是否附有原物照片、清单或者其他证明文件。

第四百四十二条 法庭审理过程中，应当依照本解释第二百七十九条的规定，依法对查封、扣押、冻结的财物及其孳息进行审查。

第四百四十三条 被告人将依法应当追缴的涉案财物用于投资或者置业的，对因此形成的财产及其收益，应当追缴。

被告人将依法应当追缴的涉案财物与其他合法财产共同用于投资或者置业的，对因此形成的财产中与涉案财物对应的份额及其收益，应当追缴。

第四百四十四条 对查封、扣押、冻结的财物及其孳息，应当在判决书中写明名称、金额、数量、存放地点及其处理方式等。涉案财物较多，不宜在判决主文中详细列明的，可以附清单。

判决追缴违法所得或者责令退赔的，应当写明追缴、退赔的金额或者财物的名称、数量等情况；已经发还的，应当在判决书中写明。

第四百四十五条 查封、扣押、冻结的财物及其孳息，经审查，确属违法所得或者依法应当追缴的其他涉案财物的，应当判决返还被害人，或者没收上缴国库，但法律另有规定的除外。

对判决时尚未追缴到案或者尚未足额退赔的违法所得，应当判决继续追缴或者责令退赔。

判决返还被害人的涉案财物，应当通知被害人认领；无人认领的，应当公告通知；公告满一年无人认领的，应当上缴国库；上缴国库后有人认领，经查证属实的，应当申请退库予以返还；原物已经拍卖、变卖的，应当返还价款。

对侵犯国有财产的案件，被害单位已经终止且没有权利义务继受人，或者损失已经被核销的，查封、扣押、冻结的财物及其孳息应当上缴国库。

第四百四十六条 第二审期间，发现第一审判决未对随案移送的涉案财物及其孳息作出处理的，可以裁定撤销原判，发回原审人民法院重新审判，由原审人民法院依法对涉案财物及其孳息一并作出处理。

判决生效后，发现原判未对随案移送的涉案财物及其孳息作出处理的，由原审人民法院依法对涉案财物及其孳息另行作出处理。

第四百四十七条 随案移送的或者人民法院查封、扣押的财物及其孳息，由第一审人民法院在判决生效后负责处理。

实物未随案移送、由扣押机关保管的，人民法院应当在判决生效后十日以内，将判决书、裁定书送达扣押机关，并告知其在一个月以内将执行回单送回，确因客观原因无法按时完成的，应当说明原因。

第四百四十八条 对冻结的存款、汇款、债券、股票、基金份额等财产判决没收的，第一审人民法院应当在判决生效后，将判决书、裁定书送达相关金融机构和财政部门，通知相关金融机构依法上缴国库并在接到执行通知书后十五日以内，将上缴国库的凭证、执行回单送回。

第四百四十九条 查封、扣押、冻结的财物与本案无关但已列入清单的，应当由查封、扣押、冻结机关依法处理。

查封、扣押、冻结的财物属于被告人合法所有的，应当在赔偿被害人损失、执行财产刑后及时返还被告人。

第四百五十条 查封、扣押、冻结财物及其处理，本解释没有规定的，参照适用其他司法解释的有关规定。

第四百五十七条 对立案审查的申诉案件，应当在三个月以内作出决定，至迟不得超过六个月。因案件疑难、复杂、重大或者其他特殊原因需要延长审查期限的，参照本解释第二百一十条的规定处理。

经审查，具有下列情形之一的，应当根据刑事诉讼法第二百五十三条的规定，决定重新审判：

（一）有新的证据证明原判决、裁定认定的事实确有错误，可能影响定罪量刑的；

（二）据以定罪量刑的证据不确实、不充分、依法应当排除的；

（三）证明案件事实的主要证据之间存在矛盾的；

（四）主要事实依据被依法变更或者撤销的；

（五）认定罪名错误的；

（六）量刑明显不当的；

（七）对违法所得或者其他涉案财物的处理确有明显错误的；

（八）违反法律关于溯及力规定的；

（九）违反法定诉讼程序，可能影响公正裁判的；

（十）审判人员在审理该案件时有贪污受贿、徇私舞弊、枉法裁判行为的。

申诉不具有上述情形的，应当说服申诉人撤回申诉；对仍然坚持申诉的，应当书面通知驳回。

第五百二十一条 刑事裁判涉财产部分的执行，是指发生法律效力的刑事裁判中下列判项的执行：

（一）罚金、没收财产；

（二）追缴、责令退赔违法所得；

（三）处置随案移送的赃款赃物；

（四）没收随案移送的供犯罪所用本人财物；

（五）其他应当由人民法院执行的相关涉财产的判项。

第五百二十二条 刑事裁判涉财产部分和附带民事裁判应当由人民法院执行的，由第一审人民法院负责裁判执行的机构执行。

第五百二十三条 罚金在判决规定的期限内一次或者分期缴纳。期满无故不缴纳或者未足额缴纳的，人民法院应当强制缴纳。经强制缴纳仍不能全部缴纳的，在任何时候，包括主刑执行完毕后，发现被执行人有可供执行的财产的，应当追缴。

行政机关对被告人就同一事实已经处以罚款的，人民法院判处罚金时应当折抵，扣除行政处罚已执行的部分。

第五百二十四条 因遭遇不能抗拒的灾祸等原因缴纳罚金确有困难，被执行人申请延期缴纳、酌情减少或者免除罚金的，应当提交相关证明材料。人民法院应当在收到申请后一个月以内作出裁定。符合法定条件的，应当准许；不符合条件的，驳回申请。

第五百二十五条 判处没收财产的，判决生效后，应当立即执行。

第五百二十六条 执行财产刑，应当参照被扶养人住所地政府公布的上年度当地居民最低生活费标准，保留被执行人及其所扶养人的生活必需费用。

第五百二十七条 被判处财产刑，同时又承担附带民事赔偿责任的被执行人，应当先履行民事赔偿责任。

第五百二十八条 执行刑事裁判涉财产部分、附带民事裁判过程中，当事人、利害关系人认为执行行为违反法律规定，或者案外人对被执行标的书面提出异议的，人民法院应当参照民事诉讼法的有关规定处理。

第五百二十九条 执行刑事裁判涉财产部分、附带民事裁判过程中，具有下列情形之一的，人民法院应当裁定终结执行：

（一）据以执行的判决、裁定被撤销的；

（二）被执行人死亡或者被执行死刑，且无财产可供执行的；

（三）被判处罚金的单位终止，且无财产可供执行的；

（四）依照刑法第五十三条规定免除罚金的；

（五）应当终结执行的其他情形。

裁定终结执行后，发现被执行人的财产有被隐匿、转移等情形的，应当追缴。

第五百三十条 被执行财产在外地的，第一审人民法院可以委托财产所在地的同级人民法院执行。

第五百三十一条 刑事裁判涉财产部分、附带民事裁判全部或者部分被撤销的，已经执行的财产应当全部或者部分返还被执行人；无法返还的，应当依法赔偿。

第五百三十二条 刑事裁判涉财产部分、附带民事裁判的执行，刑事诉讼法及有关刑事司法解释没有规定的，参照适用民事执行的有关规定。

第五百三十五条 受理减刑、假释案件，应当审查执行机关移送的材料是否包括下列内容：

（一）减刑、假释建议书；

（二）原审法院的裁判文书、执行通知书、历次减刑裁定书的复制件；

（三）证明罪犯确有悔改、立功或者重大立功表现具体事实的书面材料；

（四）罪犯评审鉴定表、奖惩审批表等；

（五）罪犯假释后对所居住社区影响的调查评估报告；

（六）刑事裁判涉财产部分、附带民事裁判的执行、履行情况；

（七）根据案件情况需要移送的其他材料。

人民检察院对报请减刑、假释案件提出意见的，执行机关应当一并移送受理减刑、假释案件的人民法院。

经审查，材料不全的，应当通知提请减刑、假释的执行机关在三日以内补送；逾期未补送的，不予立案。

第五百三十六条 审理减刑、假释案件，对罪犯积极履行刑事裁判涉财产部分、附带民事裁判确定的义务的，可以认定有悔改表现，在减刑、假释时从宽掌握；对确有履行能力而不履行或者不全部履行的，在减刑、假释时从严掌握。

第五百九十八条 对人民检察院依照刑事诉讼法第二百九十一条第一款的规定提起公诉的案件，人民法院应当重点审查以下内容：

（一）是否属于可以适用缺席审判程序的案件范围；

（二）是否属于本院管辖；

（三）是否写明被告人的基本情况，包括明确的境外居住地、联系方式等；

（四）是否写明被告人涉嫌有关犯罪的主要事实，并附证据材料；

（五）是否写明被告人有无近亲属以及近亲属的姓名、身份、住址、联系方式等情况；

（六）是否列明违法所得及其他涉案财产的种类、数量、价值、所在地等，并附证据材料；

（七）是否附有查封、扣押、冻结违法所得及其他涉案财产的清单和相关法律手续。

前款规定的材料需要翻译件的，人民法院应当要求人民检察院一并移送。

第六百零四条 对人民检察院依照刑事诉讼法第二百九十一条第一款的规定提起公诉的案件，人民法院审理后应当参照本解释第二百九十五条的规定作出判决、裁定。

作出有罪判决的，应当达到证据确实、充分的证明标准。

经审理认定的罪名不属于刑事诉讼法第二百九十一条第一款规定的罪名的，应当终止审理。

适用缺席审判程序审理案件，可以对违法所得及其他涉案财产一并作出处理。

第六百零九条 刑事诉讼法第二百九十八条规定的“贪污贿赂犯罪、恐怖活动犯罪等”犯罪案件，是指下列案件：

（一）贪污贿赂、失职渎职等职务犯罪案件；

（二）刑法分则第二章规定的相关恐怖活动犯罪案件，以及恐怖活动组织、恐怖活动人员实施的杀人、爆炸、绑架等犯罪案件；

（三）危害国家安全、走私、洗钱、金融诈骗、黑社会性质组织、毒品犯罪案件；

（四）电信诈骗、网络诈骗犯罪案件。

第六百一十条 在省、自治区、直辖市或者全国范围内具有较大影响的犯罪案件，或者犯罪嫌疑人、被告人逃匿境外的犯罪案件，应当认定为刑事诉讼法第二百九十八条第一款规定的“重大犯罪案件”。

第六百一十一条 犯罪嫌疑人、被告人死亡，依照刑法规定应当追缴其违法所得及其他涉案财产，人民检察院提出没收违法所得申请的，人民法院应当依法受理。

第六百一十二条 对人民检察院提出的没收违法所得申请，人民法院应当审查以下内容：

（一）是否属于可以适用违法所得没收程序的案件范围；

（二）是否属于本院管辖；

（三）是否写明犯罪嫌疑人、被告人基本情况，以及涉嫌有关犯罪的情况，并附证据材料；

（四）是否写明犯罪嫌疑人、被告人逃匿、被通缉、脱逃、下落不明、死亡等情况，并附证据材料；

（五）是否列明违法所得及其他涉案财产的种类、数量、价值、所在地等，并附证据材料；

（六）是否附有查封、扣押、冻结违法所得及其他涉案财产的清单和法律手续；

（七）是否写明犯罪嫌疑人、被告人有无利害关系人，利害关系人的姓名、身份、住址、联系方式及其要求等情况；

（八）是否写明申请没收的理由和法律依据；

（九）其他依法需要审查的内容和材料。

前款规定的材料需要翻译件的，人民法院应当要求人民检察院一并移送。

第六百一十三条 对没收违法所得的申请，人民法院应当在三十日以内审查完毕，并按照下列情形分别处理：

（一）属于没收违法所得申请受案范围和本院管辖，且材料齐全、有证据证明有犯罪事实的，应当受理；

（二）不属于没收违法所得申请受案范围或者本院管辖的，应当退回人民检察院；

（三）没收违法所得申请不符合“有证据证明有犯罪事实”标准要求的，应当通知人民检察院撤回申请；

（四）材料不全的，应当通知人民检察院在七日以内补送；七日以内不能补送的，应当退回人民检察院。

人民检察院尚未查封、扣押、冻结申请没收的财产或者查封、扣押、冻结期限即将届满，涉案财产有被隐匿、转移或者毁损、灭失危险的，人民法院可以查封、扣押、冻结申请没收的财产。

第六百一十四条 人民法院受理没收违法所得的申请后，应当在十五日以内发布公告。公告应当载明以下内容：

（一）案由、案件来源；

（二）犯罪嫌疑人、被告人的基本情况；

（三）犯罪嫌疑人、被告人涉嫌犯罪的事实；

（四）犯罪嫌疑人、被告人逃匿、被通缉、脱逃、下落不明、死亡等情况；

（五）申请没收的财产的种类、数量、价值、所在地等以及已查封、扣押、冻结财产的清单和法律手续；

（六）申请没收的财产属于违法所得及其他涉案财产的相关事实；

（七）申请没收的理由和法律依据；

（八）利害关系人申请参加诉讼的期限、方式以及未按照该期限、方式申请参加诉讼可能承担的不利法律后果；

（九）其他应当公告的情况。

公告期为六个月，公告期间不适用中止、中断、延长的规定。

第六百一十五条 公告应当在全国公开发行的报纸、信息网络媒体、最高人民法院的官方网站发布，并在人民法院公告栏发布。必要时，公告可以在犯罪地、犯罪嫌疑人、被告人居住地或者被申请没收财产所在地发布。最后发布的公告的日期为公告日期。发布公告的，应当采取拍照、录像等方式记录发布过程。

人民法院已经掌握境内利害关系人联系方式的，应当直接送达含有公告内容的通知；直接送达有困难的，可以委托代为送达、邮寄送达。经受送达人同意的，可以采用传真、电子邮件等能够确认其收悉的方式告知公告内容，并记录在案。

人民法院已经掌握境外犯罪嫌疑人、被告人、利害关系人联系方式，经受送达人同意的，可以采用传真、电子邮件等能够确认其收悉的方式告知公告内容，并记录在案；受送达人未表示同意，或者人民法院未掌握境外犯罪嫌疑人、被告人、利害关系人联系方式，其所在国、地区的主管机关明确提出应当向受送达人送达含有公告内容的通知的，人民法院可以决定是否送达。决定送达的，应当依照本解释第四百九十三条的规定请求所在国、地区提供司法协助。

第六百一十六条 刑事诉讼法第二百九十九条第二款、第三百条第二款规定的“其他利害关系人”，是指除犯罪嫌疑人、被告人的近亲属以外的，对申请没收的财产主张权利的自然人和单位。

第六百一十七条 犯罪嫌疑人、被告人的近亲属和其他利害关系人申请参加诉讼的，应当在公告期间内提出。犯罪嫌疑人、被告人的近亲属应当提供其与犯罪嫌疑人、被告人关系的证明材料，其他利害关系人应当提供证明其对违法所得及其他涉案财产主张权利的证据材料。

利害关系人可以委托诉讼代理人参加诉讼。委托律师担任诉讼代理人的，应当委托具有中华人民共和国律师资格并依法取得执业证书的律师；在境外委托的，应当依照本解释第四百八十六条的规定对授权委托进行公证、认证。

利害关系人在公告期满后申请参加诉讼，能够合理说明理由的，人民法院应当准许。

第六百一十八条 犯罪嫌疑人、被告人逃匿境外，委托诉讼代理人申请参加诉讼，且违法所得或者其他涉案财产所在国、地区主管机关明确提出意见予以支持的，人民法院可以准许。

人民法院准许参加诉讼的，犯罪嫌疑人、被告人的诉讼代理人依照本解释关于利害关系人的诉讼代理人的规定行使诉讼权利。

第六百一十九条 公告期满后，人民法院应当组成合议庭对申请没收违法所得的案件进行审理。

利害关系人申请参加或者委托诉讼代理人参加诉讼的，应当开庭审理。没有利害关系人申请参加诉讼的，或者利害关系人及其诉讼代理人无正当理由拒不到庭的，可以不开庭审理。

人民法院确定开庭日期后，应当将开庭的时间、地点通知人民检察院、利害关系人及其诉讼代理人、证人、鉴定人、翻译人员。通知书应当依照本解释第六百一十五条第二款、第三款规定的方式，至迟在开庭审理三日以前送达；受送达人在境外的，至迟在开庭审理三十日以前送达。

第六百二十条 开庭审理申请没收违法所得的案件，按照下列程序进行：

（一）审判长宣布法庭调查开始后，先由检察员宣读申请书，后由利害关系人、诉讼代理人发表意见；

（二）法庭应当依次就犯罪嫌疑人、被告人是否实施了贪污贿赂犯罪、恐怖活动犯罪等重大犯罪并已经通缉一年不能到案，或者是否已经死亡，以及申请没收的财产是否依法应当追缴进行调查；调查时，先由检察员出示证据，后由利害关系人、诉讼代理人出示证据，并进行质证；

（三）法庭辩论阶段，先由检察员发言，后由利害关系人、诉讼代理人发言，并进行辩论。

利害关系人接到通知后无正当理由拒不到庭，或者未经法庭许可中途退庭的，可以转为不开庭审理，但还有其他利害关系人参加诉讼的除外。

第六百二十一条 对申请没收违法所得的案件，人民法院审理后，应当按照下列情形分别处理：

（一）申请没收的财产属于违法所得及其他涉案财产的，除依法返还被害人的以外，应当裁定没收；

（二）不符合刑事诉讼法第二百九十八条第一款规定的条件的，应当裁定驳回申请，解除查封、扣押、冻结措施。

申请没收的财产具有高度可能属于违法所得及其他涉案财产的，应当认定为前款规定的“申请没收的财产属于违法所得及其他涉案财产”。巨额财产来源不明犯罪案件中，没有利害关系人对违法所得及其他涉案财产主张权利，或者利害关系人对违法所得及其他涉案财产虽然主张权利但提供的证据没有达到相应证明标准的，应当视为“申请没收的财产属于违法所得及其他涉案财产”。

第六百二十二条 对没收违法所得或者驳回申请的裁定，犯罪嫌疑人、被告人的近亲属和其他利害关系人或者人民检察院可以在五日以内提出上诉、抗诉。

第六百二十三条 对不服第一审没收违法所得或者驳回申请裁定的上诉、抗诉案件，第二审人民法院经审理，应当按照下列情形分别处理：

（一）第一审裁定认定事实清楚和适用法律正确的，应当驳回上诉或者抗诉，维持原裁定；

（二）第一审裁定认定事实清楚，但适用法律有错误的，应当改变原裁定；

（三）第一审裁定认定事实不清的，可以在查清事实后改变原裁定，也可以撤销原裁定，发回原审人民法院重新审判；

（四）第一审裁定违反法定诉讼程序，可能影响公正审判的，应当撤销原裁定，发回原审人民法院重新审判。

第一审人民法院对发回重新审判的案件作出裁定后，第二审人民法院对不服第一审人民法院裁定的上诉、抗诉，应当依法作出裁定，不得再发回原审人民法院重新审判；但是，第一审人民法院在重新审判过程中违反法定诉讼程序，可能影响公正审判的除外。

第六百二十四条 利害关系人非因故意或者重大过失在第一审期间未参加诉讼，在第二审期间申请参加诉讼的，人民法院应当准许，并撤销原裁定，发回原审人民法院重新审判。

第六百二十五条 在审理申请没收违法所得的案件过程中，在逃的犯罪嫌疑人、被告人到案的，人民法院应当裁定终止审理。人民检察院向原受理申请的人民法院提起公诉的，可以由同一审判组织审理。

第六百二十六条 在审理案件过程中，被告人脱逃或者死亡，符合刑事诉讼法第二百九十八条第一款规定的，人民检察院可以向人民法院提出没收违法所得的申请；符合刑事诉讼法第二百九十一条第一款规定的，人民检察院可以按照缺席审判程序向人民法院提起公诉。

人民检察院向原受理案件的人民法院提出没收违法所得申请的，可以由同一审判组织审理。

第六百二十七条 审理申请没收违法所得案件的期限，参照公诉案件第一审普通程序和第二审程序的审理期限执行。

公告期间和请求刑事司法协助的时间不计入审理期限。

第六百二十八条 没收违法所得裁定生效后，犯罪嫌疑人、被告人到案并对没收裁定提出异议，人民检察院向原作出裁定的人民法院提起公诉的，可以由同一审判组织审理。

人民法院经审理，应当按照下列情形分别处理：

（一）原裁定正确的，予以维持，不再对涉案财产作出判决；

（二）原裁定确有错误的，应当撤销原裁定，并在判决中对有关涉案财产一并作出处理。

人民法院生效的没收裁定确有错误的，除第一款规定的情形外，应当依照审判监督程序予以纠正。

第六百二十九条 人民法院审理申请没收违法所得的案件，本章没有规定的，参照适用本解释的有关规定。

公安机关办理刑事案件程序规定（节选）

（2012年12月13日公安部令第127号修订发布 根据2020年7月20日公安部令第159号《公安部关于修改〈公安机关办理刑事案件程序规定〉的决定》修正）

第一百七十四条 对接受的案件，或者发现的犯罪线索，公安机关应当迅速进行审查。发现案件事实或者线索不明的，必要时，经办案部门负责人批准，可以进行调查核实。

调查核实过程中，公安机关可以依照有关法律和规定采取询问、查询、勘验、鉴定和调取证据材料等不限制被调查对象人身、财产权利的措施。但是，不得对被调查对象采取强制措施，不得查封、扣押、冻结被调查对象的财产，不得采取技术侦查措施。

第一百八十七条 需要撤销案件或者对犯罪嫌疑人终止侦查的，办案部门应当制作撤销案件或者终止侦查报告书，报县级以上公安机关负责人批准。

公安机关决定撤销案件或者对犯罪嫌疑人终止侦查时，原犯罪嫌疑人在押的，应当立即释放，发给释放证明书。原犯罪嫌疑人被逮捕的，应当通知原批准逮捕的人民检察院。对原犯罪嫌疑人采取其他强制措施的，应当立即解除强制措施；需要行政处理的，依法予以处理或者移交有关部门。

对查封、扣押的财物及其孳息、文件，或者冻结的财产，除按照法律和有关规定另行处理的以外，应当解除查封、扣押、冻结，并及时返还或者通知当事人。

第一百九十四条第一款 公安机关开展勘验、检查、搜查、辨认、查封、扣押等侦查活动，应当邀请有关公民作为见证人。

第一百九十六条 当事人和辩护人、诉讼代理人、利害关系人对于公安机关及其侦查人员有下列行为之一的，有权向该机关申诉或者控告：

（一）采取强制措施法定期限届满，不予以释放、解除或者变更的；

（二）应当退还取保候审保证金不退还的；

（三）对与案件无关的财物采取查封、扣押、冻结措施的；

（四）应当解除查封、扣押、冻结不解除的；

（五）贪污、挪用、私分、调换、违反规定使用查封、扣押、冻结的财物的。

受理申诉或者控告的公安机关应当及时进行调查核实，并在收到申诉、控告之日起三十日以内作出处理决定，书面回复申诉人、控告人。发现公安机关及其侦查人员有上述行为之一的，应当立即纠正。

第二百二十七条 在侦查活动中发现的可用以证明犯罪嫌疑人有罪或者无罪的各种财物、文件，应当查封、扣押；但与案件无关的财物、文件，不得查封、扣押。

持有人拒绝交出应当查封、扣押的财物、文件的，公安机关可以强制查封、扣押。

第二百二十八条 在侦查过程中需要扣押财物、文件的，应当经办案部门负责人批准，制作扣押决定书；在现场勘查或者搜查中需要扣押财物、文件的，由现场指挥人员决定；但扣押财物、文件价值较高或者可能严重影响正常生产经营的，应当经县级以上公安机关负责人批准，制作扣押决定书。

在侦查过程中需要查封土地、房屋等不动产，或者船舶、航空器以及其他不宜移动的大型机器、设备等特定动产的，应当经县级以上公安机关负责人批准并制作查封决定书。

第二百二十九条 执行查封、扣押的侦查人员不得少于二人，并出示本规定第二百二十八条规定的有关法律文书。

查封、扣押的情况应当制作笔录，由侦查人员、持有人和见证人签名。对于无法确定持有人或者持有人拒绝签名的，侦查人员应当在笔录中注明。

第二百三十条 对查封、扣押的财物和文件，应当会同在场见证人和被查封、扣押财物、文件的持有人查点清楚，当场开列查封、扣押清单一式三份，写明财物或者文件的名称、编号、数量、特征及其来源等，由侦查人员、持有人和见证人签名，一份交给持有人，一份交给公安机关保管人员，一份附卷备查。

对于财物、文件的持有人无法确定，以及持有人不在现场或者拒绝签名的，侦查人员应当在清单中注明。

依法扣押文物、贵金属、珠宝、字画等贵重财物的，应当拍照或者录音录像，并及时鉴定、估价。

执行查封、扣押时，应当为犯罪嫌疑人及其所扶养的亲属保留必需的生活费用和物品。能够保证侦查活动正常进行的，可以允许有关当事人继续合理使用有关涉案财物，但应当采取必要的保值、保管措施。

第二百三十一条 对作为犯罪证据但不便提取或者没有必要提取的财物、文件，经登记、拍照或者录音录像、估价后，可以交财物、文件持有人保管或者封存，并且开具登记保存清单一式两份，由侦查人员、持有人和见证人签名，一份交给财物、文件持有人，另一份连同照片或者录音录像资料附卷备查。财物、文件持有人应当妥善保管，不得转移、变卖、毁损。

第二百三十二条 扣押犯罪嫌疑人的邮件、电子邮件、电报，应当经县级以上公安机关负责人批准，制作扣押邮件、电报通知书，通知邮电部门或者网络服务单位检交扣押。

不需要继续扣押的时候，应当经县级以上公安机关负责人批准，制作解除扣押邮件、电报通知书，立即通知邮电部门或者网络服务单位。

第二百三十三条 对查封、扣押的财物、文件、邮件、电子邮件、电报，经查明确实与案件无关的，应当在三日以内解除查封、扣押，退还原主或者原邮电部门、网络服务单位；原主不明确的，应当采取公告方式告知原主认领。在通知原主或者公告后六个月以内，无人认领的，按照无主财物处理，登记后上缴国库。

第二百三十四条 有关犯罪事实查证属实后，对于有证据证明权属明确且无争议的被害人合法财产及其孳息，且返还不损害其他被害人或者利害关系人的利益，不影响案件正常办理的，应当在登记、拍照或者录音录像和估价后，报经县级以上公安机关负责人批准，开具发还清单返还，并在案卷材料中注明返还的理由，将原物照片、发还清单和被害人的领取手续存卷备查。

领取人应当是涉案财物的合法权利人或者其委托的人；委托他人领取的，应当出具委托书。侦查人员或者公安机关其他工作人员不得代为领取。

查找不到被害人，或者通知被害人后，无人领取的，应当将有关财产及其孳息随案移送。

第二百三十五条 对查封、扣押的财物及其孳息、文件，公安机关应当妥善保管，以供核查。任何单位和个人不得违规使用、调换、损毁或者自行处理。

县级以上公安机关应当指定一个内设部门作为涉案财物管理部门，负责对涉案财物实行统一管理，并设立或者指定专门保管场所，对涉案财物进行集中保管。

对价值较低、易于保管，或者需要作为证据继续使用，以及需要先行返还被害人的涉案财物，可以由办案部门设置专门的场所进行保管。办案部门应当指定不承担办案工作的民警负责本部门涉案财物的接收、保管、移交等管理工作；严禁由侦查人员自行保管涉案财物。

第二百三十六条 在侦查期间，对于易损毁、灭失、腐烂、变质而不宜长期保存，或者难以保管的物品，经县级以上公安机关主要负责人批准，可以在拍照或者录音录像后委托有关部门变卖、拍卖，变卖、拍卖的价款暂予保存，待诉讼终结后一并处理。

对于违禁品，应当依照国家有关规定处理；需要作为证据使用的，应当在诉讼终结后处理。

第二百三十七条 公安机关根据侦查犯罪的需要，可以依照规定查询、冻结犯罪嫌疑人的存款、汇款、证券交易结算资金、期货保证金等资金，债券、股票、基金份额和其他证券，以及股权、保单权益和其他投资权益等财产，并可以要求有关单位和个人配合。

对于前款规定的财产，不得划转、转账或者以其他方式变相扣押。

第二百三十八条 向金融机构等单位查询犯罪嫌疑人的存款、汇款、证券交易结算资金、期货保证金等资金，债券、股票、基金份额和其他证券，以及股权、保单权益和其他投资权益等财产，应当经县级以上公安机关负责人批准，制作协助查询财产通知书，通知金融机构等单位协助办理。

第二百三十九条 需要冻结犯罪嫌疑人财产的，应当经县级以上公安机关负责人批准，制作协助冻结财产通知书，明确冻结财产的账户名称、账户号码、冻结数额、冻结期限、冻结范围以及是否及于孳息等事项，通知金融机构等单位协助办理。

冻结股权、保单权益的，应当经设区的市一级以上公安机关负责人批准。

冻结上市公司股权的，应当经省级以上公安机关负责人批准。

第二百四十条 需要延长冻结期限的，应当按照原批准权限和程序，在冻结期限届满前办理继续冻结手续。逾期不办理继续冻结手续的，视为自动解除冻结。

第二百四十一条 不需要继续冻结犯罪嫌疑人财产时，应当经原批准冻结的公安机关负责人批准，制作协助解除冻结财产通知书，通知金融机构等单位协助办理。

第二百四十二条 犯罪嫌疑人的财产已被冻结的，不得重复冻结，但可以轮候冻结。

第二百四十三条 冻结存款、汇款、证券交易结算资金、期货保证金等财产的期限为六个月。每次续冻期限最长不得超过六个月。

对于重大、复杂案件，经设区的市一级以上公安机关负责人批准，冻结存款、汇款、证券交易结算资金、期货保证金等财产的期限可以为一年。每次续冻期限最长不得超过一年。

第二百四十四条 冻结债券、股票、基金份额等证券的期限为二年。每次续冻期限最长不得超过二年。

第二百四十五条 冻结股权、保单权益或者投资权益的期限为六个月。每次续冻期限最长不得超过六个月。

第二百四十六条 对冻结的债券、股票、基金份额等财产，应当告知当事人或者其法定代理人、委托代理人有权申请出售。

权利人书面申请出售被冻结的债券、股票、基金份额等财产，不损害国家利益、被害人、其他权利人利益，不影响诉讼正常进行的，以及冻结的汇票、本票、支票的有效期即将届满的，经县级以上公安机关负责人批准，可以依法出售或者变现，所得价款应当继续冻结在其对应的银行账户中；没有对应的银行账户的，所得价款由公安机关在银行指定专门账户保管，并及时告知当事人或者其近亲属。

第二百四十七条 对冻结的财产，经查明确实与案件无关的，应当在三日以内通知金融机构等单位解除冻结，并通知被冻结财产的所有人。

第二百八十八条 对查封、扣押的犯罪嫌疑人的财物及其孳息、文件或者冻结的财产，作为证据使用的，应当随案移送，并制作随案移送清单一式两份，一份留存，一份交人民检察院。制作清单时，应当根据已经查明的案情，写明对涉案财物的处理建议。

对于实物不宜移送的，应当将其清单、照片或者其他证明文件随案移送。待人民法院作出生效判决后，按照人民法院送达的生效判决书、裁定书依法作出处理，并向人民法院送交回执。人民法院在判决、裁定中未对涉案财物作出处理的，公安机关应当征求人民法院意见，并根据人民法院的决定依法作出处理。

第三百三十九条 有下列情形之一，依照刑法规定应当追缴其违法所得及其他涉案财产的，经县级以上公安机关负责人批准，公安机关应当写出没收违法所得意见书，连同相关证据材料一并移送同级人民检察院：

（一）恐怖活动犯罪等重大犯罪案件，犯罪嫌疑人逃匿，在通缉一年后不能到案的；

（二）犯罪嫌疑人死亡的。

犯罪嫌疑人死亡，现有证据证明其存在违法所得及其他涉案财产应当予以没收的，公安机关可以进行调查。公安机关进行调查，可以依法进行查封、扣押、查询、冻结。

第三百四十条 没收违法所得意见书应当包括以下内容：

（一）犯罪嫌疑人的基本情况；

（二）犯罪事实和相关的证据材料；

（三）犯罪嫌疑人逃匿、被通缉或者死亡的情况；

（四）犯罪嫌疑人的违法所得及其他涉案财产的种类、数量、所在地；

（五）查封、扣押、冻结的情况等。

第三百四十一条 公安机关将没收违法所得意见书移送人民检察院后，在逃的犯罪嫌疑人自动投案或者被抓获的，公安机关应当及时通知同级人民检察院。

第三百四十六条 公安机关在异地执行传唤、拘传、拘留、逮捕，开展勘验、检查、搜查、查封、扣押、冻结、讯问等侦查活动，应当向当地公安机关提出办案协作请求，并在当地公安机关协助下进行，或者委托当地公安机关代为执行。

开展查询、询问、辨认等侦查活动或者送达法律文书的，也可以向当地公安机关提出办案协作请求，并按照有关规定进行通报。

第三百四十七条 需要异地公安机关协助的，办案地公安机关应当制作办案协作函件，连同有关法律文书和人民警察证复印件一并提供给协作地公安机关。必要时，可以将前述法律手续传真或者通过公安机关有关信息系统传输至协作地公安机关。

请求协助执行传唤、拘传、拘留、逮捕的，应当提供传唤证、拘传证、拘留证、逮捕证；请求协助开展搜查、查封、扣押、查询、冻结等侦查活动的，应当提供搜查证、查封决定书、扣押决定书、协助查询财产通知书、协助冻结财产通知书；请求协助开展勘验、检查、讯问、询问等侦查活动的，应当提供立案决定书。

最高人民检察院、公安部关于公安机关办理经济犯罪案件的若干规定（节选）

（公通字〔2017〕25号）

第四条 公安机关办理经济犯罪案件，应当严格依照法定程序进行，规范使用调查性侦查措施，准确适用限制人身、财产权利的强制性措施。

第十八条 在立案审查中，发现案件事实或者线索不明的，经公安机关办案部门负责人批准，可以依照有关规定采取询问、查询、勘验、鉴定和调取证据材料等不限制被调查对象人身、财产权利的措施。经审查，认为有犯罪事实，需要追究刑事责任的，经县级以上公安机关负责人批准，予以立案。

公安机关立案后，应当采取调查性侦查措施，但是一般不得采取限制人身、财产权利的强制性措施。确有必要采取的，必须严格依照法律规定的条件和程序。严禁在没有证据的情况下，查封、扣押、冻结涉案财物或者拘留、逮捕犯罪嫌疑人。

公安机关立案后，在三十日以内经积极侦查，仍然无法收集到证明有犯罪事实需要对犯罪嫌疑人追究刑事责任的充分证据的，应当立即撤销案件或者终止侦查。重大、疑难、复杂案件，经上一级公安机关负责人批准，可以再延长三十日。

上级公安机关认为不应当立案，责令限期纠正的，或者人民检察院认为不应当立案，通知撤销案件的，公安机关应当及时撤销案件。

第三十五条 公安机关办理经济犯罪案件，应当及时进行侦查，依法全面、客观、及时地收集、调取、固定、审查能够证实犯罪嫌疑人有罪或者无罪、罪重或者罪轻以及与涉案财物有关的各种证据，并防止犯罪嫌疑人逃匿、销毁证据或者转移、隐匿涉案财物。

严禁调取与经济犯罪案件无关的证据材料，不得以侦查犯罪为由滥用侦查措施为他人收集民事诉讼证据。

第四十六条 查封、扣押、冻结以及处置涉案财物，应当依照法律规定的条件和程序进行。除法律法规和规范性文件另有规定以外，公安机关不得在诉讼程序终结之前处置涉案财物。严格区分违法所得、其他涉案财产与合法财产，严格区分企业法人财产与股东个人财产，严格区分犯罪嫌疑人个人财产与家庭成员财产，不得超权限、超范围、超数额、超时限查封、扣押、冻结，并注意保护利害关系人的合法权益。

对涉众型经济犯罪案件，需要追缴、返还涉案财物的，应当坚持统一资产处置原则。公安机关移送审查起诉时，应当将有关涉案财物及其清单随案移送人民检察院。人民检察院提起公诉时，应当将有关涉案财物及其清单一并移送受理案件的人民法院，并提出处理意见。

第四十七条 对依照有关规定可以分割的土地、房屋等涉案不动产，应当只对与案件有关的部分进行查封。

对不可分割的土地、房屋等涉案不动产或者车辆、船舶、航空器以及大型机器、设备等特定动产，可以查封、扣押、冻结犯罪嫌疑人提供的与涉案金额相当的其他财物。犯罪嫌疑人不能提供的，可以予以整体查封。

冻结涉案账户的款项数额，应当与涉案金额相当。

第四十八条 对自动投案时主动提交的涉案财物和权属证书等，公安机关可以先行接收，如实登记并出具接收财物凭证，根据立案和侦查情况决定是否查封、扣押、冻结。

第四十九条 已被依法查封、冻结的涉案财物，公安机关不得重复查封、冻结，但是可以轮候查封、冻结。

已被人民法院采取民事财产保全措施的涉案财物，依照前款规定办理。

第五十条 对不宜查封、扣押、冻结的经营性涉案财物，在保证侦查活动正常进行的同时，可以允许有关当事人继续合理使用，并采取必要的保值保管措施，以减少侦查办案对正常办公和合法生产经营的影响。必要时，可以申请当地政府指定有关部门或者委托有关机构代管。

第五十一条 对查封、扣押、冻结的涉案财物及其孳息，以及作为证据使用的实物，公安机关应当如实登记，妥善保管，随案移送，并与人民检察院及时交接，变更法律手续。

在查封、扣押、冻结涉案财物时，应当收集、固定与涉案财物来源、权属、性质等有关的证据材料并随案移送。对不宜移送或者依法不移送的实物，应当将其清单、照片或者其他证明文件随案移送。

第五十二条 涉嫌犯罪事实查证属实后，对有证据证明权属关系明确的被害人合法财产及其孳息，及时返还不损害其他被害人或者利害关系人的利益、不影响诉讼正常进行的，可以在登记、拍照或者录像、估价后，经县级以上公安机关负责人批准，开具发还清单，在诉讼程序终结之前返还被害人。办案人员应当在案卷中注明返还的理由，将原物照片、清单和被害人的领取手续存卷备查。

具有下列情形之一的，不得在诉讼程序终结之前返还：

（一）涉嫌犯罪事实尚未查清的；

（二）涉案财物及其孳息的权属关系不明确或者存在争议的；

（三）案件需要变更管辖的；

（四）可能损害其他被害人或者利害关系人利益的；

（五）可能影响诉讼程序正常进行的；

（六）其他不宜返还的。

第五十三条 有下列情形之一的，除依照有关法律法规和规范性文件另行处理的以外，应当立即解除对涉案财物的查封、扣押、冻结措施，并及时返还有关当事人：

（一）公安机关决定撤销案件或者对犯罪嫌疑人终止侦查的；

（二）人民检察院通知撤销案件或者作出不起诉决定的；

（三）人民法院作出生效判决、裁定应当返还的。

第五十四条 犯罪分子违法所得的一切财物及其孳息，应当予以追缴或者责令退赔。

发现犯罪嫌疑人将经济犯罪违法所得和其他涉案财物用于清偿债务、转让或者设定其他权利负担，具有下列情形之一的，应当依法查封、扣押、冻结：

（一）他人明知是经济犯罪违法所得和其他涉案财物而接受的；

（二）他人无偿或者以明显低于市场价格取得上述财物的；

（三）他人通过非法债务清偿或者违法犯罪活动取得上述财物的；

（四）他人通过其他恶意方式取得上述财物的。

他人明知是经济犯罪违法所得及其产生的收益，通过虚构债权债务关系、虚假交易等方式予以窝藏、转移、收购、代为销售或者以其他方法掩饰、隐瞒，构成犯罪的，应当依法追究刑事责任。

第五十五条 具有下列情形之一，依照刑法规定应当追缴其违法所得及其他涉案财物的，经县级以上公安机关负责人批准，公安机关应当出具没收违法所得意见书，连同相关证据材料一并移送同级人民检察院：

（一）重大的走私、金融诈骗、洗钱犯罪案件，犯罪嫌疑人逃匿，在通缉一年后不能到案的；

（二）犯罪嫌疑人死亡的；

（三）涉嫌重大走私、金融诈骗、洗钱犯罪的单位被撤销、注销，直接负责的主管人员和其他直接责任人员逃匿、死亡，导致案件无法适用普通刑事诉讼程序审理的。

犯罪嫌疑人死亡，现有证据证明其存在违法所得及其他涉案财物应当予以没收的，公安机关可以继续调查，并依法进行查封、扣押、冻结。

第五十八条 办理经济犯罪案件需要异地公安机关协作的，由委托地的县级以上公安机关制作办案协作函件和有关法律文书，通过协作地的县级以上公安机关联系有关协作事宜。协作地公安机关接到委托地公安机关请求协作的函件后，应当指定主管业务部门办理。

各省、自治区、直辖市公安机关根据本地实际情况，就需要外省、自治区、直辖市公安机关协助对犯罪嫌疑人采取强制措施或者查封、扣押、冻结涉案财物事项制定相关审批程序。

第六十一条 委托地公安机关派员赴异地公安机关请求协助采取强制措施或者搜查，查封、扣押、冻结涉案财物等事项时，应当持办案协作函件、有关侦查措施或者强制措施的法律文书、工作证件及相关案件材料，与协作地县级以上公安机关联系，协作地公安机关应当派员协助执行。

第六十二条 对不及时采取措施，有可能导致犯罪嫌疑人逃匿，或者有可能转移涉案财物以及重要证据的，委托地公安机关可以商请紧急协作，将办案协作函件和有关法律文书通过电传、网络等保密手段传至协作地县级以上公安机关，协作地公安机关收到协作函件后，应当及时采取措施，落实协作事项。委托地公安机关应当立即派员携带法律文书前往协作地办理有关事宜。

第六十三条 协作地公安机关在协作过程中，发现委托地公安机关明显存在违反法律规定的行为时，应当及时向委托地公安机关提出并报上一级公安机关。跨省协作的，应当通过协作地的省级公安机关通报委托地的省级公安机关，协商处理。未能达成一致意见的，协作地的省级公安机关应当及时报告公安部。

第六十四条 立案地公安机关赴其他省、自治区、直辖市办案，应当按照有关规定呈报上级公安机关审查批准。

第七十三条 具有下列情形之一的，公安机关应当责令依法纠正，或者直接作出撤销、变更或者纠正决定。对发生执法过错的，应当根据办案人员在办案中各自承担的职责，区分不同情况，分别追究案件审批人、审核人、办案人及其他直接责任人的责任。构成犯罪的，依法追究刑事责任。

（一）越权管辖或者推诿管辖的；

（二）违反规定立案、不予立案或者撤销案件的；

（三）违反规定对犯罪嫌疑人采取强制措施的；

（四）违反规定对财物采取查封、扣押、冻结措施的；

（五）违反规定处置涉案财物的；

（六）拒不履行办案协作职责，或者阻碍异地公安机关依法办案的；

（七）阻碍当事人、辩护人、诉讼代理人依法行使诉讼权利的；

（八）其他应当予以追究责任的。

对于导致国家赔偿的责任人员，应当依据《中华人民共和国国家赔偿法》的有关规定，追偿其部分或者全部赔偿费用。

第七十四条 公安机关在受理、立案、移送以及涉案财物处置等过程中，与人民检察院、人民法院以及仲裁机构发生争议的，应当协商解决。必要时，可以报告上级公安机关协调解决。上级公安机关应当加强监督，依法处理。

人民检察院发现公安机关存在执法不当行为的，可以向公安机关提出书面纠正意见或者检察建议。公安机关应当认真审查，并将结果及时反馈人民检察院。没有采纳的，应当说明理由。

第七十六条 本规定所称的“经济犯罪案件”，主要是指公安机关经济犯罪侦查部门按照有关规定依法管辖的各种刑事案件，但以资助方式实施的帮助恐怖活动案件，不适用本规定。

公安机关其他办案部门依法管辖刑法分则第三章规定的破坏社会主义市场经济秩序犯罪有关案件的，适用本规定。

第七十七条 本规定所称的“调查性侦查措施”，是指公安机关在办理经济犯罪案件过程中，依照法律规定进行的专门调查工作和有关侦查措施，但是不包括限制犯罪嫌疑人人身、财产权利的强制性措施。

公安机关办理刑事案件适用查封、冻结措施有关规定

（公通字〔2013〕30号）

第一章　总　　则

第一条　为进一步规范公安机关办理刑事案件适用查封、冻结措施，加强人民检察院的法律监督，保护公民、法人和其他组织的合法权益，保障刑事诉讼活动的顺利进行，根据《中华人民共和国刑事诉讼法》及其他有关法律、法规、规章，制定本规定。

第二条　根据侦查犯罪的需要，公安机关依法对涉案财物予以查封、冻结，有关部门、单位和个人应当协助和配合。

本规定所称涉案财物，是指公安机关在办理刑事案件过程中，依法以查封、冻结等方式固定的可用以证明犯罪嫌疑人有罪或者无罪的各种财产和物品，包括：

（一）犯罪所得及其孳息；

（二）用于实施犯罪行为的工具；

（三）其他可以证明犯罪行为是否发生以及犯罪情节轻重的财物。

第三条　查封、冻结以及保管、处置涉案财物，必须严格依照法定的适用条件和程序进行。与案件无关的财物不得查封、冻结。查封、冻结涉案财物，应当为犯罪嫌疑人及其所扶养的家属保留必要的生活费用和物品。

严禁在立案之前查封、冻结财物。对于境外司法、警察机关依据国际条约、协议或者互惠原则提出的查封、冻结请求，可以根据公安部的执行通知办理有关法律手续。

查封、冻结的涉案财物，除依法应当返还被害人或者经查明确实与案件无关的以外，不得在诉讼程序终结之前作出处理。法律和有关规定另有规定的除外。

第四条 查封、冻结的涉案财物涉及国家秘密、商业秘密、个人隐私的，应当保密。

第二章 查 封

第五条 根据侦查犯罪的需要，公安机关可以依法查封涉案的土地、房屋等不动产，以及涉案的车辆、船舶、航空器和大型机器、设备等特定动产。必要时，可以一并扣押证明其财产所有权或者相关权益的法律文件和文书。

置于不动产上的设施、家具和其他相关物品，需要作为证据使用的，应当扣押；不宜移动的，可以一并查封。

第六条 查封涉案财物需要国土资源、房地产管理、交通运输、农业、林业、民航等有关部门协助的，应当经县级以上公安机关负责人批准，制作查封决定书和协助查封通知书，明确查封财物情况、查封方式、查封期限等事项，送交有关部门协助办理，并及时告知有关当事人。

涉案土地和房屋面积、金额较大的，应当经设区的市一级以上公安机关负责人批准，制作查封决定书和协助查封通知书。

第七条 查封期限不得超过二年。期限届满可以续封一次，续封应当经作出原查封决定的县级以上公安机关负责人批准，在期限届满前五日以内重新制作查封决定书和协助查封通知书，送交有关部门协助办理，续封期限最长不得超过一年。

案件重大复杂，确需再续封的，应当经设区的市一级以上公安机关负责人批准，在期限届满前五日以内重新制作查封决定书和协助查封通知书，且每次再续封的期限最长不得超过一年。

查封期限届满，未办理续封手续的，查封自动解除。

公安机关应当及时将续封决定告知有关当事人。

第八条 查封土地、房屋等涉案不动产，需要查询不动产权属情况的，应当经县级以上公安机关负责人批准，制作协助查询财产通知书。

侦查人员到国土资源、房地产管理等有关部门办理查询时，应当出示本人工作证件，提交协助查询财产通知书，依照相关规定办理查询事项。

需要查询其他涉案财物的权属登记情况的，参照上述规定办理。

第九条 国土资源、房地产管理等有关部门应当及时协助公安机关办理查询事项。公安机关查询并复制的有关书面材料，由权属登记机构或者权属档案管理机构加盖印章。

因情况特殊，不能当场提供查询的，应当在五日以内提供查询结果。

无法查询的，有关部门应当书面告知公安机关。

第十条 土地、房屋等涉案不动产的权属确认以国土资源、房地产管理等有关部门的不动产登记簿或者不动产权属证书为准。不动产权属证书与不动产登记簿不一致的，除有证据证明不动产登记簿确有错误外，以不动产登记簿为准。

第十一条 国土资源、房地产管理等有关部门在协助公安机关办理查封事项时，认为查封涉案不动产信息有误无法办理的，可以暂缓办理协助事项，并向公安机关提出书面审查建议，公安机关应当及时审查处理。

第十二条 查封土地、房屋等涉案不动产的，应当经县级以上公安机关负责人批准，制作协助查封通知书，明确涉案土地、房屋等不动产的详细地址、权属证书号、权利人姓名或者单位名称等事项，送交国土资源、房地产管理等有关部门协助办理，有关部门应当在相关通知书回执中注明办理情况。

侦查人员到国土资源、房地产管理等有关部门办理土地使用权或者房屋查封登记手续时，应当出示本人工作证件，提交查封决定书和协助查封通知书，依照有关规定办理查封事项。

第十三条 查封土地、房屋等涉案不动产的侦查人员不得少于二人，持侦查人员工作证件和相关法律文书，通知有关当事人、见证人到场，制作查封笔录，并会同在场人员对被查封的财物查点清楚，当场开列查封清单一式三份，由侦查人员、见证人和不动产所有权人或者使用权人签名后，一份交给不动产所有权人或者使用权人，一份交给公安机关保管人员，一份连同照片、录像资料或者扣押的产权证照附卷备查，并且应当在不动产的显著位置张贴公告。必要时，可以张贴制式封条。

查封清单中应当写明涉案不动产的详细地址、相关特征和置于该不动产上不宜移动的设施、家具和其他相关物品清单，注明已经拍照或者录像以及是否扣押其产权证照等情况。

对于无法确定不动产相关权利人或者权利人拒绝签名的，应当在查封笔录中注明情况。

第十四条 国土资源、房地产管理等有关部门对被公安机关依法查封的土地、房屋等涉案不动产，在查封期间不予办理变更、转让或者抵押权、地役权登记。

第十五条 对依照有关规定可以分割的土地、房屋等涉案不动产，应当只对与案件有关的部分进行查封，并在协助查封通知书中予以明确；对依照有关规定不可分割的土地、房屋等涉案不动产，可以进行整体查封。

第十六条 国土资源、房地产管理等有关部门接到协助查封通知书时，已经受理该土地、房屋等涉案不动产的转让登记申请，但尚未记载于不动产登记簿的，应当协助公安机关办理查封登记。

第十七条 对下列尚未进行权属登记的房屋，公安机关可以按照本规定进行查封：

（一）涉案的房地产开发企业已经办理商品房预售许可证但尚未出售的房屋；

（二）犯罪嫌疑人购买的已经由房地产开发企业办理房屋权属初始登记的房屋；

（三）犯罪嫌疑人购买的已经办理商品房预售合同登记备案手续或者预购商品房预告登记的房屋。

第十八条 查封地上建筑物的效力及于该地上建筑物占用范围内的建设用地使用权，查封建设用地使用权的效力及于地上建筑物，但建设用地使用权与地上建筑物的所有权分属不同权利人的除外。

地上建筑物和土地使用权的登记机构不是同一机构的，应当分别办理查封登记。

第十九条 查封车辆、船舶、航空器以及大型机器、设备等特定动产的，应当制作协助查封通知书，明确涉案财物的名称、型号、权属、地址等事项，送交有关登记管理部门协助办理。必要时，可以扣押有关权利证书。

执行查封时，应当将涉案财物拍照或者录像后封存，或者交持有人、近亲属保管，或者委托第三方保管。有关保管人应当妥善保管，不得转移、变卖、损毁。

第二十条 查封土地、房屋等涉案不动产或者车辆、船舶、航空器以及大型机器、设备等特定动产的，可以在保证侦查活动正常进行的同时，允许有关当事人继续合理使用，并采取必要保值保管措施。

第二十一条 对以公益为目的的教育、医疗、卫生以及社会福利机构等场所、设施，保障性住房，原则上不得查封。确有必要查封的，应当经设区的市一级以上公安机关负责人批准。

第二十二条 查封土地、房屋以外的其他涉案不动产的，参照本规定办理。查封共有财产、担保财产以及其他特殊财物的，依照相关规定办理。

第三章 冻 结

第二十三条 根据侦查犯罪的需要，公安机关可以依法冻结涉案的存款、汇款、证券交易结算资金、期货保证金等资金，债券、股票、基金份额和国务院依法认定的其他证券，以及股权、保单权益和其他投资权益等财产。

第二十四条 在侦查工作中需要冻结财产的，应当经县级以上公安机关负责人批准，制作协助冻结财产通知书，明确冻结财产的账户名称、账户号码、冻结数额、冻结期限、冻结范围以及是否及于孳息等事项，送交银行业金融机构、特定非金融机构、邮政部门、证券公司、证券登记结算机构、证券投资基金管理公司、保险公司、信托公司、公司登记机关和银行间市场交易组织机构、银行间市场集中清算机构、银行间市场登记托管结算机构、经国务院批准或者同意设立的黄金交易组织机构和结算机构等单位协助办理，有关单位应当在相关通知书回执中注明办理情况。

第二十五条 有关单位接到公安机关协助冻结财产通知书后，应当立即对涉案财物予以冻结，办理相关手续，不得推诿拖延，不得泄露有关信息。有关单位办理完毕冻结手续后，在当事人查询时可以予以告知。

第二十六条 冻结存款、汇款、证券交易结算资金、期货保证金等资金，或者投资权益等其他财产的期限为六个月。需要延长期限的，应当经作出原冻结决定的县级以上公安机关负责人批准，在冻结期限届满前五日以内办理续冻手续。每次续冻期限最长不得超过六个月。

对重大、复杂案件，经设区的市一级以上公安机关负责人批准，冻结存款、汇款、证券交易结算资金、期货保证金等资金的期限可以为一年。需要延长期限的，应当按照原批准权限和程序，在冻结期限届满前五日以内办理续冻手续。每次续冻期限最长不得超过一年。

冻结债券、股票、基金份额等证券的期限为二年。需要延长冻结期限的，应当经作出原冻结决定的县级以上公安机关负责人批准，在冻结期限届满前五日以内办理续冻手续。每次续冻期限最长不得超过二年。

冻结期限届满，未办理续冻手续的，冻结自动解除。

第二十七条 冻结涉案账户的款项数额，应当与涉案金额相当。不得超出涉案金额范围冻结款项。

第二十八条 冻结股权的，应当经设区的市一级以上公安机关负责人批准，冻结上市公司股权应当经省级以上公安机关负责人批准，并在协助冻结财产通知书中载明公司名称、股东姓名或者名称、冻结数额或者股份等与登记事项有关的内容。冻结股权期限为六个月。需要延长期限的，应当按照原批准权限和程序，在冻结期限届满前五日以内办理续冻手续。每次续冻期限最长不得超过六个月。

第二十九条 冻结保单权益的，应当经设区的市一级以上公安机关负责人批准，冻结保单权益期限为六个月。需要延长期限的，应当按照原批准权限和程序，在冻结期限届满前五日以内办理续冻手续。每次续冻期限最长不得超过六个月。

冻结保单权益没有直接对应本人账户的，可以冻结相关受益人的账户，并要求有关单位协助，但不得变更受益人账户，不得损害第三方利益。

人寿险、养老险、交强险、机动车第三者责任险等提供基本保障的保单原则上不得冻结，确需冻结的，应当经省级以上公安机关负责人批准。

第三十条 对下列账户和款项，不得冻结：

（一）金融机构存款准备金和备付金；

（二）特定非金融机构备付金；

（三）封闭贷款专用账户（在封闭贷款未结清期间）；

（四）商业汇票保证金；

（五）证券投资者保障基金、保险保障基金、存款保险基金；

（六）党、团费账户和工会经费集中户；

（七）社会保险基金；

（八）国有企业下岗职工基本生活保障资金；

（九）住房公积金和职工集资建房账户资金；

（十）人民法院开立的执行账户；

（十一）军队、武警部队一类保密单位开设的“特种预算存款”、“特种其他存款”和连队账户的存款；

（十二）金融机构质押给中国人民银行的债券、股票、贷款；

（十三）证券登记结算机构、银行间市场交易组织机构、银行间市场集中清算机构、银行间市场登记托管结算机构、经国务院批准或者同意设立的黄金交易组织机构和结算机构等依法按照业务规则收取并存放于专门清算交收账户内的特定股票、债券、票据、贵金属等有价凭证、资产和资金，以及按照业务规则要求金融机构等登记托管结算参与人、清算参与人、投资者或者发行人提供的、在交收或者清算结算完成之前的保证金、清算基金、回购质押券、价差担保物、履约担保物等担保物，支付机构客户备付金；

（十四）其他法律、行政法规、司法解释，部门规章规定不得冻结的账户和款项。

第三十一条 对金融机构账户、特定非金融机构账户和以证券登记结算机构、银行间市场交易组织机构、银行间市场集中清算机构、银行间市场登记托管结算机构、经国务院批准或者同意设立的黄金交易组织机构和结算机构、支付机构等名义开立的各类专门清算交收账户、保证金账户、清算基金账户、客户备付金账户，不得整体冻结，法律另有规定的除外。

第三十二条 办案地公安机关需要异地办理冻结的，应当由二名以上侦查人员持办案协作函、法律文书和工作证件前往协作地联系办理，协作地公安机关应当协助执行。

在紧急情况下，可以将办案协作函、相关法律文书和工作证件复印件通过传真、电传等方式发至协作地县级以上公安机关委托执行，或者通过信息化应用系统传输加盖电子签章的办案协作函、相关法律文书和工作证件扫描件。协作地公安机关收到材料后，经审查确认，应当在传来法律文书上加盖本地公安机关印章，及时到有关银行业金融机构执行冻结，有关银行业金融机构应当予以协助。

第三十三条 根据侦查犯罪的需要，对于涉案账户较多，办案地公安机关需要对其集中冻结的，可以分别按照以下程序办理：

涉案账户开户地属同一省、自治区、直辖市的，应当由办案地公安机关出具协助冻结财产通知书，填写冻结申请表，经该公安机关负责人审核，逐级上报省级公安机关批准后，由办案地公安机关指派二名以上侦查人员持工作证件，将冻结申请表、协助冻结财产通知书等法律文书送交有关银行业金融机构的省、区、市分行。该分行应当在二十四小时以内采取冻结措施，并将有关法律文书传至相关账户开户的分支机构。

涉案账户开户地分属不同省、自治区、直辖市的，应当由办案地公安机关出具协助冻结财产通知书，填写冻结申请表，经该公安机关负责人审核，逐级上报公安部按照规定程序批准后，由办案地公安机关指派二名以上侦查人员持工作证件，将冻结申请表、协助冻结财产通知书等法律文书送交有关银行业金融机构总部。该总部应当在二十四小时以内采取冻结措施，并将有关法律文书传至相关账户开户的分支机构。

有关银行业金融机构因技术条件等客观原因，无法按照前款要求及时采取冻结措施的，应当向公安机关书面说明原因，并立即向中国银行业监督管理委员会或者其派出机构报告。

第三十四条 冻结市场价格波动较大或者有效期限即将届满的债券、股票、基金份额等财产的，在送达协助冻结财产通知书的同时，应当书面告知当事人或者其法定代理人、委托代理人有权申请出售、如期受偿或者变现。如果当事人或者其法定代理人、委托代理人书面申请出售或者变现被冻结的债券、股票、基金份额等财产，不损害国家利益、被害人利益、其他权利人利益，不影响诉讼正常进行的，以及冻结的汇票、本票、支票的有效期即将届满的，经作出冻结决定的县级以上公安机关负责人批准，可以依法在三日以内予以出售或者变现，所得价款应当继续冻结在其对应的银行账户中；没有对应的银行账户的，所得价款由公安机关在银行专门账户保管，并及时告知当事人或者其近亲属。

第四章 解除查封冻结

第三十五条 公安机关在采取查封、冻结措施后，应当及时查清案件事实，在法定期限内对涉案财物依法作出处理。

经查明查封、冻结的财物确实与案件无关的，应当在三日以内解除查封、冻结。

第三十六条 对查封、冻结的涉案财物及其孳息，应当制作清单，随案移送。对作为证据使用的实物应当随案移送，对不宜移送的，应当将其清单、照片或者其他证明文件随案移送。对于随案移送的财物，人民检察院需要继续查封、冻结的，应当及时书面通知公安机关解除原查封、冻结措施，并同时依法重新作出查封、冻结决定。

第三十七条 人民检察院决定不起诉并对涉案财物解除查封、冻结的案件，公安机关应当在接到人民检察院的不起诉决定和解除查封、冻结财物的通知之日起三日以内对不宜移送而未随案移送的财物解除查封、冻结。对于人民检察院提出的对被不起诉人给予行政处罚、行政处分等检察意见中涉及查封、冻结涉案财物的，公安机关应当及时予以处理或者移送有关行政主管机关处理，并将处理结果通知人民检察院。

第三十八条 公安机关决定撤销案件或者对犯罪嫌疑人终止侦查的，除依照法律和有关规定另行处理的以外，应当在作出决定之日起三日以内对侦查中查封、冻结的涉案财物解除查封、冻结。需要给予行政处理的，应当及时予以处理或者移交有关行政主管机关处理。

第三十九条 解除查封的，应当在三日以内制作协助解除查封通知书，送交协助查封的有关部门办理，并通知所有权人或者使用权人。张贴制式封条的，启封时应当通知当事人到场；当事人经通知不到场，也未委托他人到场的，办案人员应当在见证人的见证下予以启封。提取的有关产权证照应当发还。必要时，可以予以公告。

第四十条 解除冻结的，应当在三日以内制作协助解除冻结财产通知书，送交协助办理冻结的有关单位，同时通知被冻结财产的所有人。有关单位接到协助解除冻结财产通知书后，应当及时解除冻结。

第四十一条 需要解除集中冻结措施的，应当由作出冻结决定的公安机关出具协助解除冻结财产通知书，银行业金融机构应当协助解除冻结。

上级公安机关认为应当解除集中冻结措施的，可以责令下级公安机关解除。

第五章 协作配合

第四十二条 有关行政主管机关与公安机关在案件移送过程中，涉及查封、冻结涉案财物的，应当密切配合，加强协作，防止涉案财物发生转移、隐匿、损毁、灭失。

第四十三条 已被有关国家机关依法查封、冻结的涉案财物，不得重复查封、冻结。需要轮候查封、冻结的，应当依照有关部门共同发布的规定执行。查封、冻结依法解除或者到期解除后，按照时间顺序登记在先的轮候查封、冻结自动生效。

第四十四条 不同国家机关之间，对同一涉案财物要求查封、冻结的，协助办理的有关部门和单位应当按照送达相关通知书的先后顺序予以登记，协助首先送达通知书的国家机关办理查封、冻结手续，对后送达通知书的国家机关作轮候查封、冻结登记，并书面告知该涉案财物已被查封、冻结的有关情况。

第四十五条 查封、冻结生效后，协助办理的有关部门和单位应当在其他轮候查封、冻结的公安机关出具的查封、冻结通知书回执中注明该涉案财物已被查封、冻结以及轮候查封、冻结的有关情况。相关公安机关可以查询轮候查封、冻结的生效情况。

第四十六条 公安机关根据侦查犯罪的需要，对其已经查封、冻结的涉案财物，继续办理续封、续冻手续的，或者公安机关移送审查起诉，人民检察院需要重新办理查封、冻结手续的，应当在原查封、冻结期限届满前办理续封、续冻手续。申请轮候查封、冻结的其他国家机关不得以送达通知书在先为由，对抗相关办理续封、续冻手续的效力。

第四十七条 要求查封、冻结涉案财物的有关国家机关之间，因查封、冻结事项发生争议的，应当自行协商解决。协商不成的，由其共同上级机关决定；分属不同部门的，由其各自的上级机关协商解决。

协助执行的部门和单位按照有关争议机关协商一致后达成的书面意见办理。

第四十八条 需要查封、冻结的或者已被查封、冻结的涉案财物，涉及扣押或者民事诉讼中的抵押、质押或者民事执行等特殊情况的，公安机关应当根据查封、冻结财物的权属状态和争议问题，与相关国家机关协商解决。协商不成的，各自报请上级机关协商解决。

协助执行的部门和单位按照有关争议机关协商一致后达成的书面意见办理。

第六章　执法监督与法律责任

第四十九条　公安机关应当加强对办理刑事案件适用查封、冻结措施的执法监督。违法采取查封、冻结措施的，根据人民警察在办案中各自承担的职责，区分不同情况，分别追究案件审批人、审核人、办案人及其他直接责任人的责任。构成犯罪的，依法追究刑事责任。

需要异地办理查封、冻结措施的，应当严格执行办案协作的有关规定。违反办案协作的有关规定，造成严重后果的，按照前款规定处理。

第五十条　公安机关应当严格执行有关规定，建立健全涉案财物管理制度，指定专门部门，建立专门台账，对涉案财物加强管理、妥善保管。任何单位和个人不得贪污、侵占、挪用、私分、调换、抵押或者违反规定使用、处置查封、冻结的涉案财物，造成查封、冻结的涉案财物损毁或者灭失的，应当承担相应的法律责任。

第五十一条　当事人和辩护人、诉讼代理人、利害关系人对于公安机关及其侦查人员有下列行为之一的，有权向该机关申诉或者控告：

（一）对与案件无关的财物采取查封、冻结措施的；

（二）明显超出涉案范围查封、冻结财物的；

（三）应当解除查封、冻结不解除的；

（四）贪污、侵占、挪用、私分、调换、抵押、质押以及违反规定使用、处置查封、冻结财物的。

受理申诉或者控告的公安机关应当及时进行调查核实，并在收到申诉、控告之日起三十日以内作出处理决定，书面回复申诉人、控告人。发现公安机关及其侦查人员有上述行为之一的，应当立即纠正。

当事人及其辩护律师、诉讼代理人、利害关系人对处理决定不服的，可以向上级公安机关或者同级人民检察院申诉。上级公安机关发现下级公安机关存在前款规定的违法行为或者对申诉、控告事项不按照规定处理的，应当责令下级公安机关限期纠正，下级公安机关应当立即执行。必要时，上级公安机关可以就申诉、控告事项直接作出处理决定。人民检察院对申诉查证属实的，应当通知公安机关予以纠正。

第五十二条　公安机关办理刑事案件适用查封、冻结措施，因违反有关规定导致国家赔偿的，应当承担相应的赔偿责任，并依照《国家赔偿法》的规定向有关责任人员追偿部分或者全部赔偿费用，协助执行的部门和单位不承担赔偿责任。

第五十三条 国土资源、房地产管理等有关部门根据有关国家机关的协助查封通知书作出的协助查封行为，公民、法人或者其他组织不服提起行政诉讼的，人民法院不予受理，但公民、法人或者其他组织认为协助查封行为与协助查封文书内容不一致的除外。

第五十四条 根据本规定依法应当协助办理查封、冻结措施的有关部门、单位和个人有下列行为之一的，公安机关应当向有关部门和单位通报情况，依法追究相应责任：

（一）对应当查封、冻结的涉案财物不予查封、冻结，致使涉案财物转移的；

（二）在查封冻结前向当事人泄露信息的；

（三）帮助当事人转移、隐匿财产的；

（四）其他无正当理由拒绝协助配合的。

第五十五条 公安机关对以暴力、威胁等方法阻碍有关部门和单位协助办理查封、冻结措施的行为，应当及时制止，依法查处。

第七章 附 则

第五十六条 对查封、冻结、保管和处理涉案财物，本规定未规范的，依照《公安机关办理刑事案件程序规定》等有关规定办理。此前有关公安机关查封、冻结的规范性文件与本规定不一致的，以本规定为准。

第五十七条 本规定施行后适用查封、冻结措施的，按照本规定办理。本规定施行前已生效的查封、冻结措施，依照措施适用时的有关规定执行。

第五十八条 国家安全机关依照法律规定，办理危害国家安全的刑事案件适用查封、冻结措施的，适用本规定。

第五十九条 本规定的“有关国家机关”，是指人民法院、人民检察院、公安机关、国家安全机关，以及其他法律法规规定有权实施查封、冻结措施的行政机关或者具有管理公共事务职能的组织。

第六十条 本规定自印发之日起施行。

罚没财物管理办法

（财税〔2020〕54 号）

第一章　总　　则

第一条　为规范和加强罚没财物管理，防止国家财产损失，保护自然人、法人和非法人组织的合法权益，根据《中华人民共和国预算法》、《罚款决定与罚款收缴分离实施办法》（国务院令第 235 号）等有关法律、行政法规规定，制定本办法。

第二条　罚没财物移交、保管、处置、收入上缴、预算管理等，适用本办法。

第三条　本办法所称罚没财物，是指执法机关依法对自然人、法人和非法人组织作出行政处罚决定，没收、追缴决定或者法院生效裁定、判决取得的罚款、罚金、违法所得、非法财物，没收的保证金、个人财产等，包括现金、有价票证、有价证券、动产、不动产和其他财产权利等。

本办法所称执法机关，是指各级行政机关、监察机关、审判机关、检察机关，法律法规授权的具有管理公共事务职能的事业单位和组织。

本办法所称罚没收入是指罚款、罚金等现金收入，罚没财物处置收入及其孳息。

第四条　罚没财物管理工作应遵循罚款决定与罚款收缴相分离，执法与保管、处置岗位相分离，罚没收入与经费保障相分离的原则。

第五条　财政部负责制定全国罚没财物管理制度，指导、监督各地区、各部门罚没财物管理工作。中央有关执法机关可以根据本办法，制定本系统罚没财物管理具体实施办法，指导本系统罚没财物管理工作。

地方各级财政部门负责制定罚没财物管理制度，指导、监督本行政区内各有关单位的罚没财物管理工作。

各级执法机关、政府公物仓等单位负责制定本单位罚没财物管理操作规范，并在本单位职责范围内对罚没财物管理履行主体责任。

第二章　移交和保管

第六条　有条件的部门和地区可以设置政府公物仓对罚没物品实行集中管理。未设置政府公物仓的，由执法机关对罚没物品进行管理。

各级执法机关、政府公物仓按照安全、高效、便捷和节约的原则，使用下列罚没仓库存放保管罚没物品：

（一）执法机关罚没物品保管仓库；

（二）政府公物仓库；

（三）通过购买服务等方式选择社会仓库。

第七条　设置政府公物仓的地区，执法机关应当在根据行政处罚决定，没收、追缴决定，法院生效裁定、判决没收物品或者公告期满后，在同级财政部门规定的期限内，将罚没物品及其他必要的证明文件、材料，移送至政府公物仓，并向财政部门备案。

第八条　罚没仓库的保管条件、保管措施、管理方式应当满足防火、防水、防腐、防疫、防盗等基础安全要求，符合被保管罚没物品的特性。应当安装视频监控、防盗报警等安全设备。

第九条　执法机关、政府公物仓应当建立健全罚没物品保管制度，规范业务流程和单据管理，具体包括：

（一）建立台账制度，对接管的罚没物品必须造册、登记，清楚、准确、全面反映罚没物品的主要属性和特点，完整记录从入库到处置全过程。

（二）建立分类保管制度，对不同种类的罚没物品，应当分类保管。对文物、文化艺术品、贵金属、珠宝等贵重罚没物品，应当做到移交、入库、保管、出库全程录音录像，并做好密封工作。

（三）建立安全保卫制度，落实人员责任，确保物品妥善保管。

（四）建立清查盘存制度，做到账实一致，定期向财政部门报告罚没物品管理情况。

第十条　罚没仓库应当凭经执法机关或者政府公物仓按管理职责批准的书面文件或者单证办理出库手续，并在登记的出库清单上列明，由经办人与提货人共同签名确认，确保出库清单与批准文件、出库罚没物品一致。

罚没仓库无正当理由不得妨碍符合出库规定和手续的罚没物品出库。

第十一条 执法机关、政府公物仓应当运用信息化手段，建立来源去向明晰、管理全程可控、全面接受监督的管理信息系统。

执法机关、政府公物仓的管理信息系统，应当逐步与财政部门的非税收入收缴系统等平台对接，实现互联互通和信息共享。

第三章 罚没财物处置

第十二条 罚没财物的处置应当遵循公开、公平、公正原则，依法分类、定期处置，提高处置效率，降低仓储成本和处置成本，实现处置价值最大化。

第十三条 各级执法机关、政府公物仓应当依照法律法规和本级人民政府规定的权限，按照本办法的规定处置罚没财物。

各级财政部门会同有关部门对本级罚没财物处置、收入收缴等进行监督，建立处置审批和备案制度。

财政部各地监管局对属地中央预算单位罚没财物的处置、收入收缴等进行监督。

第十四条 除法律法规另有规定外，容易损毁、灭失、变质、保管困难或者保管费用过高、季节性商品等不宜长期保存的物品，长期不使用容易导致机械性能下降、价值贬损的车辆、船艇、电子产品等物品，以及有效期即将届满的汇票、本票、支票等，在确定为罚没财物前，经权利人同意或者申请，并经执法机关负责人批准，可以依法先行处置；权利人不明确的，可以依法公告，公告期满后仍没有权利人同意或者申请的，可以依法先行处置。先行处置所得款项按照涉案现金管理。

第十五条 罚没物品处置前存在破损、污秽等情形的，在有利于加快处置的情况下，且清理、修复费用低于变卖收入的，可以进行适当清理、修复。

第十六条 执法机关依法取得的罚没物品，除法律、行政法规禁止买卖的物品或者财产权利、按国家规定另行处置外，应当按照国家规定进行公开拍卖。公开拍卖应当符合下列要求：

（一）拍卖活动可以采取现场拍卖方式，鼓励有条件的部门和地区通过互联网和公共资源交易平台进行公开拍卖。

（二）公开拍卖应当委托具有相应拍卖资格的拍卖人进行，拍卖人可以通过摇珠等方式从具备资格条件的范围中选定，必要时可以选择多个拍卖人进行联合拍卖。

（三）罚没物品属于国家有强制安全标准或者涉及人民生命财产安全的，应当委托符合有关规定资格条件的检验检疫机构进行检验检测，不符合安全、卫生、质量或者动植物检疫标准的，不得进行公开拍卖。

（四）根据需要，可以采取“一物一拍”等方式对罚没物品进行拍卖。采用公开拍卖方式处置的，一般应当确定拍卖标的保留价。保留价一般参照价格认定机构或者符合资格条件的资产评估机构作出的评估价确定，也可以参照市场价或者通过互联网询价确定。

（五）公开拍卖发生流拍情形的，再次拍卖的保留价不得低于前次拍卖保留价的80%。发生3次（含）以上流拍情形的，经执法机关商同级财政部门确定后，可以通过互联网平台采取无底价拍卖或者转为其他处置方式。

第十七条 属于国家规定的专卖商品等限制流通的罚没物品，应当交由归口管理单位统一变卖，或者变卖给按规定可以接受该物品的单位。

第十八条 下列罚没物品，应当移交相关主管部门处置：

（一）依法没收的文物，应当移交国家或者省级文物行政管理部门，由其指定的国有博物馆、图书馆等文物收藏单位收藏或者按国家有关规定处置。经国家或者省级文物行政管理部门授权，市、县的文物行政管理部门或者有关国有博物馆、图书馆等文物收藏单位可以具体承办文物接收事宜。

（二）武器、弹药、管制刀具、毒品、毒具、赌具、禁止流通的易燃易爆危险品等，应当移交同级公安部门或者其他有关部门处置，或者经公安部门、其他有关部门同意，由有关执法机关依法处置。

（三）依法没收的野生动植物及其制品，应当交由野生动植物保护主管部门、海洋执法部门或者有关保护区域管理机构按规定处置，或者经有关主管部门同意，交由相关科研机构用于科学研究。

（四）其他应当移交相关主管部门处置的罚没物品。

第十九条 罚没物品难以变卖或者变卖成本大于收入，且具有经济价值或者其他价值的，执法机关应当报送同级财政部门，经同级财政部门同意后，可以赠送有关公益单位用于公益事业；没有捐赠且能够继续使用的，由同级财政部门统一管理。

第二十条 淫秽、反动物品，非法出版物，有毒有害的食品药品及其原材料，危害国家安全以及其他有社会危害性的物品，以及法律法规规定应当销毁的，应当由执法机关予以销毁。

对难以变卖且无经济价值或者其他价值的，可以由执法机关、政府公物仓予以销毁。

属于应销毁的物品经无害化或者合法化处理，丧失原有功能后尚有经济价值的，可以由执法机关、政府公物仓作为废旧物品变卖。

第二十一条 已纳入罚没仓库保管的物品，依法应当退还的，由执法机关、政府公物仓办理退还手续。

第二十二条 依法应当进行权属登记的房产、土地使用权等罚没财产和财产权利，变卖前可以依据行政处罚决定，没收、追缴决定，法院生效裁定、判决进行权属变更，变更后应当按本办法相关规定处置。

权属变更后的承接权属主体可以是执法机关、政府公物仓、同级财政部门或者其他指定机构，但不改变罚没财物的性质，承接单位不得占用、出租、出借。

第二十三条 罚没物品无法直接适用本办法规定处置的，执法机关与同级财政商有关部门后，提出处置方案，报上级财政部门备案。

第四章 罚没收入

第二十四条 罚没收入属于政府非税收入，应当按照国库集中收缴管理有关规定，全额上缴国库，纳入一般公共预算管理。

第二十五条 除依法可以当场收缴的罚款外，作出罚款决定的执法机关应当与收缴罚款的机构分离。

第二十六条 中央与省级罚没收入的划分权限，省以下各级政府间罚没收入的划分权限，按照现行预算管理有关规定确定。法律法规另有规定的，从其规定。

第二十七条 除以下情形外，罚没收入应按照执法机关的财务隶属关系缴入同级国库：

（一）海关、公安、中国海警、市场监管等部门取得的缉私罚没收入全额缴入中央国库。

（二）海关（除缉私外）、国家外汇管理部门、国家邮政部门、通信管理部门、气象管理部门、应急管理部所属煤矿安全监察部门、交通运输部所属海事部门中央本级取得的罚没收入全额缴入中央国库。省以下机构取得的罚没收入，50%缴入中央国库，50%缴入地方国库。

（三）国家烟草专卖部门取得的罚没收入全额缴入地方国库。

（四）应急管理部所属的消防救援部门取得的罚没收入，50%缴入中央国库，50%缴入地方国库。

（五）国家市场监督管理总局所属的反垄断部门与地方反垄断部门联合办理或者委托地方查办的重大案件取得的罚没收入，全额缴入中央国库。

（六）国有企业、事业单位监察机构没收、追缴的违法所得，按照国有企业、事业单位隶属关系全额缴入中央或者地方国库。

（七）中央政法机关交办案件按照有关规定执行。

（八）财政部规定的其他情形。

第二十八条 罚没物品处置收入，可以按扣除处置该罚没物品直接支出后的余额，作为罚没收入上缴；政府预算已经安排罚没物品处置专项经费的，不得扣除处置该罚没物品的直接支出。

前款所称处置罚没物品直接支出包括质量鉴定、评估和必要的修复费用。

第二十九条 罚没收入的缴库，按下列规定执行：

（一）执法机关取得的罚没收入，除当场收缴的罚款和财政部另有规定外，应当在取得之日缴入财政专户或者国库；

（二）执法人员依法当场收缴罚款的，执法机关应当自收到款项之日起2个工作日内缴入财政专户或者国库；

（三）委托拍卖机构拍卖罚没物品取得的变价款，由委托方自收到款项之日起2个工作日内缴入财政专户或者国库。

第三十条 政府预算收入中罚没收入预算为预测性指标，不作为收入任务指标下达。执法机关的办案经费由本级政府预算统筹保障，执法机关经费预算安排不得与该单位任何年度上缴的罚没收入挂钩。

第三十一条 依法退还多缴、错缴等罚没收入，应当按照本级财政部门有关规定办理。

第三十二条 执法机关在罚没财物管理工作中，应当按照规定使用财政部门相关票据。

第三十三条 对向执法机关检举、揭发各类违法案件的人员，经查实后，按照相关规定给予奖励，奖励经费不得从案件罚没收入中列支。

第五章 附 则

第三十四条 各级财政部门、执法机关、政府公物仓及其工作人员在罚没财物管理、处置工作中，存在违反本办法规定的行为，以及其他滥用职权、玩忽职守、徇私舞弊等违法违纪行为的，按照《中华人民共和国监察法》、《财政违法行为处罚处分条例》等国家有关规定追究相应责任；构成犯罪的，依法追究刑事责任。

第三十五条 执法机关扣押的涉案财物，有关单位、个人向执法机关声明放弃的或者无人认领的财物；党的纪律检查机关依据党内法规收缴的违纪所得以及按规定登记上交的礼品、礼金等财物；党政机关收到的采购、人事等合同违约金；党政机关根据国家赔偿法履行赔偿义务之后向故意或者有重大过失的工作人员、受委托的组织或者个人追偿的赔偿款等，参照罚没财物管理。国家另有规定的除外。

国有企业、事业单位党的纪检机构依据党内法规收缴的违纪所得，以及按规定登记上交的礼品、礼金等财物，按照国有企业、事业单位隶属关系全额缴入中央或者地方国库。

第三十六条 本办法自 2021 年 1 月 1 日起实施。

本办法实施前已经形成的罚没财物，尚未处置的，按照本办法执行。

最高人民法院、最高人民检察院、公安部关于办理非法集资刑事案件若干问题的意见（节选）

（高检会〔2019〕2 号）

九、关于涉案财物追缴处置问题

办理跨区域非法集资刑事案件，案件主办地办案机关应当及时归集涉案财物，为统一资产处置做好基础性工作。其他涉案地办案机关应当及时查明涉案财物，明确其来源、去向、用途、流转情况，依法办理查封、扣押、冻结手续，并制作详细清单，对扣押款项应当设立明细账，在扣押后立即存入办案机关唯一合规账户，并将有关情况提供案件主办地办案机关。

人民法院、人民检察院、公安机关应当严格依照刑事诉讼法和相关司法解释的规定，依法移送、审查、处理查封、扣押、冻结的涉案财物。对审判时尚未追缴到案或者尚未足额退赔的违法所得，人民法院应当判决继续追缴或者责令退赔，并由人民法院负责执行，处置非法集资职能部门、人民检察院、公安机关等应当予以配合。

人民法院对涉案财物依法作出判决后，有关地方和部门应当在处置非法集资职能部门统筹协调下，切实履行协作义务，综合运用多种手段，做好涉案财物清运、财产变现、资金归集、资金清退等工作，确保最大限度减少实际损失。

根据有关规定，查封、扣押、冻结的涉案财物，一般应在诉讼终结后返还集资参与人。涉案财物不足全部返还的，按照集资参与人的集资额比例返还。退赔集资参与人的损失一般优先于其他民事债务以及罚金、没收财产的执行。

防范和处置非法集资条例（节选）

（国务院令第 737 号）

第二十三条　经调查认定属于非法集资的，处置非法集资牵头部门应当责令非法集资人、非法集资协助人立即停止有关非法活动；发现涉嫌犯罪的，应当按照规定及时将案件移送公安机关，并配合做好相关工作。

行政机关对非法集资行为的调查认定，不是依法追究刑事责任的必经程序。

第二十四条　根据处置非法集资的需要，处置非法集资牵头部门可以采取下列措施：

（一）查封有关经营场所，查封、扣押有关资产；

（二）责令非法集资人、非法集资协助人追回、变价出售有关资产用于清退集资资金；

（三）经设区的市级以上地方人民政府处置非法集资牵头部门决定，按照规定通知出入境边防检查机关，限制非法集资的个人或者非法集资单位的控股股东、实际控制人、董事、监事、高级管理人员以及其他直接责任人员出境。

采取前款第一项、第二项规定的措施，应当经处置非法集资牵头部门主要负责人批准。

第二十五条　非法集资人、非法集资协助人应当向集资参与人清退集资资金。清退过程应当接受处置非法集资牵头部门监督。

任何单位和个人不得从非法集资中获取经济利益。

因参与非法集资受到的损失，由集资参与人自行承担。

第二十六条　清退集资资金来源包括：

（一）非法集资资金余额；

（二）非法集资资金的收益或者转换的其他资产及其收益；

（三）非法集资人及其股东、实际控制人、董事、监事、高级管理人员和其他相关人员从非法集资中获得的经济利益；

（四）非法集资人隐匿、转移的非法集资资金或者相关资产；

（五）在非法集资中获得的广告费、代言费、代理费、好处费、返点费、佣金、提成等经济利益；

（六）可以作为清退集资资金的其他资产。

最高人民法院、最高人民检察院、公安部、司法部关于办理黑恶势力犯罪案件若干问题的指导意见（节选）

（法发〔2018〕1号）

为贯彻落实《中共中央、国务院关于开展扫黑除恶专项斗争的通知》精神，统一执法思想，提高执法效能，依法、准确、有力惩处黑恶势力犯罪，严厉打击“村霸”、宗族恶势力、“保护伞”以及“软暴力”等犯罪，根据《刑法》、《刑事诉讼法》及有关司法解释等规定，针对实践中遇到的新情况、新问题，现就办理黑恶势力犯罪案件若干问题制定如下指导意见：

13. 对于组织者、领导者一般应当并处没收个人全部财产。对于确属骨干成员或者为该组织转移、隐匿资产的积极参加者，可以并处没收个人全部财产。对于其他组织成员，应当根据所参与实施违法犯罪活动的次数、性质、地位、作用、违法所得数额以及造成损失的数额等情节，依法决定财产刑的适用。

26. 公安机关、人民检察院、人民法院根据黑社会性质组织犯罪案件的诉讼需要，应当依法查询、查封、扣押、冻结全部涉案财产。公安机关侦查期间，要会同工商、税务、国土、住建、审计、人民银行等部门全面调查涉黑组织及其成员的财产状况。

对于不宜查封、扣押、冻结的经营性资产，可以申请当地政府指定有关部门或者委托有关机构代管或者托管。

对黑社会性质组织及其成员聚敛的财产及其孳息、收益的数额，办案单位可以委托专门机构评估；确实无法准确计算的，可以根据有关法律规定及查明的事实、证据合理估算。

27. 对于依法查封、冻结、扣押的黑社会性质组织涉案财产，应当全面收集、审查证明其来源、性质、用途、权属及价值大小的有关证据。符合下列情形之一的，应当依法追缴、没收：

（1）组织及其成员通过违法犯罪活动或其他不正当手段聚敛的财产及其孳息、收益；

（2）组织成员通过个人实施违法犯罪活动聚敛的财产及其孳息、收益；

（3）其他单位、组织、个人为支持该组织活动资助或主动提供的财产；

（4）通过合法的生产、经营活动获取的财产或者组织成员个人、家庭合法资产中，实际用于支持该组织活动的部分；

（5）组织成员非法持有的违禁品以及供犯罪所用的本人财物；

（6）其他单位、组织、个人利用黑社会性质组织及其成员的违法犯罪活动获取的财产及其孳息、收益；

（7）其他应当追缴、没收的财产。

28. 违法所得已用于清偿债务或者转让给他人，具有下列情形之一的，应当依法追缴：

（1）对方明知是通过违法犯罪活动或者其他不正当手段聚敛的财产及其孳息、收益的；

（2）对方无偿或者以明显低于市场价格取得的；

（3）对方是因非法债务或者违法犯罪活动而取得的；

（4）通过其他方式恶意取得的。

29. 依法应当追缴、没收的财产无法找到、被他人善意取得、价值灭失或者与其他合法财产混合且不可分割的，可以追缴、没收其他等值财产。

30. 黑社会性质组织犯罪嫌疑人、被告人逃匿，在通缉一年后不能到案，或者犯罪嫌疑人、被告人死亡的，应当依照法定程序没收其违法所得。

31. 对于依法查封、扣押、冻结的涉案财产，有证据证明确属被害人合法财产，或者确与黑社会性质组织及其违法犯罪活动无关的应予以返还。

最高人民法院、最高人民检察院、公安部、司法部关于办理黑恶势力刑事案件中财产处置若干问题的意见

为认真贯彻中央关于开展扫黑除恶专项斗争的重大决策部署，彻底铲除黑恶势力犯罪的经济基础，根据刑法、刑事诉讼法及最高人民法院、最高人民检察院、公安部、司法部《关于办理黑恶势力犯罪案件若干问题的指导意见》（法发〔2018〕1号）等规定，现对办理黑恶势力刑事案件中财产处置若干问题提出如下意见：

一、总体工作要求

1. 公安机关、人民检察院、人民法院在办理黑恶势力犯罪案件时，在查明黑恶势力组织违法犯罪事实并对黑恶势力成员依法定罪量刑的同时，要全面调查黑恶势力组织及其成员的财产状况，依法对涉案财产采取查询、查封、

扣押、冻结等措施，并根据查明的情况，依法作出处理。

前款所称处理既包括对涉案财产中犯罪分子违法所得、违禁品、供犯罪所用的本人财物以及其他等值财产等依法追缴、没收，也包括对被害人的合法财产等依法返还。

2. 对涉案财产采取措施，应当严格依照法定条件和程序进行。严禁在立案之前查封、扣押、冻结财物。凡查封、扣押、冻结的财物，都应当及时进行审查，防止因程序违法、工作瑕疵等影响案件审理以及涉案财产处置。

3. 对涉案财产采取措施，应当为犯罪嫌疑人、被告人及其所扶养的亲属保留必需的生活费用和物品。

根据案件具体情况，在保证诉讼活动正常进行的同时，可以允许有关人员继续合理使用有关涉案财产，并采取必要的保值保管措施，以减少案件办理对正常办公和合法生产经营的影响。

4. 要彻底摧毁黑社会性质组织的经济基础，防止其死灰复燃。对于组织者、领导者一般应当并处没收个人全部财产。对于确属骨干成员或者为该组织转移、隐匿资产的积极参加者，可以并处没收个人全部财产。对于其他组织成员，应当根据所参与实施违法犯罪活动的次数、性质、地位、作用、违法所得数额以及造成损失的数额等情节，依法决定财产刑的适用。

5. 要深挖细查并依法打击黑恶势力组织进行的洗钱以及掩饰、隐瞒犯罪所得、犯罪所得收益等转变涉案财产性质的关联犯罪。

二、依法采取措施全面收集证据

6. 公安机关侦查期间，要根据《公安机关办理刑事案件适用查封、冻结措施相关规定》（公通字〔2013〕30 号）等有关规定，会同有关部门全面调查黑恶势力及其成员的财产状况，并可以根据诉讼需要，先行依法对下列财产采取查询、查封、扣押、冻结等措施：

（1）黑恶势力组织的财产；

（2）犯罪嫌疑人个人所有的财产；

（3）犯罪嫌疑人实际控制的财产；

（4）犯罪嫌疑人出资购买的财产；

（5）犯罪嫌疑人转移至他人名下的财产；

（6）犯罪嫌疑人涉嫌洗钱以及掩饰、隐瞒犯罪所得、犯罪所得收益等犯罪涉及的财产；

（7）其他与黑恶势力组织及其违法犯罪活动有关的财产。

7. 查封、扣押、冻结已登记的不动产、特定动产及其他财产，应当通知有关登记机关，在查封、扣押、冻结期间禁止被查封、扣押、冻结的财产流转，不得办理被查封、扣押、冻结财产权属变更、抵押等手续。必要时可以提取有关产权证照。

8. 公安机关对于采取措施的涉案财产，应当全面收集证明其来源、性质、用途、权属及价值的有关证据，审查判断是否应当依法追缴、没收。

证明涉案财产来源、性质、用途、权属及价值的有关证据一般包括：

（1）犯罪嫌疑人、被告人关于财产来源、性质、用途、权属、价值的供述；

（2）被害人、证人关于财产来源、性质、用途、权属、价值的陈述、证言；

（3）财产购买凭证、银行往来凭据、资金注入凭据、权属证明等书证；

（4）财产价格鉴定、评估意见；

（5）可以证明财产来源、性质、用途、权属、价值的其他证据。

9. 公安机关对应当依法追缴、没收的财产中黑恶势力组织及其成员聚敛的财产及其孳息、收益的数额，可以委托专门机构评估；确实无法准确计算的，可以根据有关法律规定及查明的事实、证据合理估算。

人民检察院、人民法院对于公安机关委托评估、估算的数额有不同意见的，可以重新委托评估、估算。

10. 人民检察院、人民法院根据案件诉讼的需要，可以依法采取上述相关措施。

三、准确处置涉案财产

11. 公安机关、人民检察院应当加强对在案财产审查甄别。在移送审查起诉、提起公诉时，一般应当对采取措施的涉案财产提出处理意见建议，并将采取措施的涉案财产及其清单随案移送。

人民检察院经审查，除对随案移送的涉案财产提出处理意见外，还需要对继续追缴的尚未被足额查封、扣押的其他违法所得提出处理意见建议。

涉案财产不宜随案移送的，应当按照相关法律、司法解释的规定，提供相应的清单、照片、录像、封存手续、存放地点说明、鉴定、评估意见、变价处理凭证等材料。

12. 对于不宜查封、扣押、冻结的经营性财产，公安机关、人民检察院、人民法院可以申请当地政府指定有关部门或者委托有关机构代管或者托管。

对易损毁、灭失、变质等不宜长期保存的物品，易贬值的汽车、船艇等物品，或者市场价格波动大的债券、股票、基金等财产，有效期即将届满的汇票、本票、支票等，经权利人同意或者申请，并经县级以上公安机关、人民检察院或者人民法院主要负责人批准，可以依法出售、变现或者先行变卖、拍卖，所得价款由扣押、冻结机关保管，并及时告知当事人或者其近亲属。

13. 人民检察院在法庭审理时应当对证明黑恶势力犯罪涉案财产情况进行举证质证，对于既能证明具体个罪又能证明经济特征的涉案财产情况相关证据在具体个罪中出示后，在经济特征中可以简要说明，不再重复出示。

14. 人民法院作出的判决，除应当对随案移送的涉案财产作出处理外，还应当在判决书中写明需要继续追缴尚未被足额查封、扣押的其他违法所得；对随案移送财产进行处理时，应当列明相关财产的具体名称、数量、金额、处置情况等。涉案财产或者有关当事人人数较多，不宜在判决书正文中详细列明的，可以概括叙述并另附清单。

15. 涉案财产符合下列情形之一的，应当依法追缴、没收：

（1）黑恶势力组织及其成员通过违法犯罪活动或者其他不正当手段聚敛的财产及其孳息、收益；

（2）黑恶势力组织成员通过个人实施违法犯罪活动聚敛的财产及其孳息、收益；

（3）其他单位、组织、个人为支持该黑恶势力组织活动资助或者主动提供的财产；

（4）黑恶势力组织及其成员通过合法的生产、经营活动获取的财产或者组织成员个人、家庭合法财产中，实际用于支持该组织活动的部分；

（5）黑恶势力组织成员非法持有的违禁品以及供犯罪所用的本人财物；

（6）其他单位、组织、个人利用黑恶势力组织及其成员违法犯罪活动获取的财产及其孳息、收益；

（7）其他应当追缴、没收的财产。

16. 应当追缴、没收的的财产已用于清偿债务或者转让、或者设置其他权利负担，具有下列情形之一的，应当依法追缴：

（1）第三人明知是违法犯罪所得而接受的；

（2）第三人无偿或者以明显低于市场的价格取得涉案财物的；

（3）第三人通过非法债务清偿或者违法犯罪活动取得涉案财物的；

（4）第三人通过其他方式恶意取得涉案财物的。

17. 涉案财产符合下列情形之一的，应当依法返还：

（1）有证据证明确属被害人合法财产；

（2）有证据证明确与黑恶势力及其违法犯罪活动无关。

18. 有关违法犯罪事实查证属实后，对于有证据证明权属明确且无争议的被害人、善意第三人或者其他人员合法财产及其孳息，凡返还不损害其他利害关系人的利益，不影响案件正常办理的，应当在登记、拍照或者录像后，依法及时返还。

四、依法追缴、没收其他等值财产

19. 有证据证明依法应当追缴、没收的涉案财产无法找到、被他人善意取得、价值灭失或者与其他合法财产混合且不可分割的，可以追缴、没收其他等值财产。

对于证明前款各种情形的证据，公安机关或者人民检察院应当及时调取。

20. 本意见第19条所称“财产无法找到”，是指有证据证明存在依法应当追缴、没收的财产，但无法查证财产去向、下落的。被告人有不同意见的，应当出示相关证据。

21. 追缴、没收的其他等值财产的数额，应当与无法直接追缴、没收的具体财产的数额相对应。

五、其他

22. 本意见所称孳息，包括天然孳息和法定孳息。

本意见所称收益，包括但不限于以下情形：

（1）聚敛、获取的财产直接产生的收益，如使用聚敛、获取的财产购买彩票中奖所得收益等；

（2）聚敛、获取的财产用于违法犯罪活动产生的收益，如使用聚敛、获取的财产赌博赢利所得收益、非法放贷所得收益、购买并贩卖毒品所得收益等；

（3）聚敛、获取的财产投资、置业形成的财产及其收益；

（4）聚敛、获取的财产和其他合法财产共同投资或者置业形成的财产中，与聚敛、获取的财产对应的份额及其收益；

（5）应当认定为收益的其他情形。

23. 本意见未规定的黑恶势力刑事案件财产处置工作其他事宜，根据相关法律法规、司法解释等规定办理。

24. 本意见自2019年4月9日起施行。

最高人民法院关于适用财产刑若干问题的规定

（法释〔2000〕45号）

为正确理解和执行刑法有关财产刑的规定，现就适用财产刑的若干问题规定如下：

第一条 刑法规定“并处”没收财产或者罚金的犯罪，人民法院在对犯罪分子判处主刑的同时，必须依法判处相应的财产刑；刑法规定“可以并处”没收财产或者罚金的犯罪，人民法院应当根据案件具体情况及犯罪分子的财产状况，决定是否适用财产刑。

第二条 人民法院应当根据犯罪情节，如违法所得数额、造成损失的大小等，并综合考虑犯罪分子缴纳罚金的能力，依法判处罚金。刑法没有明确规定罚金数额标准的，罚金的最低数额不能少于一千元。

对未成年人犯罪应当从轻或者减轻判处罚金，但罚金的最低数额不能少于五百元。

第三条 依法对犯罪分子所犯数罪分别判处罚金的，应当实行并罚，将所判处的罚金数额相加，执行总和数额。

一人犯数罪依法同时并处罚金和没收财产的，应当合并执行；但并处没收全部财产的，只执行没收财产刑。

第四条 犯罪情节较轻，适用单处罚金不致再危害社会并具有下列情形之一的，可以依法单处罚金：

（一）偶犯或者初犯；

（二）自首或者有立功表现的；

（三）犯罪时不满十八周岁的；

（四）犯罪预备、中止或者未遂的；

（五）被胁迫参加犯罪的；

（六）全部退赃并有悔罪表现的；

（七）其他可以依法单处罚金的情形。

第五条 刑法第五十三条规定的“判决指定的期限”应当在判决书中予以确定；“判决指定的期限”应为从判决发生法律效力第二日起最长不超过三个月。

第六条 刑法第五十三条规定的“由于遭遇不能抗拒的灾祸缴纳确实有困难的”，主要是指因遭受火灾、水灾、地震等灾祸而丧失财产；罪犯因重病、伤残等而丧失劳动能力，或者需要罪犯抚养的近亲属患有重病，需支付巨额医药费等，确实没有财产可供执行的情形。

具有刑法第五十三条规定“可以酌情减少或者免除”事由的，由罪犯本人、亲属或者犯罪单位向负责执行的人民法院提出书面申请，并提供相应的证明材料。人民法院审查以后，根据实际情况，裁定减少或者免除应当缴纳的罚金数额。

第七条 刑法第六十条规定的“没收财产以前犯罪分子所负的正当债务”，是指犯罪分子在判决生效前所负他人的合法债务。

第八条 罚金刑的数额应当以人民币为计算单位。

第九条 人民法院认为依法应当判处被告人财产刑的，可以在案件审理过程中，决定扣押或者冻结被告人的财产。

第十条 财产刑由第一审人民法院执行。

犯罪分子的财产在异地的，第一审人民法院可以委托财产所在地人民法院代为执行。

第十一条 自判决指定的期限届满第二日起，人民法院对于没有法定减免事由不缴纳罚金的，应当强制其缴纳。

对于隐藏、转移、变卖、损毁已被扣押、冻结财产情节严重的，依照刑法第三百一十四条的规定追究刑事责任。

最高人民法院关于刑事裁判涉财产部分执行的若干规定

（法释〔2014〕13号）

为进一步规范刑事裁判涉财产部分的执行，维护当事人合法权益，根据《中华人民共和国刑法》《中华人民共和国刑事诉讼法》等法律规定，结合人民法院执行工作实际，制定本规定。

第一条 本规定所称刑事裁判涉财产部分的执行，是指发生法律效力的刑事裁判主文确定的下列事项的执行：

（一）罚金、没收财产；

（二）责令退赔；

（三）处置随案移送的赃款赃物；

（四）没收随案移送的供犯罪所用本人财物；

（五）其他应当由人民法院执行的相关事项。

刑事附带民事裁判的执行，适用民事执行的有关规定。

第二条 刑事裁判涉财产部分，由第一审人民法院执行。第一审人民法院可以委托财产所在地的同级人民法院执行。

第三条 人民法院办理刑事裁判涉财产部分执行案件的期限为六个月。有特殊情况需要延长的，经本院院长批准，可以延长。

第四条 人民法院刑事审判中可能判处被告人财产刑、责令退赔的，刑事审判部门应当依法对被告人的财产状况进行调查；发现可能隐匿、转移财产的，应当及时查封、扣押、冻结其相应财产。

第五条 刑事审判或者执行中，对于侦查机关已经采取的查封、扣押、冻结，人民法院应当在期限届满前及时续行查封、扣押、冻结。人民法院续行查封、扣押、冻结的顺位与侦查机关查封、扣押、冻结的顺位相同。

对侦查机关查封、扣押、冻结的财产，人民法院执行中可以直接裁定处置，无需侦查机关出具解除手续，但裁定中应当指明侦查机关查封、扣押、冻结的事实。

第六条 刑事裁判涉财产部分的裁判内容，应当明确、具体。涉案财物或者被害人人数较多，不宜在判决主文中详细列明的，可以概括叙明并另附清单。

判处没收部分财产的，应当明确没收的具体财物或者金额。

判处追缴或者责令退赔的，应当明确追缴或者退赔的金额或财物的名称、数量等相关情况。

第七条 由人民法院执行机构负责执行的刑事裁判涉财产部分，刑事审判部门应当及时移送立案部门审查立案。

移送立案应当提交生效裁判文书及其附件和其他相关材料，并填写《移送执行表》。《移送执行表》应当载明以下内容：

（一）被执行人、被害人的基本信息；

（二）已查明的财产状况或者财产线索；

（三）随案移送的财产和已经处置财产的情况；

（四）查封、扣押、冻结财产的情况；

（五）移送执行的时间；

（六）其他需要说明的情况。

人民法院立案部门经审查，认为属于移送范围且移送材料齐全的，应当在七日内立案，并移送执行机构。

第八条 人民法院可以向刑罚执行机关、社区矫正机构等有关单位调查被执行人的财产状况，并可以根据不同情形要求有关单位协助采取查封、扣押、冻结、划拨等执行措施。

第九条 判处没收财产的，应当执行刑事裁判生效时被执行人合法所有的财产。

执行没收财产或罚金刑，应当参照被扶养人住所地政府公布的上年度当地居民最低生活费标准，保留被执行人及其所扶养家属的生活必需费用。

第十条 对赃款赃物及其收益，人民法院应当一并追缴。

被执行人将赃款赃物投资或者置业，对因此形成的财产及其收益，人民法院应予追缴。

被执行人将赃款赃物与其他合法财产共同投资或者置业，对因此形成的财产中与赃款赃物对应的份额及其收益，人民法院应予追缴。

对于被害人的损失，应当按照刑事裁判认定的实际损失予以发还或者赔偿。

第十一条 被执行人将刑事裁判认定为赃款赃物的涉案财物用于清偿债务、转让或者设置其他权利负担，具有下列情形之一的，人民法院应予追缴：

（一）第三人明知是涉案财物而接受的；

（二）第三人无偿或者以明显低于市场的价格取得涉案财物的；

（三）第三人通过非法债务清偿或者违法犯罪活动取得涉案财物的；

（四）第三人通过其他恶意方式取得涉案财物的。

第三人善意取得涉案财物的，执行程序中不予追缴。作为原所有人的被害人对该涉案财物主张权利的，人民法院应当告知其通过诉讼程序处理。

第十二条 被执行财产需要变价的，人民法院执行机构应当依法采取拍卖、变卖等变价措施。

涉案财物最后一次拍卖未能成交，需要上缴国库的，人民法院应当通知有关财政机关以该次拍卖保留价予以接收；有关财政机关要求继续变价的，可以进行无保留价拍卖。需要退赔被害人的，以该次拍卖保留价以物退赔；被害人不同意以物退赔的，可以进行无保留价拍卖。

第十三条 被执行人在执行中同时承担刑事责任、民事责任，其财产不足以支付的，按照下列顺序执行：

（一）人身损害赔偿中的医疗费用；

（二）退赔被害人的损失；

（三）其他民事债务；

（四）罚金；

（五）没收财产。

债权人对执行标的依法享有优先受偿权，其主张优先受偿的，人民法院应当在前款第（一）项规定的医疗费用受偿后，予以支持。

第十四条 执行过程中，当事人、利害关系人认为执行行为违反法律规定，或者案外人对执行标的主张足以阻止执行的实体权利，向执行法院提出书面异议的，执行法院应当依照民事诉讼法第二百二十五条的规定处理。

人民法院审查案外人异议、复议，应当公开听证。

第十五条 执行过程中，案外人或被害人认为刑事裁判中对涉案财物是否属于赃款赃物认定错误或者应予认定而未认定，向执行法院提出书面异议，可以通过裁定补正的，执行机构应当将异议材料移送刑事审判部门处理；无法通过裁定补正的，应当告知异议人通过审判监督程序处理。

第十六条 人民法院办理刑事裁判涉财产部分执行案件，刑法、刑事诉讼法及有关司法解释没有相应规定的，参照适用民事执行的有关规定。

第十七条 最高人民法院此前发布的司法解释与本规定不一致的，以本规定为准。

最高人民法院关于人民法院确定财产处置参考价若干问题的规定

（法释〔2018〕15号）

为公平、公正、高效确定财产处置参考价，维护当事人、利害关系人的合法权益，根据《中华人民共和国民事诉讼法》等法律规定，结合人民法院工作实际，制定本规定。

第一条 人民法院查封、扣押、冻结财产后，对需要拍卖、变卖的财产，应当在三十日内启动确定财产处置参考价程序。

第二条 人民法院确定财产处置参考价，可以采取当事人议价、定向询价、网络询价、委托评估等方式。

第三条 人民法院确定参考价前，应当查明财产的权属、权利负担、占有使用、欠缴税费、质量瑕疵等事项。

人民法院查明前款规定事项需要当事人、有关单位或者个人提供相关资料的，可以通知其提交；拒不提交的，可以强制提取；对妨碍强制提取的，参照民事诉讼法第一百一十一条、第一百一十四条的规定处理。

查明本条第一款规定事项需要审计、鉴定的，人民法院可以先行审计、鉴定。

第四条 采取当事人议价方式确定参考价的，除一方当事人拒绝议价或者下落不明外，人民法院应当以适当的方式通知或者组织当事人进行协商，当事人应当在指定期限内提交议价结果。

双方当事人提交的议价结果一致，且不损害他人合法权益的，议价结果为参考价。

第五条 当事人议价不能或者不成，且财产有计税基准价、政府定价或者政府指导价的，人民法院应当向确定参考价时财产所在地的有关机构进行定向询价。

双方当事人一致要求直接进行定向询价，且财产有计税基准价、政府定价或者政府指导价的，人民法院应当准许。

第六条 采取定向询价方式确定参考价的，人民法院应当向有关机构出具询价函，询价函应当载明询价要求、完成期限等内容。

接受定向询价的机构在指定期限内出具的询价结果为参考价。

第七条 定向询价不能或者不成，财产无需由专业人员现场勘验或者鉴定，且具备网络询价条件的，人民法院应当通过司法网络询价平台进行网络询价。

双方当事人一致要求或者同意直接进行网络询价，财产无需由专业人员现场勘验或者鉴定，且具备网络询价条件的，人民法院应当准许。

第八条 最高人民法院建立全国性司法网络询价平台名单库。

司法网络询价平台应当同时符合下列条件：

（一）具备能够依法开展互联网信息服务工作的资质；

（二）能够合法获取并整合全国各地区同种类财产一定时期的既往成交价、政府定价、政府指导价或者市场公开交易价等不少于三类价格数据，并保证数据真实、准确；

（三）能够根据数据化财产特征，运用一定的运算规则对市场既往交易价格、交易趋势予以分析；

（四）程序运行规范、系统安全高效、服务质优价廉；

（五）能够全程记载数据的分析过程，将形成的电子数据完整保存不少于十年，但法律、行政法规、司法解释另有规定的除外。

第九条 最高人民法院组成专门的评审委员会，负责司法网络询价平台的选定、评审和除名。每年引入权威第三方对已纳入和新申请纳入名单库的司法网络询价平台予以评审并公布结果。

司法网络询价平台具有下列情形之一的，应当将其从名单库中除名：

（一）无正当理由拒绝进行网络询价；

（二）无正当理由一年内累计五次未按期完成网络询价；

（三）存在恶意串通、弄虚作假、泄露保密信息等行为；

（四）经权威第三方评审认定不符合提供网络询价服务条件；

（五）存在其他违反询价规则以及法律、行政法规、司法解释规定的情形。

司法网络询价平台被除名后，五年内不得被纳入名单库。

第十条 采取网络询价方式确定参考价的，人民法院应当同时向名单库中的全部司法网络询价平台发出网络询价委托书。网络询价委托书应当载明财产名称、物理特征、规格数量、目的要求、完成期限以及其他需要明确的内容等。

第十一条 司法网络询价平台应当在收到人民法院网络询价委托书之日起三日内出具网络询价报告。网络询价报告应当载明财产的基本情况、参照样本、计算方法、询价结果及有效期等内容。

司法网络询价平台不能在期限内完成询价的，应当在期限届满前申请延长期限。全部司法网络询价平台均未能在期限内出具询价结果的，人民法院应当根据各司法网络询价平台的延期申请延期三日；部分司法网络询价平台在期限内出具网络询价结果的，人民法院对其他司法网络询价平台的延期申请不予准许。

全部司法网络询价平台均未在期限内出具或者补正网络询价报告，且未按照规定申请延长期限的，人民法院应当委托评估机构进行评估。

人民法院未在网络询价结果有效期内发布一拍拍卖公告或者直接进入变卖程序的，应当通知司法网络询价平台在三日内重新出具网络询价报告。

第十二条 人民法院应当对网络询价报告进行审查。网络询价报告均存在财产基本信息错误、超出财产范围或者遗漏财产等情形的，应当通知司法网络询价平台在三日内予以补正；部分网络询价报告不存在上述情形的，无需通知其他司法网络询价平台补正。

第十三条 全部司法网络询价平台均在期限内出具询价结果或者补正结果的，人民法院应当以全部司法网络询价平台出具结果的平均值为参考价；部分司法网络询价平台在期限内出具询价结果或者补正结果的，人民法院应当以该部分司法网络询价平台出具结果的平均值为参考价。

当事人、利害关系人依据本规定第二十二条的规定对全部网络询价报告均提出异议，且所提异议被驳回或者司法网络询价平台已作出补正的，人民法院应当以异议被驳回或者已作出补正的各司法网络询价平台出具结果的平均值为参考价；对部分网络询价报告提出异议的，人民法院应当以网络询价报告未被提出异议的各司法网络询价平台出具结果的平均值为参考价。

第十四条 法律、行政法规规定必须委托评估、双方当事人要求委托评估或者网络询价不能或不成的，人民法院应当委托评估机构进行评估。

第十五条 最高人民法院根据全国性评估行业协会推荐的评估机构名单建立人民法院司法评估机构名单库。按评估专业领域和评估机构的执业范围建立名单分库，在分库下根据行政区划设省、市两级名单子库。

评估机构无正当理由拒绝进行司法评估或者存在弄虚作假等情形的，最高人民法院可以商全国性评估行业协会将其从名单库中除名；除名后五年内不得被纳入名单库。

第十六条 采取委托评估方式确定参考价的，人民法院应当通知双方当事人在指定期限内从名单分库中协商确定三家评估机构以及顺序；双方当事人在指定期限内协商不成或者一方当事人下落不明的，采取摇号方式在名单分库或者财产所在地的名单子库中随机确定三家评估机构以及顺序。双方当事人一致要求在同一名单子库中随机确定的，人民法院应当准许。

第十七条 人民法院应当向顺序在先的评估机构出具评估委托书，评估委托书应当载明财产名称、物理特征、规格数量、目的要求、完成期限以及其他需要明确的内容等，同时应当将查明的财产情况及相关材料一并移交给评估机构。

评估机构应当出具评估报告，评估报告应当载明评估财产的基本情况、评估方法、评估标准、评估结果及有效期等内容。

第十八条 评估需要进行现场勘验的，人民法院应当通知当事人到场；当事人不到场的，不影响勘验的进行，但应当有见证人见证。现场勘验需要当事人、协助义务人配合的，人民法院依法责令其配合；不予配合的，可以依法强制进行。

第十九条 评估机构应当在三十日内出具评估报告。人民法院决定暂缓或者裁定中止执行的期间，应当从前述期限中扣除。

评估机构不能在期限内出具评估报告的，应当在期限届满五日前书面向人民法院申请延长期限。人民法院决定延长期限的，延期次数不超过两次，每次不超过十五日。

评估机构未在期限内出具评估报告、补正说明，且未按照规定申请延长期限的，人民法院应当通知该评估机构三日内将人民法院委托评估时移交的材料退回，另行委托下一顺序的评估机构重新进行评估。

人民法院未在评估结果有效期内发布一拍拍卖公告或者直接进入变卖程序的，应当通知原评估机构在十五日内重新出具评估报告。

第二十条 人民法院应当对评估报告进行审查。具有下列情形之一的，应当责令评估机构在三日内予以书面说明或者补正：

（一）财产基本信息错误；

（二）超出财产范围或者遗漏财产；

（三）选定的评估机构与评估报告上签章的评估机构不符；

（四）评估人员执业资格证明与评估报告上署名的人员不符；

（五）具有其他应当书面说明或者补正的情形。

第二十一条 人民法院收到定向询价、网络询价、委托评估、说明补正等报告后，应当在三日内发送给当事人及利害关系人。

当事人、利害关系人已提供有效送达地址的，人民法院应当将报告以直接送达、留置送达、委托送达、邮寄送达或者电子送达的方式送达；当事人、利害关系人下落不明或者无法获取其有效送达地址，人民法院无法按照前述规定送达的，应当在中国执行信息公开网上予以公示，公示满十五日即视为收到。

第二十二条 当事人、利害关系人认为网络询价报告或者评估报告具有下列情形之一的，可以在收到报告后五日内提出书面异议：

（一）财产基本信息错误；

（二）超出财产范围或者遗漏财产；

（三）评估机构或者评估人员不具备相应评估资质；

（四）评估程序严重违法。

对当事人、利害关系人依据前款规定提出的书面异议，人民法院应当参照民事诉讼法第二百二十五条的规定处理。

第二十三条 当事人、利害关系人收到评估报告后五日内对评估报告的参照标准、计算方法或者评估结果等提出书面异议的，人民法院应当在三日内交评估机构予以书面说明。评估机构在五日内未作说明或者当事人、利害关系人对作出的说明仍有异议的，人民法院应当交由相关行业协会在指定期限内组织专业技术评审，并根据专业技术评审出具的结论认定评估结果或者责令原评估机构予以补正。

当事人、利害关系人提出前款异议，同时涉及本规定第二十二条第一款第一、二项情形的，按照前款规定处理；同时涉及本规定第二十二条第一款第三、四项情形的，按照本规定第二十二条第二款先对第三、四项情形审查，异议成立的，应当通知评估机构三日内将人民法院委托评估时移交的材料退回，另行委托下一顺序的评估机构重新进行评估；异议不成立的，按照前款规定处理。

第二十四条 当事人、利害关系人未在本规定第二十二条、第二十三条规定的期限内提出异议或者对网络询价平台、评估机构、行业协会按照本规定第二十二条、第二十三条所作的补正说明、专业技术评审结论提出异议的，人民法院不予受理。

当事人、利害关系人对议价或者定向询价提出异议的，人民法院不予受理。

第二十五条 当事人、利害关系人有证据证明具有下列情形之一，且在发布一拍拍卖公告或者直接进入变卖程序之前提出异议的，人民法院应当按照执行监督程序进行审查处理：

（一）议价中存在欺诈、胁迫情形；

（二）恶意串通损害第三人利益；

（三）有关机构出具虚假定向询价结果；

（四）依照本规定第二十二条、第二十三条作出的处理结果确有错误。

第二十六条 当事人、利害关系人对评估报告未提出异议、所提异议被驳回或者评估机构已作出补正的，人民法院应当以评估结果或者补正结果为参考价；当事人、利害关系人对评估报告提出的异议成立的，人民法院应当以评估机构作出的补正结果或者重新作出的评估结果为参考价。专业技术评审对评估报告未作出否定结论的，人民法院应当以该评估结果为参考价。

第二十七条 司法网络询价平台、评估机构应当确定网络询价或者委托评估结果的有效期，有效期最长不得超过一年。

当事人议价的，可以自行协商确定议价结果的有效期，但不得超过前款规定的期限；定向询价结果的有效期，参照前款规定确定。

人民法院在议价、询价、评估结果有效期内发布一拍拍卖公告或者直接进入变卖程序，拍卖、变卖时未超过有效期六个月的，无需重新确定参考价，但法律、行政法规、司法解释另有规定的除外。

第二十八条 具有下列情形之一的，人民法院应当决定暂缓网络询价或者委托评估：

（一）案件暂缓执行或者中止执行；

（二）评估材料与事实严重不符，可能影响评估结果，需要重新调查核实；

（三）人民法院认为应当暂缓的其他情形。

第二十九条 具有下列情形之一的，人民法院应当撤回网络询价或者委托评估：

（一）申请执行人撤回执行申请；

（二）生效法律文书确定的义务已全部执行完毕；

（三）据以执行的生效法律文书被撤销或者被裁定不予执行；

（四）人民法院认为应当撤回的其他情形。

人民法院决定网络询价或者委托评估后，双方当事人议价确定参考价或者协商不再对财产进行变价处理的，人民法院可以撤回网络询价或者委托评估。

第三十条 人民法院应当在参考价确定后十日内启动财产变价程序。拍卖的，参照参考价确定起拍价；直接变卖的，参照参考价确定变卖价。

第三十一条 人民法院委托司法网络询价平台进行网络询价的，网络询价费用应当按次计付给出具网络询价结果与财产处置成交价最接近的司法网络询价平台；多家司法网络询价平台出具的网络询价结果相同或者与财产处置成交价差距相同的，网络询价费用平均分配。

人民法院依照本规定第十一条第三款规定委托评估机构进行评估或者依照本规定第二十九条规定撤回网络询价的，对司法网络询价平台不计付费用。

第三十二条 人民法院委托评估机构进行评估，财产处置未成交的，按照评估机构合理的实际支出计付费用；财产处置成交价高于评估价的，以评估价为基准计付费用；财产处置成交价低于评估价的，以财产处置成交价为基准计付费用。

人民法院依照本规定第二十九条规定撤回委托评估的，按照评估机构合理的实际支出计付费用；人民法院依照本规定通知原评估机构重新出具评估报告的，按照前款规定的百分之三十计付费用。

人民法院依照本规定另行委托评估机构重新进行评估的，对原评估机构不计付费用。

第三十三条 网络询价费及委托评估费由申请执行人先行垫付，由被执行人负担。

申请执行人通过签订保险合同的方式垫付网络询价费或者委托评估费的，保险人应当向人民法院出具担保书。担保书应当载明因申请执行人未垫付网络询价费或者委托评估费由保险人支付等内容，并附相关证据材料。

第三十四条 最高人民法院建设全国法院询价评估系统。询价评估系统与定向询价机构、司法网络询价平台、全国性评估行业协会的系统对接，实现数据共享。

询价评估系统应当具有记载当事人议价、定向询价、网络询价、委托评估、摇号过程等功能，并形成固化数据，长期保存、随案备查。

第三十五条 本规定自 2018 年 9 月 1 日起施行。

最高人民法院此前公布的司法解释及规范性文件与本规定不一致的，以本规定为准。

最高人民法院关于人民法院民事执行中拍卖、变卖财产的规定

（法释〔2020〕21号）

为了进一步规范民事执行中的拍卖、变卖措施，维护当事人的合法权益，根据《中华人民共和国民事诉讼法》等法律的规定，结合人民法院民事执行工作的实践经验，制定本规定。

第一条 在执行程序中，被执行人的财产被查封、扣押、冻结后，人民法院应当及时进行拍卖、变卖或者采取其他执行措施。

第二条 人民法院对查封、扣押、冻结的财产进行变价处理时，应当首先采取拍卖的方式，但法律、司法解释另有规定的除外。

第三条 人民法院拍卖被执行人财产，应当委托具有相应资质的拍卖机构进行，并对拍卖机构的拍卖进行监督，但法律、司法解释另有规定的除外。

第四条 对拟拍卖的财产，人民法院可以委托具有相应资质的评估机构进行价格评估。对于财产价值较低或者价格依照通常方法容易确定的，可以不进行评估。

当事人双方及其他执行债权人申请不进行评估的，人民法院应当准许。

对被执行人的股权进行评估时，人民法院可以责令有关企业提供会计报表等资料；有关企业拒不提供的，可以强制提取。

第五条 拍卖应当确定保留价。

拍卖财产经过评估的，评估价即为第一次拍卖的保留价；未作评估的，保留价由人民法院参照市价确定，并应当征询有关当事人的意见。

如果出现流拍，再行拍卖时，可以酌情降低保留价，但每次降低的数额不得超过前次保留价的百分之二十。

第六条 保留价确定后，依据本次拍卖保留价计算，拍卖所得价款在清偿优先债权和强制执行费用后无剩余可能的，应当在实施拍卖前将有关情况

通知申请执行人。申请执行人于收到通知后五日内申请继续拍卖的，人民法院应当准许，但应当重新确定保留价；重新确定的保留价应当大于该优先债权及强制执行费用的总额。

依照前款规定流拍的，拍卖费用由申请执行人负担。

第七条 执行人员应当对拍卖财产的权属状况、占有使用情况等进行必要的调查，制作拍卖财产现状的调查笔录或者收集其他有关资料。

第八条 拍卖应当先期公告。

拍卖动产的，应当在拍卖七日前公告；拍卖不动产或者其他财产权的，应当在拍卖十五日前公告。

第九条 拍卖公告的范围及媒体由当事人双方协商确定；协商不成的，由人民法院确定。拍卖财产具有专业属性的，应当同时在专业性报纸上进行公告。

当事人申请在其他新闻媒体上公告或者要求扩大公告范围的，应当准许，但该部分的公告费用由其自行承担。

第十条 拍卖不动产、其他财产权或者价值较高的动产的，竞买人应当于拍卖前向人民法院预交保证金。申请执行人参加竞买的，可以不预交保证金。保证金的数额由人民法院确定，但不得低于评估价或者市价的百分之五。

应当预交保证金而未交纳的，不得参加竞买。拍卖成交后，买受人预交的保证金充抵价款，其他竞买人预交的保证金应当在三日内退还；拍卖未成交的，保证金应当于三日内退还竞买人。

第十一条 人民法院应当在拍卖五日前以书面或者其他能够确认收悉的适当方式，通知当事人和已知的担保物权人、优先购买权人或者其他优先权人于拍卖日到场。

优先购买权人经通知未到场的，视为放弃优先购买权。

第十二条 法律、行政法规对买受人的资格或者条件有特殊规定的，竞买人应当具备规定的资格或者条件。

申请执行人、被执行人可以参加竞买。

第十三条 拍卖过程中，有最高应价时，优先购买权人可以表示以该最高价买受，如无更高应价，则拍归优先购买权人；如有更高应价，而优先购买权人不作表示的，则拍归该应价最高的竞买人。

顺序相同的多个优先购买权人同时表示买受的，以抽签方式决定买受人。

第十四条 拍卖多项财产时，其中部分财产卖得的价款足以清偿债务和支付被执行人应当负担的费用的，对剩余的财产应当停止拍卖，但被执行人同意全部拍卖的除外。

第十五条 拍卖的多项财产在使用上不可分，或者分别拍卖可能严重减损其价值的，应当合并拍卖。

第十六条 拍卖时无人竞买或者竞买人的最高应价低于保留价，到场的申请执行人或者其他执行债权人申请或者同意以该次拍卖所定的保留价接受拍卖财产的，应当将该财产交其抵债。

有两个以上执行债权人申请以拍卖财产抵债的，由法定受偿顺位在先的债权人优先承受；受偿顺位相同的，以抽签方式决定承受人。承受人应受清偿的债权额低于抵债财产的价额的，人民法院应当责令其在指定的期间内补交差额。

第十七条 在拍卖开始前，有下列情形之一的，人民法院应当撤回拍卖委托：

（一）据以执行的生效法律文书被撤销的；

（二）申请执行人及其他执行债权人撤回执行申请的；

（三）被执行人全部履行了法律文书确定的金钱债务的；

（四）当事人达成了执行和解协议，不需要拍卖财产的；

（五）案外人对拍卖财产提出确有理由的异议的；

（六）拍卖机构与竞买人恶意串通的；

（七）其他应当撤回拍卖委托的情形。

第十八条 人民法院委托拍卖后，遇有依法应当暂缓执行或者中止执行的情形的，应当决定暂缓执行或者裁定中止执行，并及时通知拍卖机构和当事人。拍卖机构收到通知后，应当立即停止拍卖，并通知竞买人。

暂缓执行期限届满或者中止执行的事由消失后，需要继续拍卖的，人民法院应当在十五日内通知拍卖机构恢复拍卖。

第十九条 被执行人在拍卖日之前向人民法院提交足额金钱清偿债务，要求停止拍卖的，人民法院应当准许，但被执行人应当负担因拍卖支出的必要费用。

第二十条 拍卖成交或者以流拍的财产抵债的，人民法院应当作出裁定，并于价款或者需要补交的差价全额交付后十日内，送达买受人或者承受人。

第二十一条 拍卖成交后，买受人应当在拍卖公告确定的期限或者人民法院指定的期限内将价款交付到人民法院或者汇入人民法院指定的账户。

第二十二条 拍卖成交或者以流拍的财产抵债后，买受人逾期未支付价款或者承受人逾期未补交差价而使拍卖、抵债的目的难以实现的，人民法院可以裁定重新拍卖。重新拍卖时，原买受人不得参加竞买。

重新拍卖的价款低于原拍卖价款造成的差价、费用损失及原拍卖中的佣金，由原买受人承担。人民法院可以直接从其预交的保证金中扣除。扣除后保证金有剩余的，应当退还原买受人；保证金数额不足的，可以责令原买受人补交；拒不补交的，强制执行。

第二十三条 拍卖时无人竞买或者竞买人的最高应价低于保留价，到场的申请执行人或者其他执行债权人不申请以该次拍卖所定的保留价抵债的，应当在六十日内再行拍卖。

第二十四条 对于第二次拍卖仍流拍的动产，人民法院可以依照本规定第十六条的规定将其作价交申请执行人或者其他执行债权人抵债。申请执行人或者其他执行债权人拒绝接受或者依法不能交付其抵债的，人民法院应当解除查封、扣押，并将该动产退还被执行人。

第二十五条 对于第二次拍卖仍流拍的不动产或者其他财产权，人民法院可以依照本规定第十六条的规定将其作价交申请执行人或者其他执行债权人抵债。申请执行人或者其他执行债权人拒绝接受或者依法不能交付其抵债的，应当在六十日内进行第三次拍卖。

第三次拍卖流拍且申请执行人或者其他执行债权人拒绝接受或者依法不能接受该不动产或者其他财产权抵债的，人民法院应当于第三次拍卖终结之日起七日内发出变卖公告。自公告之日起六十日内没有买受人愿意以第三次拍卖的保留价买受该财产，且申请执行人、其他执行债权人仍不表示接受该财产抵债的，应当解除查封、冻结，将该财产退还被执行人，但对该财产可以采取其他执行措施的除外。

第二十六条 不动产、动产或者其他财产权拍卖成交或者抵债后，该不动产、动产的所有权、其他财产权自拍卖成交或者抵债裁定送达买受人或者承受人时起转移。

第二十七条 人民法院裁定拍卖成交或者以流拍的财产抵债后，除有依法不能移交的情形外，应当于裁定送达后十五日内，将拍卖的财产移交买受人或者承受人。被执行人或者第三人占有拍卖财产应当移交而拒不移交的，强制执行。

第二十八条 拍卖财产上原有的担保物权及其他优先受偿权，因拍卖而消灭，拍卖所得价款，应当优先清偿担保物权人及其他优先受偿权人的债权，但当事人另有约定的除外。

拍卖财产上原有的租赁权及其他用益物权，不因拍卖而消灭，但该权利继续存在于拍卖财产上，对在先的担保物权或者其他优先受偿权的实现有影响的，人民法院应当依法将其除去后进行拍卖。

第二十九条 拍卖成交的，拍卖机构可以按照下列比例向买受人收取佣金：

拍卖成交价200万元以下的，收取佣金的比例不得超过5%；超过200万元至1000万元的部分，不得超过3%；超过1000万元至5000万元的部分，不得超过2%；超过5000万元至1亿元的部分，不得超过1%；超过1亿元的部分，不得超过0.5%。

采取公开招标方式确定拍卖机构的，按照中标方案确定的数额收取佣金。

拍卖未成交或者非因拍卖机构的原因撤回拍卖委托的，拍卖机构为本次拍卖已经支出的合理费用，应当由被执行人负担。

第三十条 在执行程序中拍卖上市公司国有股和社会法人股的，适用最高人民法院《关于冻结、拍卖上市公司国有股和社会法人股若干问题的规定》。

第三十一条 对查封、扣押、冻结的财产，当事人双方及有关权利人同意变卖的，可以变卖。

金银及其制品、当地市场有公开交易价格的动产、易腐烂变质的物品、季节性商品、保管困难或者保管费用过高的物品，人民法院可以决定变卖。

第三十二条 当事人双方及有关权利人对变卖财产的价格有约定的，按照其约定价格变卖；无约定价格但有市价的，变卖价格不得低于市价；无市价但价值较大、价格不易确定的，应当委托评估机构进行评估，并按照评估价格进行变卖。

按照评估价格变卖不成的，可以降低价格变卖，但最低的变卖价不得低于评估价的二分之一。

变卖的财产无人应买的，适用本规定第十六条的规定将该财产交申请执行人或者其他执行债权人抵债；申请执行人或者其他执行债权人拒绝接受或者依法不能交付其抵债的，人民法院应当解除查封、扣押，并将该财产退还被执行人。

第三十三条 本规定自2005年1月1日起施行。施行前本院公布的司法解释与本规定不一致的，以本规定为准。

最高人民法院关于人民法院网络司法拍卖若干问题的规定

（法释〔2016〕18号）

为了规范网络司法拍卖行为，保障网络司法拍卖公开、公平、公正、安全、高效，维护当事人的合法权益，根据《中华人民共和国民事诉讼法》等法律的规定，结合人民法院执行工作的实际，制定本规定。

第一条 本规定所称的网络司法拍卖，是指人民法院依法通过互联网拍卖平台，以网络电子竞价方式公开处置财产的行为。

第二条 人民法院以拍卖方式处置财产的，应当采取网络司法拍卖方式，但法律、行政法规和司法解释规定必须通过其他途径处置，或者不宜采用网络拍卖方式处置的除外。

第三条 网络司法拍卖应当在互联网拍卖平台上向社会全程公开，接受社会监督。

第四条 最高人民法院建立全国性网络服务提供者名单库。网络服务提供者申请纳入名单库的，其提供的网络司法拍卖平台应当符合下列条件：

（一）具备全面展示司法拍卖信息的界面；

（二）具备本规定要求的信息公示、网上报名、竞价、结算等功能；

（三）具有信息共享、功能齐全、技术拓展等功能的独立系统；

（四）程序运作规范、系统安全高效、服务优质价廉；

（五）在全国具有较高的知名度和广泛的社会参与度。

最高人民法院组成专门的评审委员会，负责网络服务提供者的选定、评审和除名。最高人民法院每年引入第三方评估机构对已纳入和新申请纳入名单库的网络服务提供者予以评审并公布结果。

第五条 网络服务提供者由申请执行人从名单库中选择；未选择或者多个申请执行人的选择不一致的，由人民法院指定。

第六条 实施网络司法拍卖的，人民法院应当履行下列职责：

（一）制作、发布拍卖公告；

（二）查明拍卖财产现状、权利负担等内容，并予以说明；

（三）确定拍卖保留价、保证金的数额、税费负担等；

（四）确定保证金、拍卖款项等支付方式；

（五）通知当事人和优先购买权人；

（六）制作拍卖成交裁定；

（七）办理财产交付和出具财产权证照转移协助执行通知书；

（八）开设网络司法拍卖专用账户；

（九）其他依法由人民法院履行的职责。

第七条 实施网络司法拍卖的，人民法院可以将下列拍卖辅助工作委托社会机构或者组织承担：

（一）制作拍卖财产的文字说明及视频或者照片等资料；

（二）展示拍卖财产，接受咨询，引领查看，封存样品等；

（三）拍卖财产的鉴定、检验、评估、审计、仓储、保管、运输等；

（四）其他可以委托的拍卖辅助工作。

社会机构或者组织承担网络司法拍卖辅助工作所支出的必要费用由被执行人承担。

第八条 实施网络司法拍卖的，下列事项应当由网络服务提供者承担：

（一）提供符合法律、行政法规和司法解释规定的网络司法拍卖平台，并保障安全正常运行；

（二）提供安全便捷配套的电子支付对接系统；

（三）全面、及时展示人民法院及其委托的社会机构或者组织提供的拍卖信息；

（四）保证拍卖全程的信息数据真实、准确、完整和安全；

（五）其他应当由网络服务提供者承担的工作。

网络服务提供者不得在拍卖程序中设置阻碍适格竞买人报名、参拍、竞价以及监视竞买人信息等后台操控功能。

网络服务提供者提供的服务无正当理由不得中断。

第九条 网络司法拍卖服务提供者从事与网络司法拍卖相关的行为，应当接受人民法院的管理、监督和指导。

第十条 网络司法拍卖应当确定保留价，拍卖保留价即为起拍价。

起拍价由人民法院参照评估价确定；未作评估的，参照市价确定，并征询当事人意见。起拍价不得低于评估价或者市价的百分之七十。

第十一条 网络司法拍卖不限制竞买人数量。一人参与竞拍，出价不低于起拍价的，拍卖成交。

第十二条 网络司法拍卖应当先期公告，拍卖公告除通过法定途径发布外，还应同时在网络司法拍卖平台发布。拍卖动产的，应当在拍卖十五日前公告；拍卖不动产或者其他财产权的，应当在拍卖三十日前公告。

拍卖公告应当包括拍卖财产、价格、保证金、竞买人条件、拍卖财产已知瑕疵、相关权利义务、法律责任、拍卖时间、网络平台和拍卖法院等信息。

第十三条 实施网络司法拍卖的，人民法院应当在拍卖公告发布当日通过网络司法拍卖平台公示下列信息：

（一）拍卖公告；

（二）执行所依据的法律文书，但法律规定不得公开的除外；

（三）评估报告副本，或者未经评估的定价依据；

（四）拍卖时间、起拍价以及竞价规则；

（五）拍卖财产权属、占有使用、附随义务等现状的文字说明、视频或者照片等；

（六）优先购买权主体以及权利性质；

（七）通知或者无法通知当事人、已知优先购买权人的情况；

（八）拍卖保证金、拍卖款项支付方式和账户；

（九）拍卖财产产权转移可能产生的税费及承担方式；

（十）执行法院名称，联系、监督方式等；

（十一）其他应当公示的信息。

第十四条 实施网络司法拍卖的，人民法院应当在拍卖公告发布当日通过网络司法拍卖平台对下列事项予以特别提示：

（一）竞买人应当具备完全民事行为能力，法律、行政法规和司法解释对买受人资格或者条件有特殊规定的，竞买人应当具备规定的资格或者条件；

（二）委托他人代为竞买的，应当在竞价程序开始前经人民法院确认，并通知网络服务提供者；

（三）拍卖财产已知瑕疵和权利负担；

（四）拍卖财产以实物现状为准，竞买人可以申请实地看样；

（五）竞买人决定参与竞买的，视为对拍卖财产完全了解，并接受拍卖财产一切已知和未知瑕疵；

（六）载明买受人真实身份的拍卖成交确认书在网络司法拍卖平台上公示；

（七）买受人悔拍后保证金不予退还。

第十五条 被执行人应当提供拍卖财产品质的有关资料和说明。

人民法院已按本规定第十三条、第十四条的要求予以公示和特别提示，且在拍卖公告中声明不能保证拍卖财产真伪或者品质的，不承担瑕疵担保责任。

第十六条 网络司法拍卖的事项应当在拍卖公告发布三日前以书面或者其他能够确认收悉的合理方式，通知当事人、已知优先购买权人。权利人书面明确放弃权利的，可以不通知。无法通知的，应当在网络司法拍卖平台公示并说明无法通知的理由，公示满五日视为已经通知。

优先购买权人经通知未参与竞买的，视为放弃优先购买权。

第十七条 保证金数额由人民法院在起拍价的百分之五至百分之二十范围内确定。

竞买人应当在参加拍卖前以实名交纳保证金，未交纳的，不得参加竞买。申请执行人参加竞买的，可以不交保证金；但债权数额小于保证金数额的按差额部分交纳。

交纳保证金，竞买人可以向人民法院指定的账户交纳，也可以由网络服务提供者在其提供的支付系统中对竞买人的相应款项予以冻结。

第十八条 竞买人在拍卖竞价程序结束前交纳保证金经人民法院或者网络服务提供者确认后，取得竞买资格。网络服务提供者应当向取得资格的竞买人赋予竞买代码、参拍密码；竞买人以该代码参与竞买。

网络司法拍卖竞价程序结束前，人民法院及网络服务提供者对竞买人以及其他能够确认竞买人真实身份的信息、密码等，应当予以保密。

第十九条 优先购买权人经人民法院确认后，取得优先竞买资格以及优先竞买代码、参拍密码，并以优先竞买代码参与竞买；未经确认的，不得以优先购买权人身份参与竞买。

顺序不同的优先购买权人申请参与竞买的，人民法院应当确认其顺序，赋予不同顺序的优先竞买代码。

第二十条 网络司法拍卖从起拍价开始以递增出价方式竞价，增价幅度由人民法院确定。竞买人以低于起拍价出价的无效。

网络司法拍卖的竞价时间应当不少于二十四小时。竞价程序结束前五分钟内无人出价的，最后出价即为成交价；有出价的，竞价时间自该出价时点顺延五分钟。竞买人的出价时间以进入网络司法拍卖平台服务系统的时间为准。

竞买代码及其出价信息应当在网络竞买页面实时显示，并储存、显示竞价全程。

第二十一条 优先购买权人参与竞买的，可以与其他竞买人以相同的价格出价，没有更高出价的，拍卖财产由优先购买权人竞得。

顺序不同的优先购买权人以相同价格出价的，拍卖财产由顺序在先的优先购买权人竞得。

顺序相同的优先购买权人以相同价格出价的，拍卖财产由出价在先的优先购买权人竞得。

第二十二条 网络司法拍卖成交的，由网络司法拍卖平台以买受人的真实身份自动生成确认书并公示。

拍卖财产所有权自拍卖成交裁定送达买受人时转移。

第二十三条 拍卖成交后，买受人交纳的保证金可以充抵价款；其他竞买人交纳的保证金应当在竞价程序结束后二十四小时内退还或者解冻。拍卖未成交的，竞买人交纳的保证金应当在竞价程序结束后二十四小时内退还或者解冻。

第二十四条 拍卖成交后买受人悔拍的，交纳的保证金不予退还，依次用于支付拍卖产生的费用损失、弥补重新拍卖价款低于原拍卖价款的差价、冲抵本案被执行人的债务以及与拍卖财产相关的被执行人的债务。

悔拍后重新拍卖的，原买受人不得参加竞买。

第二十五条 拍卖成交后，买受人应当在拍卖公告确定的期限内将剩余价款交付人民法院指定账户。拍卖成交后二十四小时内，网络服务提供者应当将冻结的买受人交纳的保证金划入人民法院指定账户。

第二十六条 网络司法拍卖竞价期间无人出价的，本次拍卖流拍。流拍后应当在三十日内在同一网络司法拍卖平台再次拍卖，拍卖动产的应当在拍卖七日前公告；拍卖不动产或者其他财产权的应当在拍卖十五日前公告。再次拍卖的起拍价降价幅度不得超过前次起拍价的百分之二十。

再次拍卖流拍的，可以依法在同一网络司法拍卖平台变卖。

第二十七条 起拍价及其降价幅度、竞价增价幅度、保证金数额和优先购买权人竞买资格及其顺序等事项，应当由人民法院依法组成合议庭评议确定。

第二十八条 网络司法拍卖竞价程序中，有依法应当暂缓、中止执行等情形的，人民法院应当决定暂缓或者裁定中止拍卖；人民法院可以自行或者通知网络服务提供者停止拍卖。

网络服务提供者发现系统故障、安全隐患等紧急情况的，可以先行暂缓拍卖，并立即报告人民法院。

暂缓或者中止拍卖的，应当及时在网络司法拍卖平台公告原因或者理由。

暂缓拍卖期限届满或者中止拍卖的事由消失后，需要继续拍卖的，应当在五日内恢复拍卖。

第二十九条 网络服务提供者对拍卖形成的电子数据，应当完整保存不少于十年，但法律、行政法规另有规定的除外。

第三十条 因网络司法拍卖本身形成的税费，应当依照相关法律、行政法规的规定，由相应主体承担；没有规定或者规定不明的，人民法院可以根据法律原则和案件实际情况确定税费承担的相关主体、数额。

第三十一条 当事人、利害关系人提出异议请求撤销网络司法拍卖，符合下列情形之一的，人民法院应当支持：

（一）由于拍卖财产的文字说明、视频或者照片展示以及瑕疵说明严重失实，致使买受人产生重大误解，购买目的无法实现的，但拍卖时的技术水平不能发现或者已经就相关瑕疵以及责任承担予以公示说明的除外；

（二）由于系统故障、病毒入侵、黑客攻击、数据错误等原因致使拍卖结果错误，严重损害当事人或者其他竞买人利益的；

（三）竞买人之间，竞买人与网络司法拍卖服务提供者之间恶意串通，损害当事人或者其他竞买人利益的；

（四）买受人不具备法律、行政法规和司法解释规定的竞买资格的；

（五）违法限制竞买人参加竞买或者对享有同等权利的竞买人规定不同竞买条件的；

（六）其他严重违反网络司法拍卖程序且损害当事人或者竞买人利益的情形。

第三十二条 网络司法拍卖被人民法院撤销，当事人、利害关系人、案外人认为人民法院的拍卖行为违法致使其合法权益遭受损害的，可以依法申请国家赔偿；认为其他主体的行为违法致使其合法权益遭受损害的，可以另行提起诉讼。

第三十三条 当事人、利害关系人、案外人认为网络司法拍卖服务提供者的行为违法致使其合法权益遭受损害的，可以另行提起诉讼；理由成立的，人民法院应当支持，但具有法定免责事由的除外。

第三十四条 实施网络司法拍卖的，下列机构和人员不得竞买并不得委托他人代为竞买与其行为相关的拍卖财产：

（一）负责执行的人民法院；

（二）网络服务提供者；

（三）承担拍卖辅助工作的社会机构或者组织；

（四）第（一）至（三）项规定主体的工作人员及其近亲属。

第三十五条 网络服务提供者有下列情形之一的，应当将其从名单库中除名：

（一）存在违反本规定第八条第二款规定操控拍卖程序、修改拍卖信息等行为的；

（二）存在恶意串通、弄虚作假、泄漏保密信息等行为的；

（三）因违反法律、行政法规和司法解释等规定受到处罚，不适于继续从事网络司法拍卖的；

（四）存在违反本规定第三十四条规定行为的；

（五）其他应当除名的情形。

网络服务提供者有前款规定情形之一，人民法院可以依照《中华人民共和国民事诉讼法》的相关规定予以处理。

第三十六条 当事人、利害关系人认为网络司法拍卖行为违法侵害其合法权益的，可以提出执行异议。异议、复议期间，人民法院可以决定暂缓或者裁定中止拍卖。

案外人对网络司法拍卖的标的提出异议的，人民法院应当依据《中华人民共和国民事诉讼法》第二百二十七条及相关司法解释的规定处理，并决定暂缓或者裁定中止拍卖。

第三十七条 人民法院通过互联网平台以变卖方式处置财产的，参照本规定执行。

执行程序中委托拍卖机构通过互联网平台实施网络拍卖的，参照本规定执行。

本规定对网络司法拍卖行为没有规定的，适用其他有关司法拍卖的规定。

第三十八条 本规定自 2017 年 1 月 1 日起施行。施行前最高人民法院公布的司法解释和规范性文件与本规定不一致的，以本规定为准。

最高人民法院关于人民法院司法拍卖房产竞买人资格若干问题的规定

（法释〔2021〕18号）

为了进一步规范人民法院司法拍卖房产行为，保护当事人合法权益，维护社会和经济秩序，依照《中华人民共和国民法典》《中华人民共和国民事诉讼法》等法律规定，结合司法实践，制定本规定。

第一条 人民法院组织的司法拍卖房产活动，受房产所在地限购政策约束的竞买人申请参与竞拍的，人民法院不予准许。

第二条 人民法院组织司法拍卖房产活动时，发布的拍卖公告载明竞买人必须具备购房资格及其相应法律后果等内容，竞买人申请参与竞拍的，应当承诺具备购房资格及自愿承担法律后果。

第三条 人民法院在司法拍卖房产成交后、向买受人出具成交裁定书前，应当审核买受人提交的自其申请参与竞拍到成交裁定书出具时具备购房资格的证明材料；经审核买受人不符合持续具备购房资格条件，买受人请求出具拍卖成交裁定书的，人民法院不予准许。

第四条 买受人虚构购房资格参与司法拍卖房产活动且拍卖成交，当事人、利害关系人以违背公序良俗为由主张该拍卖行为无效的，人民法院应予支持。

依据前款规定，买受人虚构购房资格导致拍卖行为无效的，应当依法承担赔偿责任。

第五条 司法拍卖房产出现流拍等无法正常处置情形，不具备购房资格的申请执行人等当事人请求以该房抵债的，人民法院不予支持。

第六条 人民法院组织的司法拍卖房产活动，竞买人虚构购房资格或者当事人之间恶意串通，侵害他人合法权益或者逃避履行法律文书确定的义务的，人民法院应当根据情节轻重予以罚款、拘留；构成犯罪的，依法追究刑事责任。

第七条 除前六条规定的情形外，人民法院组织司法拍卖房产活动的其他事宜，适用《最高人民法院关于人民法院网络司法拍卖若干问题的规定》《最高人民法院关于人民法院民事执行中拍卖、变卖财产的规定》以及《最高人民法院关于适用〈中华人民共和国民事诉讼法〉的解释》的有关规定。

第八条 人民法院组织司法变卖房产活动的，参照适用本规定。

第九条 本规定自2022年1月1日起施行。

施行前最高人民法院公布的司法解释与本规定不一致的，以本规定为准。

最高人民法院关于人民法院强制执行股权若干问题的规定

（法释〔2021〕20号）

为了正确处理人民法院强制执行股权中的有关问题，维护当事人、利害关系人的合法权益，根据《中华人民共和国民事诉讼法》《中华人民共和国公司法》等法律规定，结合执行工作实际，制定本规定。

第一条 本规定所称股权，包括有限责任公司股权、股份有限公司股份，但是在依法设立的证券交易所上市交易以及在国务院批准的其他全国性证券交易场所交易的股份有限公司股份除外。

第二条 被执行人是公司股东的，人民法院可以强制执行其在公司持有的股权，不得直接执行公司的财产。

第三条 依照民事诉讼法第二百二十四条的规定以被执行股权所在地确定管辖法院的，股权所在地是指股权所在公司的住所地。

第四条 人民法院可以冻结下列资料或者信息之一载明的属于被执行人的股权：

（一）股权所在公司的章程、股东名册等资料；

（二）公司登记机关的登记、备案信息；

（三）国家企业信用信息公示系统的公示信息。

案外人基于实体权利对被冻结股权提出排除执行异议的，人民法院应当依照民事诉讼法第二百二十七条的规定进行审查。

第五条 人民法院冻结被执行人的股权，以其价额足以清偿生效法律文书确定的债权额及执行费用为限，不得明显超标的额冻结。股权价额无法确定的，可以根据申请执行人申请冻结的比例或者数量进行冻结。

被执行人认为冻结明显超标的额的，可以依照民事诉讼法第二百二十五条的规定提出书面异议，并附证明股权等查封、扣押、冻结财产价额的证据材料。人民法院审查后裁定异议成立的，应当自裁定生效之日起七日内解除对明显超标的额部分的冻结。

第六条 人民法院冻结被执行人的股权，应当向公司登记机关送达裁定书和协助执行通知书，要求其在国家企业信用信息公示系统进行公示。股权冻结自在公示系统公示时发生法律效力。多个人民法院冻结同一股权的，以在公示系统先办理公示的为在先冻结。

依照前款规定冻结被执行人股权的，应当及时向被执行人、申请执行人送达裁定书，并将股权冻结情况书面通知股权所在公司。

第七条 被执行人就被冻结股权所作的转让、出质或者其他有碍执行的行为，不得对抗申请执行人。

第八条 人民法院冻结被执行人股权的，可以向股权所在公司送达协助执行通知书，要求其在实施增资、减资、合并、分立等对被冻结股权所占比例、股权价值产生重大影响的行为前向人民法院书面报告有关情况。人民法院收到报告后，应当及时通知申请执行人，但是涉及国家秘密、商业秘密的除外。

股权所在公司未向人民法院报告即实施前款规定行为的，依照民事诉讼法第一百一十四条的规定处理。

股权所在公司或者公司董事、高级管理人员故意通过增资、减资、合并、分立、转让重大资产、对外提供担保等行为导致被冻结股权价值严重贬损，影响申请执行人债权实现的，申请执行人可以依法提起诉讼。

第九条 人民法院冻结被执行人基于股权享有的股息、红利等收益，应当向股权所在公司送达裁定书，并要求其在该收益到期时通知人民法院。人民法院对到期的股息、红利等收益，可以书面通知股权所在公司向申请执行人或者人民法院履行。

股息、红利等收益被冻结后，股权所在公司擅自向被执行人支付或者变相支付的，不影响人民法院要求股权所在公司支付该收益。

第十条 被执行人申请自行变价被冻结股权，经申请执行人及其他已知执行债权人同意或者变价款足以清偿执行债务的，人民法院可以准许，但是应当在能够控制变价款的情况下监督其在指定期限内完成，最长不超过三个月。

第十一条 拍卖被执行人的股权，人民法院应当依照《最高人民法院关于人民法院确定财产处置参考价若干问题的规定》规定的程序确定股权处置参考价，并参照参考价确定起拍价。

确定参考价需要相关材料的，人民法院可以向公司登记机关、税务机关等部门调取，也可以责令被执行人、股权所在公司以及控制相关材料的其他主体提供；拒不提供的，可以强制提取，并可以依照民事诉讼法第一百一十一条、第一百一十四条的规定处理。

为确定股权处置参考价，经当事人书面申请，人民法院可以委托审计机构对股权所在公司进行审计。

第十二条 委托评估被执行人的股权，评估机构因缺少评估所需完整材料无法进行评估或者认为影响评估结果，被执行人未能提供且人民法院无法调取补充材料的，人民法院应当通知评估机构根据现有材料进行评估，并告知当事人因缺乏材料可能产生的不利后果。

评估机构根据现有材料无法出具评估报告的，经申请执行人书面申请，人民法院可以根据具体情况以适当高于执行费用的金额确定起拍价，但是股权所在公司经营严重异常，股权明显没有价值的除外。

依照前款规定确定的起拍价拍卖的，竞买人应当预交的保证金数额由人民法院根据实际情况酌定。

第十三条 人民法院拍卖被执行人的股权，应当采取网络司法拍卖方式。

依据处置参考价并结合具体情况计算，拍卖被冻结股权所得价款可能明显高于债权额及执行费用的，人民法院应当对相应部分的股权进行拍卖。对相应部分的股权拍卖严重减损被冻结股权价值的，经被执行人书面申请，也可以对超出部分的被冻结股权一并拍卖。

第十四条 被执行人、利害关系人以具有下列情形之一为由请求不得强制拍卖股权的，人民法院不予支持：

（一）被执行人未依法履行或者未依法全面履行出资义务；

（二）被执行人认缴的出资未届履行期限；

（三）法律、行政法规、部门规章等对该股权自行转让有限制；

（四）公司章程、股东协议等对该股权自行转让有限制。

人民法院对具有前款第一、二项情形的股权进行拍卖时，应当在拍卖公告中载明被执行人认缴出资额、实缴出资额、出资期限等信息。股权处置后，相关主体依照有关规定履行出资义务。

第十五条 股权变更应当由相关部门批准的，人民法院应当在拍卖公告中载明法律、行政法规或者国务院决定规定的竞买人应当具备的资格或者条件。必要时，人民法院可以就竞买资格或者条件征询相关部门意见。

拍卖成交后，人民法院应当通知买受人持成交确认书向相关部门申请办理股权变更批准手续。买受人取得批准手续的，人民法院作出拍卖成交裁定书；买受人未在合理期限内取得批准手续的，应当重新对股权进行拍卖。重新拍卖的，原买受人不得参加竞买。

买受人明知不符合竞买资格或者条件依然参加竞买，且在成交后未能在合理期限内取得相关部门股权变更批准手续的，交纳的保证金不予退还。保证金不足以支付拍卖产生的费用损失、弥补重新拍卖价款低于原拍卖价款差价的，人民法院可以裁定原买受人补交；拒不补交的，强制执行。

第十六条 生效法律文书确定被执行人交付股权，因股权所在公司在生效法律文书作出后增资或者减资导致被执行人实际持股比例降低或者升高的，人民法院应当按照下列情形分别处理：

（一）生效法律文书已经明确交付股权的出资额的，按照该出资额交付股权；

（二）生效法律文书仅明确交付一定比例的股权的，按照生效法律文书作出时该比例所对应出资额占当前公司注册资本总额的比例交付股权。

第十七条 在审理股东资格确认纠纷案件中，当事人提出要求公司签发出资证明书、记载于股东名册并办理公司登记机关登记的诉讼请求且其主张成立的，人民法院应当予以支持；当事人未提出前述诉讼请求的，可以根据案件具体情况向其释明。

生效法律文书仅确认股权属于当事人所有，当事人可以持该生效法律文书自行向股权所在公司、公司登记机关申请办理股权变更手续；向人民法院申请强制执行的，不予受理。

第十八条 人民法院对被执行人在其他营利法人享有的投资权益强制执行的，参照适用本规定。

第十九条 本规定自2022年1月1日起施行。

施行前本院公布的司法解释与本规定不一致的，以本规定为准。

最高人民法院、国土资源部、建设部关于依法规范人民法院执行和国土资源房地产管理部门协助执行若干问题的通知

（法发〔2004〕5号）

各省、自治区、直辖市高级人民法院，解放军军事法院，新疆维吾尔自治区高级人民法院生产建设兵团分院；各省、自治区、直辖市国土资源厅（国土环境资源厅、国土资源和房屋管理局、房屋土地资源管理局、规划和国土资源局），新疆生产建设兵团国土资源局；各省、自治区建设厅，新疆生产建设兵团建设局，各直辖市房地产管理局：

为保证人民法院生效判决、裁定及其他生效法律文书依法及时执行，保护当事人的合法权益，根据《中华人民共和国民事诉讼法》、《中华人民共和国土地管理法》、《中华人民共和国城市房地产管理法》等有关法律规定，现就规范人民法院执行和国土资源、房地产管理部门协助执行的有关问题通知如下：

一、人民法院在办理案件时，需要国土资源、房地产管理部门协助执行的，国土资源、房地产管理部门应当按照人民法院的生效法律文书和协助执

行通知书办理协助执行事项。

国土资源、房地产管理部门依法协助人民法院执行时，除复制有关材料所必需的工本费外，不得向人民法院收取其他费用。登记过户的费用按照国家有关规定收取。

二、人民法院对土地使用权、房屋实施查封或者进行实体处理前，应当向国土资源、房地产管理部门查询该土地、房屋的权属。

人民法院执行人员到国土资源、房地产管理部门查询土地、房屋权属情况时，应当出示本人工作证和执行公务证，并出具协助查询通知书。

人民法院执行人员到国土资源、房地产管理部门办理土地使用权或者房屋查封、预查封登记手续时，应当出示本人工作证和执行公务证，并出具查封、预查封裁定书和协助执行通知书。

三、对人民法院查封或者预查封的土地使用权、房屋，国土资源、房地产管理部门应当及时办理查封或者预查封登记。

国土资源、房地产管理部门在协助人民法院执行土地使用权、房屋时，不对生效法律文书和协助执行通知书进行实体审查。国土资源、房地产管理部门认为人民法院查封、预查封或者处理的土地、房屋权属错误的，可以向人民法院提出审查建议，但不应当停止办理协助执行事项。

四、人民法院在国土资源、房地产管理部门查询并复制或者抄录的书面材料，由土地、房屋权属的登记机构或者其所属的档案室（馆）加盖印章。无法查询或者查询无结果的，国土资源、房地产管理部门应当书面告知人民法院。

五、人民法院查封时，土地、房屋权属的确认以国土资源、房地产管理部门的登记或者出具的权属证明为准。权属证明与权属登记不一致的，以权属登记为准。

在执行人民法院确认土地、房屋权属的生效法律文书时，应当按照人民法院生效法律文书所确认的权利人办理土地、房屋权属变更、转移登记手续。

六、土地使用权和房屋所有权归属同一权利人的，人民法院应当同时查封；土地使用权和房屋所有权归属不一致的，查封被执行人名下的土地使用权或者房屋。

七、登记在案外人名下的土地使用权、房屋，登记名义人（案外人）书面认可该土地、房屋实际属于被执行人时，执行法院可以采取查封措施。

如果登记名义人否认该土地、房屋属于被执行人，而执行法院、申请执行人认为登记为虚假时，须经当事人另行提起诉讼或者通过其他程序，撤销该登记并登记在被执行人名下之后，才可以采取查封措施。

八、对被执行人因继承、判决或者强制执行取得，但尚未办理过户登记的土地使用权、房屋的查封，执行法院应当向国土资源、房地产管理部门提交被执行人取得财产所依据的继承证明、生效判决书或者执行裁定书及协助执行通知书，由国土资源、房地产管理部门办理过户登记手续后，办理查封登记。

九、对国土资源、房地产管理部门已经受理被执行人转让土地使用权、房屋的过户登记申请，尚未核准登记的，人民法院可以进行查封，已核准登记的，不得进行查封。

十、人民法院对可以分割处分的房屋应当在执行标的额的范围内分割查封，不可分割的房屋可以整体查封。

分割查封的，应当在协助执行通知书中明确查封房屋的具体部位。

十一、人民法院对土地使用权、房屋的查封期限不得超过二年。期限届满可以续封一次，续封时应当重新制作查封裁定书和协助执行通知书，续封的期限不得超过一年。确有特殊情况需要再续封的，应当经过所属高级人民法院批准，且每次再续封的期限不得超过一年。

查封期限届满，人民法院未办理继续查封手续的，查封的效力消灭。

十二、人民法院在案件执行完毕后，对未处理的土地使用权、房屋需要解除查封的，应当及时作出裁定解除查封，并将解除查封裁定书和协助执行通知书送达国土资源、房地产管理部门。

十三、被执行人全部缴纳土地使用权出让金但尚未办理土地使用权登记的，人民法院可以对该土地使用权进行预查封。

十四、被执行人部分缴纳土地使用权出让金但尚未办理土地使用权登记的，对可以分割的土地使用权，按已缴付的土地使用权出让金，由国土资源管理部门确认被执行人的土地使用权，人民法院可以对确认后的土地使用权裁定预查封。对不可以分割的土地使用权，可以全部进行预查封。

被执行人在规定的期限内仍未全部缴纳土地出让金的，在人民政府收回土地使用权的同时，应当将被执行人缴纳的按照有关规定应当退还的土地出让金交由人民法院处理，预查封自动解除。

十五、下列房屋虽未进行房屋所有权登记，人民法院也可以进行预查封：

（一）作为被执行人的房地产开发企业，已办理了商品房预售许可证且尚未出售的房屋；

（二）被执行人购买的已由房地产开发企业办理了房屋权属初始登记的房屋；

（三）被执行人购买的办理了商品房预售合同登记备案手续或者商品房预告登记的房屋。

十六、国土资源、房地产管理部门应当依据人民法院的协助执行通知书和所附的裁定书办理预查封登记。土地、房屋权属在预查封期间登记在被执行人名下的，预查封登记自动转为查封登记，预查封转为正式查封后，查封期限从预查封之日起开始计算。

十七、预查封的期限为二年。期限届满可以续封一次，续封时应当重新制作预查封裁定书和协助执行通知书，预查封的续封期限为一年。确有特殊情况需要再续封的，应当经过所属高级人民法院批准，且每次再续封的期限不得超过一年。

十八、预查封的效力等同于正式查封。预查封期限届满之日，人民法院未办理预查封续封手续的，预查封的效力消灭。

十九、两个以上人民法院对同一宗土地使用权、房屋进行查封的，国土资源、房地产管理部门为首先送达协助执行通知书的人民法院办理查封登记手续后，对后来办理查封登记的人民法院作轮候查封登记，并书面告知该土地使用权、房屋已被其他人民法院查封的事实及查封的有关情况。

二十、轮候查封登记的顺序按照人民法院送达协助执行通知书的时间先后进行排列。查封法院依法解除查封的，排列在先的轮候查封自动转为查封；查封法院对查封的土地使用权、房屋全部处理的，排列在后的轮候查封自动失效；查封法院对查封的土地使用权、房屋部分处理的，对剩余部分，排列在后的轮候查封自动转为查封。

预查封的轮候登记参照第十九条和本条第一款的规定办理。

二十一、已被人民法院查封、预查封并在国土资源、房地产管理部门办理了查封、预查封登记手续的土地使用权、房屋，被执行人隐瞒真实情况，到国土资源、房地产管理部门办理抵押、转让等手续的，人民法院应当依法确认其行为无效，并可视情节轻重，依法追究有关人员的法律责任。国土资源、房地产管理部门应当按照人民法院的生效法律文书撤销不合法的抵押、转让等登记，并注销所颁发的证照。

二十二、国土资源、房地产管理部门对被人民法院依法查封、预查封的土地使用权、房屋，在查封、预查封期间不得办理抵押、转让等权属变更、转移登记手续。

国土资源、房地产管理部门明知土地使用权、房屋已被人民法院查封、预查封，仍然办理抵押、转让等权属变更、转移登记手续的，对有关的国土资源、房地产管理部门和直接责任人可以依照民事诉讼法第一百零二条的规定处理。

二十三、在变价处理土地使用权、房屋时，土地使用权、房屋所有权同时转移；土地使用权与房屋所有权归属不一致的，受让人继受原权利人的合法权利。

二十四、人民法院执行集体土地使用权时，经与国土资源管理部门取得一致意见后，可以裁定予以处理，但应当告知权利受让人到国土资源管理部门办理土地征用和国有土地使用权出让手续，缴纳土地使用权出让金及有关税费。

对处理农村房屋涉及集体土地的，人民法院应当与国土资源管理部门协商一致后再行处理。

二十五、人民法院执行土地使用权时，不得改变原土地用途和出让年限。

二十六、经申请执行人和被执行人协商同意，可以不经拍卖、变卖，直接裁定将被执行人以出让方式取得的国有土地使用权及其地上房屋经评估作价后交由申请执行人抵偿债务，但应当依法向国土资源和房地产管理部门办理土地、房屋权属变更、转移登记手续。

二十七、人民法院制作的土地使用权、房屋所有权转移裁定送达权利受让人时即发生法律效力，人民法院应当明确告知权利受让人及时到国土资源、房地产管理部门申请土地、房屋权属变更、转移登记。

国土资源、房地产管理部门依据生效法律文书进行权属登记时，当事人的土地、房屋权利应当追溯到相关法律文书生效之时。

二十八、人民法院进行财产保全和先予执行时适用本通知。

二十九、本通知下发前已经进行的查封，自本通知实施之日起计算期限。

三十、本通知自 2004 年 3 月 1 日起实施。

最高人民法院关于人民法院民事执行中查封、扣押、冻结财产的规定

（法释〔2020〕21 号）

为了进一步规范民事执行中的查封、扣押、冻结措施，维护当事人的合法权益，根据《中华人民共和国民事诉讼法》等法律的规定，结合人民法院民事执行工作的实践经验，制定本规定。

第一条 人民法院查封、扣押、冻结被执行人的动产、不动产及其他财产权，应当作出裁定，并送达被执行人和申请执行人。

采取查封、扣押、冻结措施需要有关单位或者个人协助的，人民法院应当制作协助执行通知书，连同裁定书副本一并送达协助执行人。查封、扣押、冻结裁定书和协助执行通知书送达时发生法律效力。

第二条 人民法院可以查封、扣押、冻结被执行人占有的动产、登记在被执行人名下的不动产、特定动产及其他财产权。

未登记的建筑物和土地使用权，依据土地使用权的审批文件和其他相关证据确定权属。

对于第三人占有的动产或者登记在第三人名下的不动产、特定动产及其他财产权，第三人书面确认该财产属于被执行人的，人民法院可以查封、扣押、冻结。

第三条 人民法院对被执行人的下列财产不得查封、扣押、冻结：

（一）被执行人及其所扶养家属生活所必需的衣服、家具、炊具、餐具及其他家庭生活必需的物品；

（二）被执行人及其所扶养家属所必需的生活费用。当地有最低生活保障标准的，必需的生活费用依照该标准确定；

（三）被执行人及其所扶养家属完成义务教育所必需的物品；

（四）未公开的发明或者未发表的著作；

（五）被执行人及其所扶养家属用于身体缺陷所必需的辅助工具、医疗物品；

（六）被执行人所得的勋章及其他荣誉表彰的物品；

（七）根据《中华人民共和国缔结条约程序法》，以中华人民共和国、中华人民共和国政府或者中华人民共和国政府部门名义同外国、国际组织缔结的条约、协定和其他具有条约、协定性质的文件中规定免于查封、扣押、冻结的财产；

（八）法律或者司法解释规定的其他不得查封、扣押、冻结的财产。

第四条 对被执行人及其所扶养家属生活所必需的居住房屋，人民法院可以查封，但不得拍卖、变卖或者抵债。

第五条 对于超过被执行人及其所扶养家属生活所必需的房屋和生活用品，人民法院根据申请执行人的申请，在保障被执行人及其所扶养家属最低生活标准所必需的居住房屋和普通生活必需品后，可予以执行。

第六条 查封、扣押动产的，人民法院可以直接控制该项财产。人民法院将查封、扣押的动产交付其他人控制的，应当在该动产上加贴封条或者采取其他足以公示查封、扣押的适当方式。

第七条 查封不动产的，人民法院应当张贴封条或者公告，并可以提取保存有关财产权证照。

查封、扣押、冻结已登记的不动产、特定动产及其他财产权，应当通知有关登记机关办理登记手续。未办理登记手续的，不得对抗其他已经办理了登记手续的查封、扣押、冻结行为。

第八条 查封尚未进行权属登记的建筑物时，人民法院应当通知其管理人或者该建筑物的实际占有人，并在显著位置张贴公告。

第九条 扣押尚未进行权属登记的机动车辆时，人民法院应当在扣押清单上记载该机动车辆的发动机编号。该车辆在扣押期间权利人要求办理权属登记手续的，人民法院应当准许并及时办理相应的扣押登记手续。

第十条 查封、扣押的财产不宜由人民法院保管的，人民法院可以指定被执行人负责保管；不宜由被执行人保管的，可以委托第三人或者申请执行人保管。

由人民法院指定被执行人保管的财产，如果继续使用对该财产的价值无重大影响，可以允许被执行人继续使用；由人民法院保管或者委托第三人、申请执行人保管的，保管人不得使用。

第十一条 查封、扣押、冻结担保物权人占有的担保财产，一般应当指定该担保物权人作为保管人；该财产由人民法院保管的，质权、留置权不因转移占有而消灭。

第十二条 对被执行人与其他人共有的财产，人民法院可以查封、扣押、冻结，并及时通知共有人。

共有人协议分割共有财产，并经债权人认可的，人民法院可以认定有效。查封、扣押、冻结的效力及于协议分割后被执行人享有份额内的财产；对其他共有人享有份额内的财产的查封、扣押、冻结，人民法院应当裁定予以解除。

共有人提起析产诉讼或者申请执行人代位提起析产诉讼的，人民法院应当准许。诉讼期间中止对该财产的执行。

第十三条 对第三人为被执行人的利益占有的被执行人的财产，人民法院可以查封、扣押、冻结；该财产被指定给第三人继续保管的，第三人不得将其交付给被执行人。

对第三人为自己的利益依法占有的被执行人的财产，人民法院可以查封、扣押、冻结，第三人可以继续占有和使用该财产，但不得将其交付给被执行人。

第三人无偿借用被执行人的财产的，不受前款规定的限制。

第十四条 被执行人将其财产出卖给第三人，第三人已经支付部分价款并实际占有该财产，但根据合同约定被执行人保留所有权的，人民法院可以查封、扣押、冻结；第三人要求继续履行合同的，向人民法院交付全部余款后，裁定解除查封、扣押、冻结。

第十五条 被执行人将其所有的需要办理过户登记的财产出卖给第三人，第三人已经支付部分或者全部价款并实际占有该财产，但尚未办理产权过户登记手续的，人民法院可以查封、扣押、冻结；第三人已经支付全部价款并实际占有，但未办理过户登记手续的，如果第三人对此没有过错，人民法院不得查封、扣押、冻结。

第十六条 被执行人购买第三人的财产，已经支付部分价款并实际占有该财产，第三人依合同约定保留所有权的，人民法院可以查封、扣押、冻结。保留所有权已办理登记的，第三人的剩余价款从该财产变价款中优先支付；第三人主张取回该财产的，可以依据民事诉讼法第二百二十七条规定提出异议。

第十七条 被执行人购买需要办理过户登记的第三人的财产，已经支付部分或者全部价款并实际占有该财产，虽未办理产权过户登记手续，但申请执行人已向第三人支付剩余价款或者第三人同意剩余价款从该财产变价款中优先支付的，人民法院可以查封、扣押、冻结。

第十八条 查封、扣押、冻结被执行人的财产时，执行人员应当制作笔录，载明下列内容：

（一）执行措施开始及完成的时间；

（二）财产的所在地、种类、数量；

（三）财产的保管人；

（四）其他应当记明的事项。

执行人员及保管人应当在笔录上签名，有民事诉讼法第二百四十五条规定的人员到场的，到场人员也应当在笔录上签名。

第十九条 查封、扣押、冻结被执行人的财产，以其价额足以清偿法律文书确定的债权额及执行费用为限，不得明显超标的额查封、扣押、冻结。

发现超标的额查封、扣押、冻结的，人民法院应当根据被执行人的申请或者依职权，及时解除对超标的额部分财产的查封、扣押、冻结，但该财产为不可分物且被执行人无其他可供执行的财产或者其他财产不足以清偿债务的除外。

第二十条 查封、扣押的效力及于查封、扣押物的从物和天然孳息。

第二十一条 查封地上建筑物的效力及于该地上建筑物使用范围内的土地使用权，查封土地使用权的效力及于地上建筑物，但土地使用权与地上建筑物的所有权分属被执行人与他人的除外。

地上建筑物和土地使用权的登记机关不是同一机关的，应当分别办理查封登记。

第二十二条 查封、扣押、冻结的财产灭失或者毁损的，查封、扣押、冻结的效力及于该财产的替代物、赔偿款。人民法院应当及时作出查封、扣押、冻结该替代物、赔偿款的裁定。

第二十三条 查封、扣押、冻结协助执行通知书在送达登记机关时，登记机关已经受理被执行人转让不动产、特定动产及其他财产的过户登记申请，尚未完成登记的，应当协助人民法院执行。人民法院不得对登记机关已经完成登记的被执行人已转让的财产实施查封、扣押、冻结措施。

查封、扣押、冻结协助执行通知书在送达登记机关时，其他人民法院已向该登记机关送达了过户登记协助执行通知书的，应当优先办理过户登记。

第二十四条 被执行人就已经查封、扣押、冻结的财产所作的移转、设定权利负担或者其他有碍执行的行为，不得对抗申请执行人。

第三人未经人民法院准许占有查封、扣押、冻结的财产或者实施其他有碍执行的行为的，人民法院可以依据申请执行人的申请或者依职权解除其占有或者排除其妨害。

人民法院的查封、扣押、冻结没有公示的，其效力不得对抗善意第三人。

第二十五条 人民法院查封、扣押被执行人设定最高额抵押权的抵押物的，应当通知抵押权人。抵押权人受抵押担保的债权数额自收到人民法院通知时起不再增加。

人民法院虽然没有通知抵押权人，但有证据证明抵押权人知道或者应当知道查封、扣押事实的，受抵押担保的债权数额从其知道或者应当知道该事实时起不再增加。

第二十六条 对已被人民法院查封、扣押、冻结的财产，其他人民法院可以进行轮候查封、扣押、冻结。查封、扣押、冻结解除的，登记在先的轮候查封、扣押、冻结即自动生效。

其他人民法院对已登记的财产进行轮候查封、扣押、冻结的，应当通知有关登记机关协助进行轮候登记，实施查封、扣押、冻结的人民法院应当允许其他人民法院查阅有关文书和记录。

其他人民法院对没有登记的财产进行轮候查封、扣押、冻结的，应当制作笔录，并经实施查封、扣押、冻结的人民法院执行人员及被执行人签字，或者书面通知实施查封、扣押、冻结的人民法院。

第二十七条 查封、扣押、冻结期限届满，人民法院未办理延期手续的，查封、扣押、冻结的效力消灭。

查封、扣押、冻结的财产已经被执行拍卖、变卖或者抵债的，查封、扣押、冻结的效力消灭。

第二十八条 有下列情形之一的，人民法院应当作出解除查封、扣押、冻结裁定，并送达申请执行人、被执行人或者案外人：

（一）查封、扣押、冻结案外人财产的；

（二）申请执行人撤回执行申请或者放弃债权的；

（三）查封、扣押、冻结的财产流拍或者变卖不成，申请执行人和其他执行债权人又不同意接受抵债，且对该财产又无法采取其他执行措施的；

（四）债务已经清偿的；

（五）被执行人提供担保且申请执行人同意解除查封、扣押、冻结的；

（六）人民法院认为应当解除查封、扣押、冻结的其他情形。

解除以登记方式实施的查封、扣押、冻结的，应当向登记机关发出协助执行通知书。

第二十九条 财产保全裁定和先予执行裁定的执行适用本规定。

第三十条 本规定自2005年1月1日起施行。施行前本院公布的司法解释与本规定不一致的，以本规定为准。

最高人民法院关于在执行工作中进一步强化善意文明执行理念的意见

（法发〔2019〕35号）

为贯彻落实《中共中央、国务院关于完善产权保护制度依法保护产权的意见》《中共中央、国务院关于营造更好发展环境支持民营企业改革发展的意见》等文件精神，进一步提升人民法院严格规范公正文明执行水平，推动执行工作持续健康高水平运行，为经济社会发展提供更加优质司法服务和保障，根据民事诉讼法及有关司法解释，结合人民法院执行工作实际，提出以下意见。

一、充分认识善意文明执行的重要意义和精神实质

1. 充分认识善意文明执行重要意义。执行是公平正义最后一道防线的最后一个环节。强化善意文明执行理念，在依法保障胜诉当事人合法权益同时，最大限度减少对被执行人权益影响，实现法律效果与社会效果有机统一，是维护社会公平正义、促进社会和谐稳定的必然要求，是完善产权保护制度、建立健全市场化法治化国际化营商环境和推动高质量发展的应有之义，对全面推进依法治国、推进国家治理体系和治理能力现代化具有重要意义。

2. 准确把握善意文明执行精神实质。执行工作是依靠国家强制力实现胜诉裁判的重要手段。当前，被执行人规避执行、逃避执行仍是执行工作中的主要矛盾和突出问题。突出执行工作的强制性，持续加大执行力度，及时保障胜诉当事人实现合法权益，依然是执行工作的工作重心和主线。但同时要注意到，执行工作对各方当事人影响重大，人民法院在执行过程中也要强化善意文明执行理念，严格规范公正保障各方当事人合法权益；要坚持比例原则，找准双方利益平衡点，避免过度执行；要提高政治站位，着眼于党和国家发展战略全局，提升把握司法政策的能力和水平，实现依法履职与服务大局、促进发展相统一。要采取有效措施坚决纠正实践中出现的超标的查封、乱查封现象，畅通人民群众反映问题渠道，对有关线索实行“一案双查”，对不规范行为依法严肃处理。

人民法院在强化善意文明执行理念过程中，要充分保障债权人合法权益，维护执行权威和司法公信力，把强制力聚焦到对规避执行、逃避执行、抗拒执行行为的依法打击和惩处上来。要坚决防止执行人员以“善意文明执行”为借口消极执行、拖延执行，或者以降低对被执行人影响为借口无原则促成双方当事人和解，损害债权人合法权益。

二、严禁超标的查封和乱查封

3. 合理选择执行财产。被执行人有多项财产可供执行的，人民法院应选择对被执行人生产生活影响较小且方便执行的财产执行。在不影响执行效率和效果的前提下，被执行人请求人民法院先执行某项财产的，应当准许；未准许的，应当有合理正当理由。

执行过程中，人民法院应当为被执行人及其扶养家属保留必需的生活费用。要严格按照中央有关产权保护的精神，严格区分企业法人财产与股东个人财产，严禁违法查封案外人财产，严禁对不得查封的财产采取执行措施，切实保护民营企业等企业法人、企业家和各类市场主体合法权益。要注意到，信托财产在信托存续期间独立于委托人、受托人各自的固有财产，并且受益人对信托财产享有的权利表现为信托受益权，信托财产并非受益人的责任财产。因此，当事人因其与委托人、受托人或者受益人之间的纠纷申请对存管银行或信托公司专门账户中的信托资金采取保全或执行措施的，除符合《中华人民共和国信托法》第十七条规定的情形外，人民法院不应准许。

4. 严禁超标的查封。强制执行被执行人的财产，以其价值足以清偿生效法律文书确定的债权额为限，坚决杜绝明显超标的查封。冻结被执行人银行账户内存款的，应当明确具体冻结数额，不得影响冻结之外资金的流转和账户的使用。需要查封的不动产整体价值明显超出债权额的，应当对该不动产相应价值部分采取查封措施；相关部门以不动产登记在同一权利证书下为由提出不能办理分割查封的，人民法院在对不动产进行整体查封后，经被执行人申请，应当及时协调相关部门办理分割登记并解除对超标的部分的查封。相关部门无正当理由拒不协助办理分割登记和查封的，依照民事诉讼法第一百一十四条采取相应的处罚措施。

5. 灵活采取查封措施。对能“活封”的财产，尽量不进行“死封”，使查封财产能够物尽其用，避免社会资源浪费。查封被执行企业厂房、机器设备等生产资料的，被执行人继续使用对该财产价值无重大影响的，可以允许其使用。对资金周转困难、暂时无力偿还债务的房地产开发企业，人民法院应按照下列情形分别处理：

（1）查封在建工程后，原则上应当允许被执行人继续建设。

（2）查封在建工程后，对其采取强制变价措施虽能实现执行债权人债权，但会明显贬损财产价值、对被执行人显失公平的，应积极促成双方当事人达成暂缓执行的和解协议，待工程完工后再行变价；无法达成和解协议，但被执行人提供相应担保并承诺在合理期限内完成建设的，可以暂缓采取强制变价措施。

（3）查封在建商品房或现房后，在确保能够控制相应价款的前提下，可以监督被执行人在一定期限内按照合理价格自行销售房屋。人民法院在确定期限时，应当明确具体的时间节点，避免期限过长影响执行效率、损害执行债权人合法权益。

6. 充分发挥查封财产融资功能。人民法院查封财产后，被保全人或被执行人申请用查封财产融资的，按照下列情形分别处理：

（1）保全查封财产后，被保全人申请用查封财产融资替换查封财产的，在确保能够控制相应融资款的前提下，可以监督被保全人按照合理价格进行融资。

（2）执行过程中，被执行人申请用查封财产融资清偿债务，经执行债权人同意或者融资款足以清偿所有执行债务的，可以准许。

被保全人或被执行人利用查封财产融资，出借人要求先办理财产抵押或质押登记再放款的，人民法院应积极协调有关部门做好财产解封、抵押或质押登记等事宜，并严格控制融资款。

7. 严格规范上市公司股票冻结。为维护资本市场稳定，依法保障债权人合法权益和债务人投资权益，人民法院在冻结债务人在上市公司的股票时，应当依照下列规定严格执行：

（1）严禁超标的冻结。冻结上市公司股票，应当以其价值足以清偿生效法律文书确定的债权额为限。股票价值应当以冻结前一交易日收盘价为基准，结合股票市场行情，一般在不超过20%的幅度内合理确定。股票冻结后，其价值发生重大变化的，经当事人申请，人民法院可以追加冻结或者解除部分冻结。

（2）可售性冻结。保全冻结上市公司股票后，被保全人申请将冻结措施变更为可售性冻结的，应当准许，但应当提前将被保全人在证券公司的资金账户在明确具体的数额范围内予以冻结。在执行过程中，被执行人申请通过二级市场交易方式自行变卖股票清偿债务的，人民法院可以按照前述规定办理，但应当要求其在10个交易日内变卖完毕。特殊情形下，可以适当延长。

（3）已质押股票的冻结。上市公司股票存在质押且质权人非本案保全申请人或申请执行人，目前，人民法院在采取冻结措施时，由于需要计入股票上存在的质押债权且该债权额往往难以准确计算，尤其是当股票存在多笔质押时还需指定对哪一笔质押股票进行冻结，为保障普通债权人合法权益，人民法院一般会对质押股票进行全部冻结，这既存在超标的冻结的风险，也会对质押债权人自行实现债权造成影响，不符合执行经济原则。

最高人民法院经与中国证券监督管理委员会沟通协调，由中国证券登记结算有限公司（以下简称中国结算公司）对现有冻结系统进行改造，确立了质押股票新型冻结方式，并在系统改造完成后正式实施。具体内容如下：

第一，债务人持有的上市公司股票存在质押且质权人非本案保全申请人或申请执行人，人民法院对质押股票冻结时，应当依照7（1）规定的计算方法冻结相应数量的股票，无需将质押债权额计算在内。冻结质押股票时，人民法院应当提前冻结债务人在证券公司的资金账户，并明确具体的冻结数额，不得对资金账户进行整体冻结。

第二，股票冻结后，不影响质权人变价股票实现其债权。质权人解除任何一部分股票质押的，冻结效力在冻结股票数量范围内对解除质押部分的股票自动生效。质权人变价股票实现其债权后变价款有剩余的，冻结效力在本案债权额范围内对剩余变价款自动生效。

第三，在执行程序中，为实现本案债权，人民法院可以在质押债权和本案债权额范围内对相应数量的股票采取强制变价措施，并在优先实现质押债权后清偿本案债务。

第四，两个以上国家机关冻结同一质押股票的，按照在证券公司或中国结算公司办理股票冻结手续的先后确定冻结顺位，依次满足各国家机关的冻结需求。两个以上国家机关在同一交易日分别在证券公司、中国结算公司冻结同一质押股票的，在先在证券公司办理股票冻结手续的为在先冻结。

第五，人民法院与其他国家机关就冻结质押股票产生争议的，由最高人民法院主动与最高人民检察院、公安部等部门依法协调解决。争议协调解决期间，证券公司或中国结算公司控制产生争议的相关股票，不协助任何一方执行。争议协调解决完成，证券公司或中国结算公司按照争议机关协商的最终结论处理。

第六，系统改造完成前已经完成的冻结不适用前述规定。案件保全申请人或申请执行人为质权人的，冻结措施不适用前述规定。

三、依法适当采取财产变价措施

8. 合理确定财产处置参考价。执行过程中，人民法院应当按照《最高人民法院关于人民法院确定财产处置参考价若干问题的规定》合理确定财产处置参考价。要在不损害第三人合法权益的情况下，积极促成双方当事人就参考价达成一致意见，以进一步提高确定参考价效率，避免后续产生争议。财产有计税基准价、政府定价或政府指导价，当事人议价不能、不成或者双方当事人一致要求定向询价的，人民法院应当积极协调有关机构办理询价事宜。定向询价结果严重偏离市场价格的，可以进行适当修正。实践证明，网络询价不仅效率高，而且绝大多数询价结果基本能够反映市场真实价格，对于财产无需由专业人员现场勘验或鉴定的，人民法院应积极引导当事人通过网络询价确定参考价，并对询价报告进行审查。

经委托评估确定参考价，被执行人认为评估价严重背离市场价格并提起异议的，为提高工作效率，人民法院可以以评估价为基准，先促成双方当事人就参考价达成一致意见。无法快速达成一致意见的，依法提交评估机构予以书面说明。评估机构逾期未做说明或者被执行人仍有异议的，应及时提交相关行业协会组织专业技术评审。在确定财产处置参考价过程中，人民法院应当依法履行监督职责，发现当事人、竞拍人与相关机构、人员恶意串通压低参考价的，应当及时查处和纠正。

9. 适当增加财产变卖程序适用情形。要在坚持网络司法拍卖优先原则的基础上，综合考虑变价财产实际情况、是否损害执行债权人、第三人或社会公共利益等因素，适当采取直接变卖或强制变卖等措施。

（1）被执行人申请自行变卖查封财产清偿债务的，在确保能够控制相应价款的前提下，可以监督其在一定期限内按照合理价格变卖。变卖期限由人民法院根据财产实际情况、市场行情等因素确定，但最长不得超过60日。

（2）被执行人申请对查封财产不经拍卖直接变卖的，经执行债权人同意或者变卖款足以清偿所有执行债务的，人民法院可以不经拍卖直接变卖。

（3）被执行人认为网络询价或评估价过低，申请以不低于网络询价或评估价自行变卖查封财产清偿债务的，人民法院经审查认为不存在被执行人与他人恶意串通低价处置财产情形的，可以监督其在一定期限内进行变卖。

（4）财产经拍卖后流拍且执行债权人不接受抵债，第三人申请以流拍价购买的，可以准许。

（5）网络司法拍卖第二次流拍后，被执行人提出以流拍价融资的，人民法院应结合拍卖财产基本情况、流拍价与市场价差异程度以及融资期限等因素，酌情予以考虑。准许融资的，暂不启动以物抵债或强制变卖程序。

被执行人依照9（3）规定申请自行变卖，经人民法院准许后，又依照《最高人民法院关于人民法院确定财产处置参考价若干问题的规定》第二十二、二十三条规定向人民法院提起异议的，不予受理；被执行人就网络询价或评估价提起异议后，又依照9（3）规定申请自行变卖的，不应准许。

10. 充分吸引更多主体参与竞买。拍卖过程中，人民法院应当全面真实披露拍卖财产的现状、占有使用情况、附随义务、已知瑕疵和权利负担、竞买资格等事项，严禁故意隐瞒拍品瑕疵诱导竞买人竞拍，严禁故意夸大拍品瑕疵误导竞买人竞拍。拍卖财产为不动产且被执行人或他人无权占用的，人民法院应当依法负责腾退，不得在公示信息中载明“不负责腾退交付”等信息。要充分发挥网拍平台、拍卖辅助机构的专业优势，做好拍品视频宣介、向专业市场主体定向推送拍卖信息、实地看样等相关工作，以吸引更多市场主体参与竞拍。

11. 最大限度实现财产真实价值。同一类型的执行财产数量较多，被执行人认为分批次变价或者整体变价能够最大限度实现其价值的，人民法院可以准许。尤其是对体量较大的整栋整层楼盘、连片商铺或别墅等不动产，已经分割登记或事后可以分割登记的，被执行人认为分批次变价能够实现不动产最大价值的，一般应当准许。多项财产分别变价时，其中部分财产变价款足以清偿债务的，应当停止变价剩余财产，但被执行人同意全部变价的除外。

12. 准确把握不动产收益权质权变价方式。生效法律文书确定申请执行人对被执行人的公路、桥梁、隧道等不动产收益权享有质权，申请执行人自行扣划收益权收费账户内资金实现其质押债权，其他债权人以申请执行人仅对收费权享有质权而对收费账户内资金不享有质权为由，向人民法院提起异议的，不予支持。在执行过程中，人民法院可以扣划收益权收费账户内资金实现申请执行人质押债权，收费账户内资金足以清偿债务的，不应对被执行人的收益权进行强制变价。

四、充分用好执行和解及破产重整等制度

13. 依法用好执行和解和破产重整等相关制度。要在依法采取执行措施的同时，妥善把握执行时机、讲究执行策略、注意执行方法。对资金链暂时断裂，但仍有发展潜力、存在救治可能的企业，可以通过和解分期履行、兼并重组、引入第三方资金等方式盘活企业资产。要加大破产保护理念宣传，通过强化释明等方式引导执行债权人或被执行人同意依法将案件转入破产程序。对具有营运价值的企业通过破产重整、破产和解解决债务危机，充分发挥破产制度的拯救功能，帮助企业走出困境，平衡债权人、债务人、出资人、员工等利害关系人的利益，通过市场实现资源配置优化和社会整体价值最大化。

五、严格规范纳入失信名单和限制消费措施

14. 严格适用条件和程序。采取纳入失信名单或限制消费措施，必须严格依照民事诉讼法、《最高人民法院关于公布失信被执行人名单信息的若干规定》（以下简称失信名单规定）、《最高人民法院关于限制被执行人高消费及有关消费的若干规定》等规定的条件和程序进行。对于不符合法定条件的被执行人，坚决不得采取纳入失信名单或限制消费惩戒措施。对于符合法定条件的被执行人，决定采取惩戒措施的，应当制作决定书或限制消费令，并依法由院长审核后签发。

需要特别指出的是，根据司法解释规定，虽然纳入失信名单决定书由院长签发后即生效，但应当依照民事诉讼法规定的送达方式送达当事人，坚决杜绝只签发、不送达等不符合法定程序的现象发生。

15. 适当设置一定的宽限期。各地法院可以根据案件具体情况，对于决定纳入失信名单或者采取限制消费措施的被执行人，可以给予其一至三个月的宽限期。在宽限期内，暂不发布其失信或者限制消费信息；期限届满，被执行人仍未履行生效法律文书确定义务的，再发布其信息并采取相应惩戒措施。

16. 不采取惩戒措施的几类情形。被执行人虽然存在有履行能力而拒不履行生效法律文书确定义务、无正当理由拒不履行和解协议的情形，但人民法院已经控制其足以清偿债务的财产或者申请执行人申请暂不采取惩戒措施的，不得对被执行人采取纳入失信名单或限制消费措施。单位是失信被执行人的，人民法院不得将其法定代表人、主要负责人、影响债务履行的直接责任人员、实际控制人等纳入失信名单。全日制在校生因“校园贷”纠纷成为被执行人的，一般不得对其采取纳入失信名单或限制消费措施。

17. 解除限制消费措施的几类情形。人民法院在对被执行人采取限制消费措施后，被执行人及其有关人员申请解除或暂时解除的，按照下列情形分别处理：

（1）单位被执行人被限制消费后，其法定代表人、主要负责人、影响债务履行的直接责任人员、实际控制人以因私消费为由提出以个人财产从事消费行为，经审查属实的，应予准许。

（2）单位被执行人被限制消费后，其法定代表人、主要负责人确因经营管理需要发生变更，原法定代表人、主要负责人申请解除对其本人的限制消费措施的，应举证证明其并非单位的实际控制人、影响债务履行的直接责任人员。人民法院经审查属实的，应予准许，并对变更后的法定代表人、主要负责人依法采取限制消费措施。

（3）被限制消费的个人因本人或近亲属重大疾病就医，近亲属丧葬，以及本人执行或配合执行公务，参加外事活动或重要考试等紧急情况亟需赴外地，向人民法院申请暂时解除乘坐飞机、高铁限制措施，经严格审查并经本院院长批准，可以给予其最长不超过一个月的暂时解除期间。

上述人员在向人民法院提出申请时，应当提交充分有效的证据并按要求作出书面承诺；提供虚假证据或者违反承诺从事消费行为的，人民法院应当及时恢复对其采取的限制消费措施，同时依照民事诉讼法第一百一十一条从重处理，并对其再次申请不予批准。

18. 畅通惩戒措施救济渠道。自然人、法人或其他组织对被纳入失信名单申请纠正的，人民法院应当依照失信名单规定第十二条规定的程序和时限及时审查并作出处理决定。对被采取限制消费措施申请纠正的，参照失信名单规定第十二条规定办理。

人民法院发现纳入失信名单、采取限制消费措施可能存在错误的，应当及时进行自查并作出相应处理；上级法院发现下级法院纳入失信名单、采取限制消费措施存在错误的，应当责令其及时纠正，也可以依法直接纠正。

19. 及时删除失信信息。失信名单信息依法应当删除（屏蔽）的，应当及时采取删除（屏蔽）措施。超过三个工作日采取删除（屏蔽）措施，或者虽未超过三个工作日但能够立即采取措施却未采取造成严重后果的，依法追究相关人员责任。

被执行人因存在多种失信情形，被同时纳入有固定期限的失信名单和无固定期限的失信名单的，其主动履行完毕生效法律文书确定义务后，一般应当将有固定期限的名单信息和无固定期限的名单信息同时删除（屏蔽）。

20. 准确理解限制被执行人子女就读高收费学校。限制被执行人子女就读高收费学校，是指限制其子女就读超出正常收费标准的学校，虽然是私立学校，但如果其收费未超出正常标准，也不属于限制范围。人民法院在采取此项措施时，应当依法严格审查，不得影响被执行人子女正常接受教育的权利；在新闻媒体对人民法院采取此项措施存在误报误读时，应当及时予以回应和澄清。人民法院经依法审查，决定限制被执行人子女就读高收费学校的，应当做好与被执行人子女、学校的沟通工作，尽量避免给被执行人子女带来不利影响。

21. 探索建立惩戒分级分类机制和守信激励机制。各地法院可以结合工作实际，积极探索根据案件具体情况对被执行人分级分类采取失信惩戒、限制消费措施，让失信惩戒、限制消费措施更具有精准性，更符合比例原则。

各地法院在依法开展失信惩戒的同时，可以结合工作实际，探索开展出具自动履行生效法律文书证明、将自动履行信息向征信机构推送、对诚信债务人依法酌情降低诉讼保全担保金额等守信激励措施，营造鼓励自动履行、支持诚实守信的良好氛围。

六、加大案款发放工作力度

22. 全面推行“一案一账户”系统。案款到账后且无争议的，人民法院应当按照规定在一个月内及时发还给执行债权人；部分案款有争议的，应当先将无争议部分及时发放。目前，最高人民法院正在全面推行“一案一账户”系统，各地法院要按照规定的时间节点和标准要求，严格落实系统部署与使用工作，确保案款收发公开透明、及时高效、全程留痕，有效堵塞案款管理漏洞，消除廉政风险隐患，最大限度保障各方当事人合法权益。

最高人民法院关于首先查封法院与优先债权执行法院处分查封财产有关问题的批复

（法释〔2016〕6号）

福建省高级人民法院：

你院《关于解决法院首封处分权与债权人行使优先受偿债权冲突问题的请示》（闽高法〔2015〕261号）收悉。经研究，批复如下：

一、执行过程中，应当由首先查封、扣押、冻结（以下简称查封）法院负责处分查封财产。但已进入其他法院执行程序的债权对查封财产有顺位在先的担保物权、优先权（该债权以下简称优先债权），自首先查封之日起已超过60日，且首先查封法院就该查封财产尚未发布拍卖公告或者进入变卖程序的，优先债权执行法院可以要求将该查封财产移送执行。

二、优先债权执行法院要求首先查封法院将查封财产移送执行的，应当出具商请移送执行函，并附确认优先债权的生效法律文书及案件情况说明。

首先查封法院应当在收到优先债权执行法院商请移送执行函之日起15日内出具移送执行函，将查封财产移送优先债权执行法院执行，并告知当事人。

移送执行函应当载明将查封财产移送执行及首先查封债权的相关情况等内容。

三、财产移送执行后，优先债权执行法院在处分或继续查封该财产时，可以持首先查封法院移送执行函办理相关手续。

优先债权执行法院对移送的财产变价后，应当按照法律规定的清偿顺序分配，并将相关情况告知首先查封法院。

首先查封债权尚未经生效法律文书确认的，应当按照首先查封债权的清偿顺位，预留相应份额。

四、首先查封法院与优先债权执行法院就移送查封财产发生争议的，可以逐级报请双方共同的上级法院指定该财产的执行法院。

共同的上级法院根据首先查封债权所处的诉讼阶段、查封财产的种类及所在地、各债权数额与查封财产价值之间的关系等案件具体情况，认为由首先查封法院执行更为妥当的，也可以决定由首先查封法院继续执行，但应当督促其在指定期限内处分查封财产。

此复。

附件：1. ××××人民法院商请移送执行函

2. ××××人民法院移送执行函

附件1

××××人民法院

商请移送执行函

（××××）……号

××××人民法院：

……（写明当事人姓名或名称和案由）一案的……（写明生效法律文书名称）已经发生法律效力。由于……［写明本案债权人依法享有顺位在先的担保物权（优先权）和首先查封法院没有及时对查封财产进行处理的情况，以及商请移送执行的理由］。根据《最高人民法院关于首先查封法院与优先债权执行法院处分查封财产有关问题的批复》之规定，请你院在收到本函之日起15日内向我院出具移送执行函，将……（写明具体查封财产）移送我院执行。

附件：1. 据以执行的生效法律文书

2. 有关案件情况说明［内容包括本案债权依法享有顺位在先的担保物权（优先权）的具体情况、案件执行情况、执行员姓名及联系电话、申请执行人地址及联系电话等］

3. 其他必要的案件材料

××××年××月××日

（院印）

本院地址：　　邮编：

联系人：　　联系电话：

附件 2

××××人民法院
移送执行函

（××××）……号

××××人民法院：

你院（××××）……号商请移送执行函收悉。我院于××××年××月××日对……（写明具体查封财产，以下简称查封财产）予以查封（或者扣押、冻结），鉴于你院（××××）……号执行案件债权人对该查封财产享有顺位在先的担保物权（优先权），现根据《最高人民法院关于首先查封法院与优先债权执行法院处分查封财产有关问题的批复》之规定及你院的来函要求，将上述查封财产移送你院执行，对该财产的续封、解封和变价、分配等后续工作，交由你院办理，我院不再负责。请你院在后续执行程序中，对我院执行案件债权人××作为首先查封债权人所享有的各项权利依法予以保护，并将执行结果及时告知我院。

附件：1. 据以执行的生效法律文书

2. 有关案件情况的材料和说明（内容包括查封财产的查封、调查、异议、评估、处置和剩余债权数额等案件执行情况，执行员姓名及联系电话、申请执行人地址及联系电话等）

3. 其他必要的案件材料

××××年××月××日

（院印）

本院地址：　　　　　　邮编：

联系人：　　　　　　　联系电话：

最高人民法院关于人民法院办理执行异议和复议案件若干问题的规定

（法释〔2020〕21号）

为了规范人民法院办理执行异议和复议案件，维护当事人、利害关系人和案外人的合法权益，根据民事诉讼法等法律规定，结合人民法院执行工作实际，制定本规定。

第一条 异议人提出执行异议或者复议申请人申请复议，应当向人民法院提交申请书。申请书应当载明具体的异议或者复议请求、事实、理由等内容，并附下列材料：

（一）异议人或者复议申请人的身份证明；

（二）相关证据材料；

（三）送达地址和联系方式。

第二条 执行异议符合民事诉讼法第二百二十五条或者第二百二十七条规定条件的，人民法院应当在三日内立案，并在立案后三日内通知异议人和相关当事人。不符合受理条件的，裁定不予受理；立案后发现不符合受理条件的，裁定驳回申请。

执行异议申请材料不齐备的，人民法院应当一次性告知异议人在三日内补足，逾期未补足的，不予受理。

异议人对不予受理或者驳回申请裁定不服的，可以自裁定送达之日起十日内向上一级人民法院申请复议。上一级人民法院审查后认为符合受理条件的，应当裁定撤销原裁定，指令执行法院立案或者对执行异议进行审查。

第三条 执行法院收到执行异议后三日内既不立案又不作出不予受理裁定，或者受理后无正当理由超过法定期限不作出异议裁定的，异议人可以向上一级人民法院提出异议。上一级人民法院审查后认为理由成立的，应当指令执行法院在三日内立案或者在十五日内作出异议裁定。

第四条 执行案件被指定执行、提级执行、委托执行后，当事人、利害关系人对原执行法院的执行行为提出异议的，由提出异议时负责该案件执行的人民法院审查处理；受指定或者受委托的人民法院是原执行法院的下级人民法院的，仍由原执行法院审查处理。

执行案件被指定执行、提级执行、委托执行后，案外人对原执行法院的执行标的提出异议的，参照前款规定处理。

第五条 有下列情形之一的，当事人以外的自然人、法人和非法人组织，可以作为利害关系人提出执行行为异议：

（一）认为人民法院的执行行为违法，妨碍其轮候查封、扣押、冻结的债权受偿的；

（二）认为人民法院的拍卖措施违法，妨碍其参与公平竞价的；

（三）认为人民法院的拍卖、变卖或者以物抵债措施违法，侵害其对执行标的的优先购买权的；

（四）认为人民法院要求协助执行的事项超出其协助范围或者违反法律规定的；

（五）认为其他合法权益受到人民法院违法执行行为侵害的。

第六条 当事人、利害关系人依照民事诉讼法第二百二十五条规定提出异议的，应当在执行程序终结之前提出，但对终结执行措施提出异议的除外。

案外人依照民事诉讼法第二百二十七条规定提出异议的，应当在异议指向的执行标的执行终结之前提出；执行标的由当事人受让的，应当在执行程序终结之前提出。

第七条 当事人、利害关系人认为执行过程中或者执行保全、先予执行裁定过程中的下列行为违法提出异议的，人民法院应当依照民事诉讼法第二百二十五条规定进行审查：

（一）查封、扣押、冻结、拍卖、变卖、以物抵债、暂缓执行、中止执行、终结执行等执行措施；

（二）执行的期间、顺序等应当遵守的法定程序；

（三）人民法院作出的侵害当事人、利害关系人合法权益的其他行为。

被执行人以债权消灭、丧失强制执行效力等执行依据生效之后的实体事由提出排除执行异议的，人民法院应当参照民事诉讼法第二百二十五条规定进行审查。

除本规定第十九条规定的情形外，被执行人以执行依据生效之前的实体事由提出排除执行异议的，人民法院应当告知其依法申请再审或者通过其他程序解决。

第八条 案外人基于实体权利既对执行标的提出排除执行异议又作为利害关系人提出执行行为异议的，人民法院应当依照民事诉讼法第二百二十七条规定进行审查。

案外人既基于实体权利对执行标的提出排除执行异议又作为利害关系人提出与实体权利无关的执行行为异议的，人民法院应当分别依照民事诉讼法第二百二十七条和第二百二十五条规定进行审查。

第九条 被限制出境的人认为对其限制出境错误的，可以自收到限制出境决定之日起十日内向上一级人民法院申请复议。上一级人民法院应当自收到复议申请之日起十五日内作出决定。复议期间，不停止原决定的执行。

第十条 当事人不服驳回不予执行公证债权文书申请的裁定的，可以自收到裁定之日起十日内向上一级人民法院申请复议。上一级人民法院应当自收到复议申请之日起三十日内审查，理由成立的，裁定撤销原裁定，不予执行该公证债权文书；理由不成立的，裁定驳回复议申请。复议期间，不停止执行。

第十一条 人民法院审查执行异议或者复议案件，应当依法组成合议庭。

指令重新审查的执行异议案件，应当另行组成合议庭。

办理执行实施案件的人员不得参与相关执行异议和复议案件的审查。

第十二条 人民法院对执行异议和复议案件实行书面审查。案情复杂、争议较大的，应当进行听证。

第十三条 执行异议、复议案件审查期间，异议人、复议申请人申请撤回异议、复议申请的，是否准许由人民法院裁定。

第十四条 异议人或者复议申请人经合法传唤，无正当理由拒不参加听证，或者未经法庭许可中途退出听证，致使人民法院无法查清相关事实的，由其自行承担不利后果。

第十五条 当事人、利害关系人对同一执行行为有多个异议事由，但未在异议审查过程中一并提出，撤回异议或者被裁定驳回异议后，再次就该执行行为提出异议的，人民法院不予受理。

案外人撤回异议或者被裁定驳回异议后，再次就同一执行标的提出异议的，人民法院不予受理。

第十六条 人民法院依照民事诉讼法第二百二十五条规定作出裁定时，应当告知相关权利人申请复议的权利和期限。

人民法院依照民事诉讼法第二百二十七条规定作出裁定时，应当告知相关权利人提起执行异议之诉的权利和期限。

人民法院作出其他裁定和决定时，法律、司法解释规定了相关权利人申请复议的权利和期限的，应当进行告知。

第十七条 人民法院对执行行为异议，应当按照下列情形，分别处理：

（一）异议不成立的，裁定驳回异议；

（二）异议成立的，裁定撤销相关执行行为；

（三）异议部分成立的，裁定变更相关执行行为；

（四）异议成立或者部分成立，但执行行为无撤销、变更内容的，裁定异议成立或者相应部分异议成立。

第十八条 执行过程中，第三人因书面承诺自愿代被执行人偿还债务而被追加为被执行人后，无正当理由反悔并提出异议的，人民法院不予支持。

第十九条 当事人互负到期债务，被执行人请求抵销，请求抵销的债务符合下列情形的，除依照法律规定或者按照债务性质不得抵销的以外，人民法院应予支持：

（一）已经生效法律文书确定或者经申请执行人认可；

（二）与被执行人所负债务的标的物种类、品质相同。

第二十条 金钱债权执行中，符合下列情形之一，被执行人以执行标的系本人及所扶养家属维持生活必需的居住房屋为由提出异议的，人民法院不予支持：

（一）对被执行人有扶养义务的人名下有其他能够维持生活必需的居住房屋的；

（二）执行依据生效后，被执行人为逃避债务转让其名下其他房屋的；

（三）申请执行人按照当地廉租住房保障面积标准为被执行人及所扶养家属提供居住房屋，或者同意参照当地房屋租赁市场平均租金标准从该房屋的变价款中扣除五至八年租金的。

执行依据确定被执行人交付居住的房屋，自执行通知送达之日起，已经给予三个月的宽限期，被执行人以该房屋系本人及所扶养家属维持生活的必需品为由提出异议的，人民法院不予支持。

第二十一条 当事人、利害关系人提出异议请求撤销拍卖，符合下列情形之一的，人民法院应予支持：

（一）竞买人之间、竞买人与拍卖机构之间恶意串通，损害当事人或者其他竞买人利益的；

（二）买受人不具备法律规定的竞买资格的；

（三）违法限制竞买人参加竞买或者对不同的竞买人规定不同竞买条件的；

（四）未按照法律、司法解释的规定对拍卖标的物进行公告的；

（五）其他严重违反拍卖程序且损害当事人或者竞买人利益的情形。

当事人、利害关系人请求撤销变卖的，参照前款规定处理。

第二十二条 公证债权文书对主债务和担保债务同时赋予强制执行效力的，人民法院应予执行；仅对主债务赋予强制执行效力未涉及担保债务的，对担保债务的执行申请不予受理；仅对担保债务赋予强制执行效力未涉及主债务的，对主债务的执行申请不予受理。

人民法院受理担保债务的执行申请后，被执行人仅以担保合同不属于赋予强制执行效力的公证债权文书范围为由申请不予执行的，不予支持。

第二十三条 上一级人民法院对不服异议裁定的复议申请审查后，应当按照下列情形，分别处理：

（一）异议裁定认定事实清楚，适用法律正确，结果应予维持的，裁定驳回复议申请，维持异议裁定；

（二）异议裁定认定事实错误，或者适用法律错误，结果应予纠正的，裁定撤销或者变更异议裁定；

（三）异议裁定认定基本事实不清、证据不足的，裁定撤销异议裁定，发回作出裁定的人民法院重新审查，或者查清事实后作出相应裁定；

（四）异议裁定遗漏异议请求或者存在其他严重违反法定程序的情形，裁定撤销异议裁定，发回作出裁定的人民法院重新审查；

（五）异议裁定对应当适用民事诉讼法第二百二十七条规定审查处理的异议，错误适用民事诉讼法第二百二十五条规定审查处理的，裁定撤销异议裁定，发回作出裁定的人民法院重新作出裁定。

除依照本条第一款第三、四、五项发回重新审查或者重新作出裁定的情形外，裁定撤销或者变更异议裁定且执行行为可撤销、变更的，应当同时撤销或者变更该裁定维持的执行行为。

人民法院对发回重新审查的案件作出裁定后，当事人、利害关系人申请复议的，上一级人民法院复议后不得再次发回重新审查。

第二十四条 对案外人提出的排除执行异议，人民法院应当审查下列内容：

（一）案外人是否系权利人；

（二）该权利的合法性与真实性；

（三）该权利能否排除执行。

第二十五条 对案外人的异议，人民法院应当按照下列标准判断其是否系权利人：

（一）已登记的不动产，按照不动产登记簿判断；未登记的建筑物、构筑物及其附属设施，按照土地使用权登记簿、建设工程规划许可、施工许可等相关证据判断；

（二）已登记的机动车、船舶、航空器等特定动产，按照相关管理部门的登记判断；未登记的特定动产和其他动产，按照实际占有情况判断；

（三）银行存款和存管在金融机构的有价证券，按照金融机构和登记结算机构登记的账户名称判断；有价证券由具备合法经营资质的托管机构名义持有的，按照该机构登记的实际出资人账户名称判断；

（四）股权按照工商行政管理机关的登记和企业信用信息公示系统公示的信息判断；

（五）其他财产和权利，有登记的，按照登记机构的登记判断；无登记的，按照合同等证明财产权属或者权利人的证据判断。

案外人依据另案生效法律文书提出排除执行异议，该法律文书认定的执行标的权利人与依照前款规定得出的判断不一致的，依照本规定第二十六条规定处理。

第二十六条 金钱债权执行中，案外人依据执行标的被查封、扣押、冻结前作出的另案生效法律文书提出排除执行异议，人民法院应当按照下列情形，分别处理：

（一）该法律文书系就案外人与被执行人之间的权属纠纷以及租赁、借用、保管等不以转移财产权属为目的的合同纠纷，判决、裁决执行标的归属于案外人或者向其返还执行标的且其权利能够排除执行的，应予支持；

（二）该法律文书系就案外人与被执行人之间除前项所列合同之外的债权纠纷，判决、裁决执行标的归属于案外人或者向其交付、返还执行标的的，不予支持。

（三）该法律文书系案外人受让执行标的的拍卖、变卖成交裁定或者以物抵债裁定且其权利能够排除执行的，应予支持。

金钱债权执行中，案外人依据执行标的被查封、扣押、冻结后作出的另案生效法律文书提出排除执行异议的，人民法院不予支持。

非金钱债权执行中，案外人依据另案生效法律文书提出排除执行异议，该法律文书对执行标的权属作出不同认定的，人民法院应当告知案外人依法申请再审或者通过其他程序解决。

申请执行人或者案外人不服人民法院依照本条第一、二款规定作出的裁定，可以依照民事诉讼法第二百二十七条规定提起执行异议之诉。

第二十七条 申请执行人对执行标的依法享有对抗案外人的担保物权等优先受偿权，人民法院对案外人提出的排除执行异议不予支持，但法律、司法解释另有规定的除外。

第二十八条 金钱债权执行中，买受人对登记在被执行人名下的不动产提出异议，符合下列情形且其权利能够排除执行的，人民法院应予支持：

（一）在人民法院查封之前已签订合法有效的书面买卖合同；

（二）在人民法院查封之前已合法占有该不动产；

（三）已支付全部价款，或者已按照合同约定支付部分价款且将剩余价款按照人民法院的要求交付执行；

（四）非因买受人自身原因未办理过户登记。

第二十九条 金钱债权执行中，买受人对登记在被执行的房地产开发企业名下的商品房提出异议，符合下列情形且其权利能够排除执行的，人民法院院应予支持：

（一）在人民法院查封之前已签订合法有效的书面买卖合同；

（二）所购商品房系用于居住且买受人名下无其他用于居住的房屋；

（三）已支付的价款超过合同约定总价款的百分之五十。

第三十条 金钱债权执行中，对被查封的办理了受让物权预告登记的不动产，受让人提出停止处分异议的，人民法院应予支持；符合物权登记条件，受让人提出排除执行异议的，应予支持。

第三十一条 承租人请求在租赁期内阻止向受让人移交占有被执行的不动产，在人民法院查封之前已签订合法有效的书面租赁合同并占有使用该不动产的，人民法院应予支持。

承租人与被执行人恶意串通，以明显不合理的低价承租被执行的不动产或者伪造交付租金证据的，对其提出的阻止移交占有的请求，人民法院不予支持。

第三十二条 本规定施行后尚未审查终结的执行异议和复议案件，适用本规定。本规定施行前已经审查终结的执行异议和复议案件，人民法院依法提起执行监督程序的，不适用本规定。

后　记

一直以来，父母一再告诫我要安稳，这几乎使我丧失斗志，因此离开体制是下了很大决心的。最终在多种因素的共同推动下，我内心的不羁得以释放，在疫情未结之年毅然辞去公职，加入了京都律师事务所。在熟悉新工作环境的过程中，田文昌老师告诫我：在京都有很多事可以做，只要努力就会大有可为。对离职之前的工作一直没有总结，对我来说是个憾事，梁雅丽律师提出刑事涉财执行是当前非常热门的问题，不妨一起撰写系列文章，先在京都刑辩研究中心公众号发表，待时机成熟再出版成书。为此，我开始了理论部分的文稿撰写，并由梁雅丽律师修改定稿。于是忙忙碌碌地，我度过了初来生疏和疫情管控的时光。

疫情管控放开后，我遇上了病毒，又逢春节，待到阳康，幸有刘嘉梁的加入，我们紧赶着把案例部分一一撰写出来，并搜罗了刑事裁判涉财产部分执行方面的规范性文件，让书稿终于有了雏形。在联系出版的日子里，我们对所有的理论文章、实务案例进行了修改，并为使本书更方便阅读，根据编辑的要求重新拟定了标题。可以说，这本书的完成，是我们对司法现实问题进行深入思考的合作成果，是梁雅丽律师多年办理重大疑难复杂刑事案件的经验，和我的审判、执行经验以及刑事涉财执行经历的结合。

对我来说，这本书是个人事业转型后的标志性成果，是对自己多年学术训练和工作经历的总结，请容许我在此一一致谢：

感谢我的母校西北政法大学，研究生导师组培养了我严谨的学术研究习惯。

感谢我的上一个工作单位，其作为计划单列市的中级人民法院，上达最高人民法院和高级人民法院，下涉十余个基层人民法院，让我既能拥有宽阔的视野，又有机会办理大量疑难复杂案件。研究室、刑事综合组培养的综合能力是我写作的基础，从事经济犯罪、职务犯罪审判让我真正站在了刑事法官的视角，而在执行局从事涉财执行工作的探索经历为我提供了本书思考的素材依据。其中，我的前同事孙浩法官，曾与我并肩从事刑事涉财工作多年，本书中的很多观点与她探讨过多次，受益很多。

感谢京都律师事务所，给我以温暖和归属，让我能够静下心来对刑事涉财执行问题进行总结。田文昌老师专门为本书作序，让本书得到了升华。

感谢法律出版社诸位编辑和张颖女士的辛勤付出，让我看到心血成果得以出版。

最后，感谢所有关心我的家人、朋友、前同事、现同仁，你们的支持是我不断前行的动力。

总之，本书系对刑事裁判涉财产部分执行相关问题总结的尝试，书中定有诸多不足之处，欢迎来自各方面的批评指正意见。

傅庆涛

2023 年 11 月 1 日